“十四五”规划㊦
规划编制全要素指导手册

▶ 仁达方略管理咨询公司 著 ◀

中国财富出版社

图书在版编目（CIP）数据

“十四五”规划下规划编制全要素指导手册／仁达方略管理咨询公司著．—北京：中国财富出版社，2019.6（2021.1 重印）

ISBN 978－7－5047－6945－9

Ⅰ.①十…　Ⅱ.①仁…　Ⅲ.①企业战略—战略管理　Ⅳ.①F272.1

中国版本图书馆 CIP 数据核字（2019）第 117131 号

策划编辑　谢晓绚　　**责任编辑**　张冬梅　王　君

责任印制　梁　凡　　**责任校对**　孙丽丽　　**责任发行**　董　倩

出版发行	中国财富出版社		
社　　址	北京市丰台区南四环西路 188 号 5 区 20 楼	**邮政编码**	100070
电　　话	010－52227588 转 2098（发行部）		010－52227588 转 321（总编室）
	010－52227588 转 100（读者服务部）		010－52227588 转 305（质检部）
网　　址	http://www.cfpress.com.cn		
经　　销	新华书店		
印　　刷	天津市仁浩印刷有限公司		
书　　号	ISBN 978－7－5047－6945－9/F·3100		
开　　本	710mm×1000mm　1/16	**版　　次**	2019 年 12 月第 1 版
印　　张	19.25	**印　　次**	2021 年 1 月第 3 次印刷
字　　数	276 千字	**定　　价**	68.00 元

序

Preface

预见方能遇见　视野成就未来

在“黑天鹅”与“灰犀牛”横行的今天，企业面临的环境不确定性和风险正不断增加。企业进行转型、保持业绩增长的压力正在不断增长。“十四五”期间，我们会面临更多的不确定性，在不确定的时代，要有确定性的抓手。

当年编制“十三五”规划时，全国上下，从政府到企业都非常重视。但是，在客观上仍然有很多问题，问题之一就是缺乏系统的方法论。

在“十三五”规划年（2015 年），我和我的研究团队系统整理出版了《高度》《解密新常态下的“十三五”》《如何制定战略规划》（企业管理出版社）等一系列专著，试图通过这些经验和方法论的分享，帮助企业更好地编制“十三五”规划。

我们在辅导一些地方政府和企业编制“十三五”规划的时候发现，很多政府和企业对中国经济新常态等重要的战略前提缺乏清晰的认识，甚至有些认识是错误的，以至于很多地方政府和企业编制出来的“十三五”规划方向有误、措施不当。按照常规的五年规划三年滚动，2018 年“十三五”规划修编年，我们陆续接到了不少规划修编的合作合同，从中发现方法论缺乏、经济新常态战略前提认知不清等问题十分突出。

转眼到了“十四五”规划年，为了有效规避“十三五”规划的一些误区，帮助地方政府、企业以及五年规划相关研究人员更好地掌握规划编制要点、方法论，更好地编制规划，仁达方略未雨绸缪，早早地就聚合高端咨询力量，汇总各类经验、方法论和案例，同时，全景展示规划编制的流程、方法、工具和案例，以期让相关机构和人员早日掌握科学的方法，为编制“十四五”规划做好储备。同时，仁达方略的顾问团队也做了分地域、分行业、分产业价值链的相关战略信息、战略分析观点、战略路径、战略目标比对等研究和储备。

没有科学的理论就没有科学的实践。企业经营如在雾中行车，未知因素很多，在同样的环境中，企业经营有成功者，也有失败者。今日煮酒论英雄，历数成功者，究其原因有一个共同特点，那就是企业管理者在外部环境发生重大变化的时候，有足够的勇气，能在适当的时间带领企业在战略上做出重大调整，从旧的发展模式中挣脱出来，走上新的发展路径。

从本质上讲，战略规划不是拍拍脑袋、凭借长官意志、东拼西凑就能编制好的，它是一个系统的方法论的集成。本书尽可能汇集百家之长，阐述适合中国国情的、适合企业发展的规划方法和路径，力图使本书成为企业的智囊，至少是智力伙伴。

北京仁达方略管理咨询股份有限公司董事长　王吉鹏

2019 年 11 月

前 言
Foreword

"十四五"时期是我国经济社会发展的重要历史性窗口期，是由全面建成小康社会向基本实现社会主义现代化迈进的关键时期，也是全面开启社会主义现代化强国建设新征程的重要机遇期。

从外部环境来看，当今世界正面临"百年未有之大变局"，世界大调整大变革加速展开，全球经济发展不确定性增强，经济发展下行压力增大；单边主义和贸易保护主义抬头，全球贸易摩擦加剧；国际地缘政治冲突给世界经济发展蒙上了阴影，国际环境更趋复杂多变，国际关系中的不确定性与不稳定性明显增强。

从内部环境来看，我国经济发展由高速增长转向高质量发展阶段，处在转变发展方式、优化经济结构、转换增长动力的攻关期。产业结构转型升级，新旧动能转换，新技术、新产业、新模式、新业态成为经济转型与换道超车的驱动力；经济发展出现新的趋势和特点，消费升级、新技术不断涌现，资本力量不断加强。

我国政府和企业的规划周期一般为五年，"十四五"规划对指导国家、地区和企业发展具有关键作用。政府通过制定规划，明确"十四五"时期经济社会发展的基本思路、主要目标，特别是要以新的发展理念推动经济社会发展，提出重大战略、重大举措，着力解决突出问题和修补明显的短板。企业规划要符合国家相关政策的规定，与国家发展规划相一致。企业通过“十四五”规划和专项规划的编制，能够明确发展方向，抓住国家产业振兴的有利时机，进行战略调整和发展模式转型，是企业实现科学决策、可持续发展的基础。

仁达方略作为中国有影响力的管理咨询机构，拥有国内顶尖的专业咨询专家，在为企业及地区战略规划、战略实施、战略落地等方面提供咨询服务的过程中，积累了丰富的案例与实践经验。在长期的咨询服务实践中，仁达方略的咨询方法和服务能力得到了中央级企业、地方大型国有企业、中小型成长性企业，以及各级政府部门的好评。

在国家和企业编制“十四五”规划纲要的关键时期，仁达方略致力于国家产业政策和“十四五”规划的研究，立足于专业优势，贯彻服务企业、服务经济、共同成长的目标，正确解读国家“十四五”规划的未来方向，剖析产业、企业的发展途径和并购重组的实现路径，确立企业“十四五”规划编制与实施的框架。仁达方略通过规范性的思考，协助企业编制和实施科学、规范的规划纲要与发展战略，进而推动企业未来五年，乃至更长时期的可持续发展。

目 录
Contents

开篇语

H集团扼腕价值链

所有优秀的公司，都是在冬天谋划、布局、投资。等到别人意识到的时候，已是春天。

在本土咨询实践中，因为咨询建议的不同、企业选择的不同，所以结局大相径庭，此类案例不胜枚举。

2009年，H集团的战略咨询项目面向社会公开招标。当时有四家知名咨询公司参与了投标，包括德国的A公司、美国的B公司与C公司及仁达方略。其他三家公司都曾为H集团做过咨询，而仁达方略此前没有与其合作过，但作为一家有实力、有水平和有重要影响力的管理咨询公司，仁达方略收到了招标方的邀请。

仁达方略对这个项目进行了长达半年的跟踪研究，对H集团的运营情况及未来应该走的战略道路了然于心，因此决定参与竞标。招标的第一轮，A公司和C公司就惨遭淘汰，剩下仁达方略和美国B公司一决胜负。最后，结果不出所料，H集团凭着是否有过合作经验一项，选择了B公司，并在之后的具体经营中采纳了B公司的战略方案。此后，H集团经历了市场长达七八年的低迷，竞争力不断下降、抗风险能力大减。最终，于2014年1月发布退市公告，开创了“央企退市第一股”的先河，终结了“央企股不死的神话”。

H集团惨败的教训值得深刻反思。

一、项目背景和面临的问题

H集团是由两大运输巨头S集团和T集团于2009年3月重组成立的。

H 集团是国务院国资委直属的大型国际化现代企业集团，是以综合物流为核心业务、航运为重要支柱业务、船舶重工为相关配套业务的中国最大的综合物流服务供应商，其业务模式如图 0－1 所示。

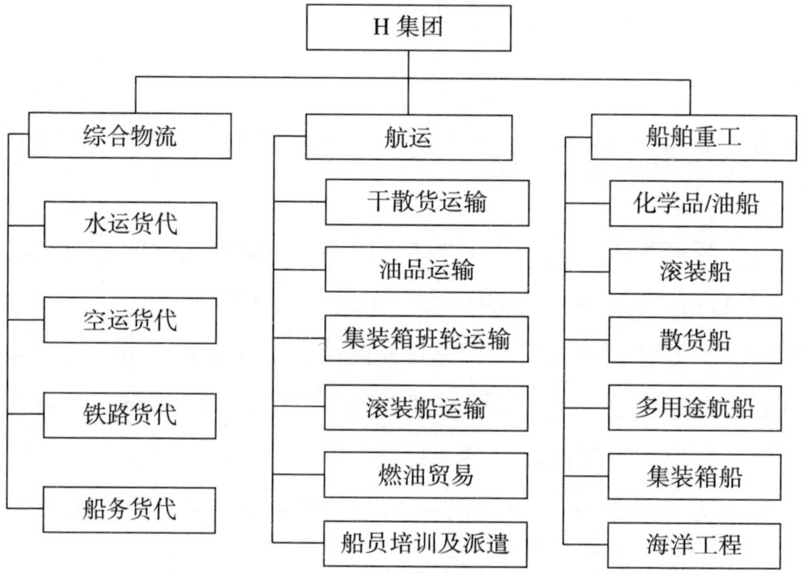

图 0－1　H 集团业务

在物流领域，H 集团是中国最大的国际货运代理公司、最大的航空货运和国际快件代理公司、第二大船务货运代理公司。在航运领域，H 集团是中国三大船公司之一，中国内河最大的骨干航运企业集团，中国唯一能实现远洋、沿海、长江、运河全程物流服务的航运企业。在船舶重工领域，形成了以船舶建造和修理、港口机械、电机产品为核心的工业体系，在国内外享有知名声誉，年造船能力超过 400 万载重吨。

2006 年，国资委发布了《关于推进国有资本调整和国有企业重组的指导意见》，深化重组需求，督促央企之间强强联手，打造各行各业的“超级航母”。S 集团和 T 集团便是在这一政策的推动下实施重组的。

2009 年 3 月，两家集团重组为 H 集团。

重组后，H 集团的综合物流业务以海、陆、空货运代理，船务代理，供应链物流，快递为核心业务，以码头堆场、仓库、陆上运输等为关键性支持业务。

航运业务以国际干散货运输和油品运输为核心业务，以集装箱班轮运输和滚装船运输为辅助业务。重组后 H 集团面临一系列问题，如战略规划问题，包括明确主营业务、双方相同业务板块的合并等，战略规划问题亟待解决。

二、B 公司的解决方案

1. 船舶投资机会和集团资源禀赋

对 H 集团船舶订单以及融资难度进行分析，不难发现，其船运市场业务有下滑趋势，债务和股票融资的难度增加，在未来 6 ~ 24 个月内将有可能出现较好的船舶投资机会。

造船业务的手持订单大多在 2010 年和 2011 年交付，面临订单被取消的风险，2012 年后交付的订单占比仅为 1%，严重不足，且主要竞争对手 2012 年的交付量占到目前手持订单量的 13% ~ 14%。因此，为避免产能闲置和竞争地位被削弱，集团造船业务板块需要在未来两年着力于争取新订单。

船舶业务存在投资机会，加之 H 集团产能闲置、竞争地位削弱，促使美国 B 公司做出如下判断：H 集团造船业务的发展应该借鉴先进的经验，积极调整业务结构，占领产业制高点，形成可持续发展的能力；此外，还应在造船效率、产品设计、配套设备、非船产品等方面寻求突破与发展。

2. 船型选择

从吨位上考虑，大型化、专业化成为船型选择的基本原则。未来三年，17 万 ~ 20 万吨通用好望角船和 30 万吨 VLCC（超大型油轮）是在建船舶的主力。

造船业务板块的产品状况如下：

（1）10万吨以下的主流商船产品系列已经比较完善。近年来，积极巩固10万吨级集装箱、散货船、油船、化学品船等成熟船型，主要客户集中于希腊、德国、荷兰、俄罗斯、北欧等地，船舶出口额列国内第3位，代表产品如2000车滚装船、92500DWT（载重吨）散货船和46000DWT载油量成品油船。

（2）正积极开拓部分高端和特殊船型，如积极开拓不锈钢化学品船、电力环保油轮、工程船、中小型PLG（液化石油气）和LNG（液化天然气）船等高端船型。

（3）在船舶产品之外，仅有少量船用设备和非船业务产品。提供机电、港机等非船业务产品，在船用设备方面主要合资生产船用配电系统。

综合现状，美国B公司得出以下结论：

一是H集团造船业务板块旗下的4个主要船厂都分布在长江边，内河条件对产品向10万吨以上升级造成了很大限制，与行业向大型高端船舶的发展方向存在一定差距。

二是船用设备和非船业务产品不足，与发展核心配套设备的研发生产能力的行业趋势存在不一致的情况。

三、仁达方略解决方案

仁达方略在对H集团做了长达半年之久的跟踪分析后发现，重组后，H集团的业务板块整合正在逐次展开，但是战略指导与支撑约束还没有真正体现；三大主业中，综合物流实现了业务协同及内部价值链协同，航运业务还有待整合，船舶重工作为重资产业务，未来如何定位和发展虽至关重要，但情况复杂。

1. 两大集团合并后的业务现状

（1）综合物流业务以海、陆、空货运代理，船务代理，供应链物流，快递为核心业务，以码头堆场、仓库、陆上运输等为关键性支持业务。

（2）航运业务以国际干散货运输和油品运输为核心业务，以集装箱班轮运输和滚装船运输为辅助业务。

（3）H 集团的主营业务为航运、造船、燃油贸易和水上旅游。其中，干散货定额载重吨为 241.6 万吨，船舶运力居中国内河航运企业之首；造船方面，2007 年造船产值近 100 亿元，2007 年的利润总额为 10 亿元。合并后的 H 集团在航运业务方面还有待整合。

2. H 集团亟须在以下方面进行深入探讨

（1）H 集团应根据产业的发展趋势梳理每一项业务，先做取舍，确定哪些是核心业务、哪些是支持业务，并实现产业的最优组合。

（2）H 集团要用系统论的方法综合考量，对现有业务实现商业模式的创新和组织管控模式的创新。

（3）H 集团要面对现实，考虑价值链宜粗还是宜长，资产宜轻还是宜重，要选择价值链中的关键环节，最终实现价值链的协同。

（4）H 集团要考虑如何发展长江流域业务，清晰界定和规划“长江战略”。

（5）H 集团要考虑如何通过组织变革激发组织活力，提升组织效率，控制风险，提升整体价值。

3. 业务市场预判

（1）由于运力过剩，国际油轮运输市场将面临运价进一步下跌的压力，将长期延续低迷局面。H 集团有海、陆、空多条业务线，但每条都不具有明显优势：干散货、集装箱运输落后于中国远洋运输（集团）总公司（简称中远），油轮比不过招商局集团有限公司（简称招商局）。

（2）未来两年，干散货市场“运力供给过剩、需求萎缩”的基本格局很难改变，船公司市场形势相当严峻。

（3）2009 年物流企业业务增幅普遍同比下降 20% ~30%，我国物流业面临三十年来最困难时期，将进入增长趋缓、结构调整阶段。

因此，H 集团必须清楚：未来的产业链如何延伸，价值链如何布局，是否进入物流地产，如何进行产业协同，需要具备什么样的资源能力，是加强并购，扩大产业规模，还是进行价值链延伸。

4. 价值链理论

H 集团重组事件中存在诸多疑问，如 H 集团为何会产生市场误判；作为中国运输行业的巨头，难道没有足够的经验；是对自身认识不够，还是对市场认识不够；美国 B 公司是业界的专家，为什么极力推崇船舶重工的投资机会；美国 B 公司是不是出于迎合客户心理而提出该建议。

在仁达方略给出的战略规划中，价值链理论是分析集团自身情况的利器，能使企业对自身业务的认识提升到新的高度。这也是仁达方略的理论贡献之一。

对企业进行价值链分析，是仁达方略的研究成果之一。每个企业都处在产业链中的某一个环节上，其生存和发展不仅受其内部价值的影响，而且受整个产业价值系统的影响。对产业价值链进行构建整合所形成的全价值链，可以实现产业价值链中资源的优化配置。

集团在重组并购的过程中，应该把握产业链整合与分解的变化趋势，适时有效地利用产业整合的机遇，通过对产业价值链的整合，形成全价值链。这样才能保持企业竞争优势。

5. 价值链分析

利润贡献从价值链前端到后端逐级递增，风险从前端到后端逐级递减。仁达方略通过对 H 集团的价值链进行分析发现：H 集团目前的航运业务大多集中在价值链的前端和中端，在较高价值环节的航运服务方面投入较少。

因此，H 集团在综合物流产业价值链中，要在价值高及对整个价值链掌控强的环节中进行产业选择。不好抉择的是，掌控强的环节大部分是重资产业务，这考验着 H 集团对资源的保有、获取和分配能力。

目前，航运企业正面临越来越大的降低成本和提高服务水平的压力，借助价值链的拓展，具有现代物流服务优势的航运企业正将其竞争平台从简单的航运价格竞争，提升到完整价值链意义上的整体物流服务价值竞争上。

基于对H集团业务以及市场现状的分析，仁达方略做出以下判断：

（1）船舶工业战略规划思路。H集团的船舶工业在价值链上主要包括采购、制造、销售环节，未来应在价值链上进行延伸，进入附加值较高的设计环节。船舶工业未来的定位要基于集团战略的考虑，规避风险。

（2）在产品吨位、品种结构上，H集团应避开大吨位，实现错位竞争，意识到小型船通用性强的优势。

6. 战略的制订包括选择、定位和布局

在确定了大方向后，如何处理细节问题也极为重要。基于对H集团的分析，仁达方略做出了战略规划，在业务整合方面也给出了建议。大的方针定下来了，接下来就要确定以下细节问题。

（1）如何定位和发展小型船？

（2）船型标准化为H集团船舶工业带来了哪些机遇和挑战？

（3）港机制造和电机制造有一小部分与造船主相联系，结合造船企业在价值链上的布局，H集团是否应进入船舶配套设备行业？

（4）行业重点实验室和工程技术中心设在H集团，H集团如何利用这些资源？

（5）船舶与航运在利润率、增长性关系以及产业周期上如何协同？

四、媒体评论

没有约束的扩张，大规模建造巨型油轮，使其遭受巨亏，成为第一家退市央企。

——摘自《南方周末》

2014年6月6日

盘点媒体和分析师为其在财报总结的亏损原因，提及最多的两点是，全球运力明显过剩和近年盲目扩大产能。

——摘自《能源评论》

2014 年 7 月 23 日

五、思考与启示

H 集团的退市给市场带来很多思考与启示：

战略规划要有全局视野。美国 B 公司的战略方案过于重视船舶业务的机会、局限等，未从全局对 H 集团的业务进行分析，对业务之间的作用也未进行全盘考虑。以偏概全的视角会使企业逐步走向衰落。

战略定位要精准。企业一定要明白自己的“钱途”在哪儿。万科为了找准定位而做减法，戴尔的“直销模式”省略了价值链的中间环节。不要主观认为某一业务可行，要对自身业务有清晰的认识。此时，仁达方略的价值链分析为此提供了支持。H 集团的价值链主要集中在中低端，高端的航运服务较为薄弱，这就为企业带来了风险。当低端价值链市场低迷时，企业会遭受亏损。

抓住机遇。对于 H 集团来说，战略失误只是开端。在 2014 年年初油价反弹时企业未抓住机会，在合作和引入资本方面动作迟缓。而仁达方略在 2009 年的战略规划中就指出：H 集团有海、陆、空多条业务线，但每条都不具有明显优势，因此 H 集团应避开大吨位，实现错位竞争。[①]

① 仁达方略管理咨询公司．高度［M］．北京：企业管理出版社，2015.（有改动）

FC 能源集团 vs UR 集团

企业发展到一定规模就会面临专业化还是多元化的产业选择问题，仁达方略独创的产业组合相关理论为众多大型企业的战略制订提供了指引，FC 能源集团就是其中之一。其在行业繁荣时居安思危，积极实施多元化战略，坚定不移地执行和贯彻仁达方略为其量身定做的发展战略，FC 能源集团安然渡过行业下滑危机，并以迅猛的发展势头昂首挺进世界 500 强。同样身处煤炭行业的 UR 集团，却并未如此幸运，单一的业务组合使得煤炭行业遇冷时，集团经营大受打击，陷入一蹶不振境地。

一、项目背景

FC 能源集团是东部某省属国有独资公司，是由省内 6 家煤炭企业重组而成的。尽管该省没有把原煤年产 6000 万吨的 Y 集团纳入新的集团，但新组建的煤炭集团仍以原煤年产 8300 多万吨的实力，稳居国内大型煤炭企业前 5 位。集团注册资本为 100 亿元，总部在本省省会，下辖 6 个矿业集团、2 个区域公司、2 个物流公司、1 个财务公司和技术研发、信息中心等 4 个直属机构，员工达 20 多万人。FC 能源集团下属企业分布范围广，分布在山东、山西、陕西、内蒙古自治区、新疆维吾尔自治区、贵州等十多个省（自治区）及加拿大、澳大利亚等国家和地区。

二、基本命题

该省是产煤大省，煤炭产量曾一度位居全国第 2 位；该省又是资源小省，截至目前，探明可采储量仅剩 59 亿吨。作为经济大省，该省的能源消耗逐年增加，煤炭在全省能源供应格局中占据主导地位，但省内煤炭资源日渐枯竭，占全国2.2%的储量、4.6%的产量、9.9%的消费量，这使得产煤大省、耗煤大省与资源小省之间的矛盾日益突出。在这种严峻形势下，FC能源集团担负着化解全省经济和社会发展能源需求危机的重任。

经过实地调研、访谈，以及对行业和集团上下的深入分析，仁达方略发现：FC能源集团经过联合重组后取得了一系列业绩，如经济实力显著增强、非煤产业发展较快、节能环保工作扎实推进、改革改制工作稳步推进等；但是也存在一些问题，如集团内企业大小参差不齐，部分行业盲目扩张，产业组织结构落后，省内资源面临枯竭，合并重组带来的历史遗留问题、重复建设和过度竞争问题、员工结构问题突出等。

三、解决方案

仁达方略基于FC能源集团联合重组取得的成绩和存在的问题，全面分析了FC能源集团的项目需求，为了帮助FC能源集团编制“十二五”战略规划，派出了优秀的项目团队。项目团队由经验丰富，在集团战略制订、组织机构设定等方面有多年咨询经验的咨询师，以及有煤炭能源行业的专家加入的专业团队组成。仁达方略项目期总计三个月，前一个半月主要为调研诊断和行业研究阶段，后一个半月为战略规划设计和战略保障措施设计，以及战略实施的培训和宣传贯彻阶段。

经过调研，仁达方略深入分析行业外部环境和企业内部情况，为企业确定了产业组合方案和商业模式，并通过与同行业5家企业进行标杆比对，全面了解企业的竞争态势，准确推测出煤炭产能，明确煤炭产业政策走向和能源布局，以及未来企业的发展动态。针对省内资源枯竭的现状，充分肯定了集团现有的“走出去”战略的必要性，同时，根据集团业务架构进行了梳理，明确制订了煤化工产业的发展路径，煤化工产业投资方向的选择和定位，确定现代物流产业的发展趋势，与煤炭产业需求相适应的运力配置等，明确煤炭、煤化工和现代物流等多元化产业布局，煤炭资源整合和转型升级战略。另外，对FC能源集团进入世界500强的可能性进行了分析，对进入世界500强的时间进行了测算。

同时，为了保障战略目标的达成，仁达方略还建立了战略、管控、人力资源、技术、资本运营和信息化建设六大支撑体系，并从资源获取、组织、考核、政策把握、预算管理及风险控制方面提出了一系列具体保障措施。在后期项目实施过程中，仁达方略项目团队在方案提交后的半年内每个季度与FC能源集团管理层进行一次项目实施沟通会，对项目方案实施过程中出现的问题进行诊断，对方案进行改进，并对战略实施过程中遇到的问题给予及时指导、协助解决。

四、运营效果

1. 实施走出去战略

重组后的FC能源集团并没有满足于眼前“不差钱”的优裕状态，而是不断进取，在做好重组整合的基础上，加速产业扩张、加大资本运作，积极实施走出去战略，走出该省，“主攻蒙宁，加快晋陕，推进云贵，突破新疆，进军国外”。

从2002年开始实施走出去战略，FC能源集团所属企业先后在新疆维吾尔自治区、内蒙古自治区等11个省（自治区）取得62个煤矿项目，煤炭地质储量达400多亿吨。期末，省外年产能将达1.5亿吨。

FC能源集团旗下的K集团最早迈出走出去步伐。2002年，K集团来到三秦大地，设计建设年产300万吨的陕西某煤矿，并于2005年年底投产。FC能源集团旗下的X集团获得的省外煤炭资源储量最多，涉及地域最广。X集团对省外14个基建矿井完成投资33亿元，随着这些煤矿的陆续投产，X集团之后1个时期内每年约递增1000万吨的煤炭产量。

FC能源集团省外的400多亿吨煤炭储量中的相当部分，将陆续以西煤东运、西气东输、西电东送等形式，助力我国东部地区，包括FC集团所在省经济和社会的发展。

FC 能源集团整合旗下 6 家所属企业在内蒙古自治区和贵州的开发建设项目，成立了内蒙古 N 公司和贵州 X 公司两个全资区域化公司。内蒙古 N 公司共有生产、在建资源开发项目及配套转化项目 40 余个，分布于鄂尔多斯、锡林郭勒、呼伦贝尔等盟市，产业涉及煤炭、煤焦化、电力、天然气、合成氨、甲醇、乙二醇、城市供热、铁路运输等。2011 年，累计完成投资 180 亿元，“十二五”期间，煤炭年产量达 8000 万吨，煤炭转化超过 4000 万吨。

2012 年，该省国资委、FC 能源集团共同批复了 FC 能源集团澳大利亚有限公司的成立，这标志着 FC 能源集团旗下 L 矿业有限公司收购澳大利亚罗克兰（RCI）公司三座矿山全面收官。

总部位于澳大利亚南珀斯的罗克兰公司在澳昆士兰波温盆地拥有一处采矿权和两处探矿权。三座矿山的总面积为 917. 89 平方千米，保有资源储量 20 亿吨以上，预计远景储量达 40 亿吨以上。2012 年 3 月，FC 能源集团旗下 L 矿业有限公司就开始对澳大利亚 RCI 公司进行尽职调查，并于同年 9 月 27 日顺利完成与 RCI 公司的股权并购交割。三座矿山并入 FC 能源集团澳大利亚有限公司旗下。

2. 多元化业务布局

FC 能源集团凭借雄厚的资金实力，采取多元化战略，集中资金、技术、人才、管理等优势，在开发煤炭资源和油页岩、煤层气、岩层气及其他矿产资源的同时，逐步扩大煤电联产、煤制天然气、油页岩炼油规模，适时介入核能、风能、太阳能、生物质能等新能源开发。“十二五”期间，FC 能源集团坚持传统能源与新型能源发展并行，坚持产业运作与资本运营并举，做大做强煤炭主业，大力发展传统能源、新能源、装备制造和现代服务型产业，优化和创新发展煤化工、医疗健康业等产业，逐渐形成煤炭、新能源、装备制造业、煤化工、现代服务业五大产业板块，如图 0－2 所示。

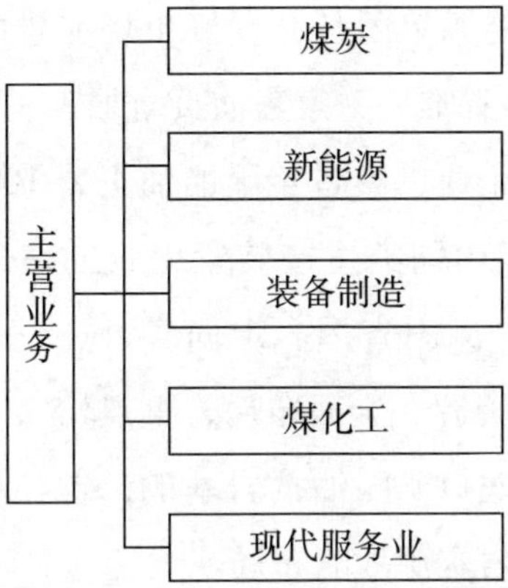

图 0-2　FC 能源集团的产业布局

一是煤炭产业。煤炭产业是 FC 能源集团最重要的基础主导产业，是集团当时最主要的利润来源。“十二五”期间，FC 能源集团按照基地化、园区化建设，安全、高效、洁净化生产，精细化、集约化经营管理的发展思路，坚持省内省外并举、积极开拓国外市场的导向。省内开发洁净煤技术，合理均衡生产，提高资源回收率，延长服务年限，实现绿色、安全、创新和高效发展；省外以各主要矿区建设为基础，有序开发建设大型煤炭基地；国外推进全球范围内的资源布局，构建支撑集团稳定和长远发展的煤炭供应体系，逐步形成省内、省外和国外基地高效运营、相互支撑、协同发展的煤炭产业布局。

二是新能源产业。新能源产业主要包括电力、油页岩炼油两个细分产业。

电力是 FC 能源集团以煤炭产业为基础、向下游延伸以提高附加值的重要产业。“十二五”期间，FC 能源集团根据国家电力产业政策及规划，大力发展煤电产业。省内，以热电联产、自发自用为基础，响应国家“上大压小”政策，积极建设低热值燃料综合利用电厂、新能源发电项目，发展清洁、高效发电机组，构建绿色、循环经济体系；省外，围绕大型煤炭基地及矿区建设，通过与大型电力企业合作开发等方式，建设配套综合利用电厂和大型坑口电厂，打造煤电一体化产业链。

油页岩炼油是FC能源集团具有良好市场前景的重要非常规油气资源产业。FC能源集团是全省唯一一家集油页岩加工、炼油、瓦斯气体发电为一体的油页岩综合利用企业，具备年干馏油页岩100万吨能力，综合收油率达到80%以上，为国内同类生产装置中收油率最高的。“十二五”期间，FC能源集团坚持“巩固省内、走向省外、进军国外”的开发战略，遵循“寻求合作、掌控资源、全面布局、重点切入”的发展原则，国内国外并举，省内巩固发展龙口矿区油页岩基地，省外和国外积极控制和开发油页岩资源，实施油页岩资源战略布局。

三是装备制造业。装备制造业主要包括煤机装备制造和医疗器械制造两个细分产业。

煤机装备制造产业是FC能源集团为服务煤炭生产发展起来的重要基础产业，形成了以“四机一架”为主导产品的采煤成套装备研制能力。其矿山设备再制造技术和能力目前处于国内领先水平，主持制定了“千万吨综放工作面设备选型研究及其应用”的标准，所生产的固液分离设备、矿物洗选设备、矿物破碎筛分设备、矿山提升井工装备、井下支护及运输设备、散装物料快速计量储装设备、冶金烧结设备、电液气自动化控制设备等产品广泛用于煤炭、冶金、黄金、化工（碱厂）、有色金属、食品、建材、粉煤灰和煤矸石综合利用及矿山尾矿处理等领域，各类主导产品在所服务的行业内，具有较高的知名度和美誉度，主要产品的国内市场占有率在50%以上，部分产品还出口到俄罗斯、乌克兰、印度、土耳其、孟加拉国、越南等国家和地区。

医疗器械制造是FC能源集团通过收购股权形成的重要朝阳产业。其主要产品涉及清洗消毒灭菌设备、放射治疗诊断设备、制药设备、手术器械等九大类，营业收入在国内同行业中处于领先地位，具有较强的市场竞争力。“十二五”期间，FC能源集团以××医疗器械公司为平台，坚持实体经营和资本运营并行的方针，调整优化产业布局和产品结构，推动医疗器械产品的技术升级和市场拓展，实现“医疗器械—制药—医疗健康”的跨越式发展。

四是煤化工产业。煤化工产业是 FC 能源集团实施煤炭深加工、提高产品附加值的重要产业。主要产品有焦炭、天然气、液化天然气、甲醇、烯烃、纯苯、煤沥青、碳纤维、针状焦、环己酮等。“十二五”期间，FC 能源集团按照高起点、大产品、大规模、多联产、精细化、一体化、园区化、基地化的指导思想，贯彻煤基多联产、合理布局、综合开发、发展循环经济的发展方针，以市场为导向，以循环经济、生态工业理念为指导，重点发展以新型煤化工为主体的化工产业体系。依托已有的产业基础、技术基础和市场基础，以市场需求量大的新型煤化工产品为主攻方向，深入发展煤焦化，重点发展煤制天然气，优化发展煤制烯烃，控制发展煤制醇醚，纵向和横向拓展产业链，形成资源配置合理、技术先进的工业生产模式，确保化工产业的可持续发展。

五是现代服务业。FC 能源集团的现代服务业主要包括现代物流和矿井生产服务两个细分产业。

现代物流产业是 FC 能源集团服务实业生产、弥补区域物资和能源不平衡、壮大企业规模的重要支撑产业，包括自营铁路货物运输、道路货物运输、水上货物运输、水上运输辅助活动、装卸搬运、运输代理业、其他仓储业等。“十二五”期间，FC 能源集团紧紧围绕能源产业基地化、园区化建设的总体布局，立足省内，辐射省外，充分发挥交通区位优势和集团规模优势，依托省内铁路、公路和港口等重大基础设施，统筹规划，合理布局，系统集成物流、商流、资金流和信息流，在传统物流服务基础上，拓展信息、交易和金融服务，实施并完善供应链管理，逐步形成“立足省内、面向国内、联通世界”的国际化现代物流体系，全面提升现代物流产业发展水平。

矿井生产服务产业是 FC 能源集团发挥企业在煤矿勘探、建设、生产方面的技术、人才等优势，为其他煤炭企业提供地质勘查、矿业开采辅助活动、专业技术等服务形成的产业。“十二五”期间，FC 能源集团以能源产业和装备制造业为依托，利用能源和制造产业的管理、技术和人力资源优势，以煤炭生产服务为主，积极拓展非煤能源及新型能源生产服务，提供能源勘探、矿井设计、生产建设、运营管理为一体的专业化服务，在优先保障集团内部服务的同时，积极开拓外部市场，承揽国内外能源生产运营项目，大力发展生产服务业。

经过多年的努力，仁达方略对 FC 能源集团所做的战略构想实现了。2014 年 7 月 7 日晚，美国《财富》杂志公布 2014 年世界 500 强企业榜单，FC 能源集团继 2012 年首次上榜《财富》世界 500 强后，连续第三次入围这一榜单。

五、延伸阅读：UR 集团从巅峰到谷底

UR 集团与 FC 能源集团，同样出身于煤炭行业，同样头顶国企光环，几番浮沉后却面临截然不同的遭遇和结局。

2012 年，受煤炭资源枯竭、人员包袱重、企业办社会负担重等诸多内外因素的影响，中国整个煤炭市场由巅峰开始走下坡路，“煤炭黄金十年”终结。UR 集团经营形势急转直下，从 2011 年集团净利润达 8.23 亿元到 2012 年亏损 8.23 亿元，UR 集团快速地陷入了越亏越多的深渊。从 2012 年至 2014 年前三季度，集团累计亏损 76.9 亿元。随着亏损的来袭，各种问题集中爆发，资金链濒临断裂、企业资信等级下降。

与之相对，FC 能源集团从 2002 年创立之日起就确立了走出去战略部署。当煤炭行业备受煎熬时，FC 能源集团危中求进、逆势发展，在寒冬中实现弯道超越，煤炭生产经营总量突破 2 亿吨，营业收入突破 2280 亿元，利润达 42 亿元，入围世界 500 强。

一个危机四伏，步履维艰；一个危中求进、逆势扩张。只因为它们选择了不同的发展道路。

UR 集团在 2004 年重组了“四大煤城”中的绝大部分优质煤矿，试图打造产能上亿吨的煤炭集团并力推上市。UR 集团有四个主力生产和建设

矿区，主要矿厂分布在四个地市的47个矿区，产业集中在该省内。业务结构以煤炭为主业，包括煤炭开采、煤机、煤电等。在“煤炭黄金十年”期间，其发展较为迅速。UR集团的产业布局如图0－3所示。

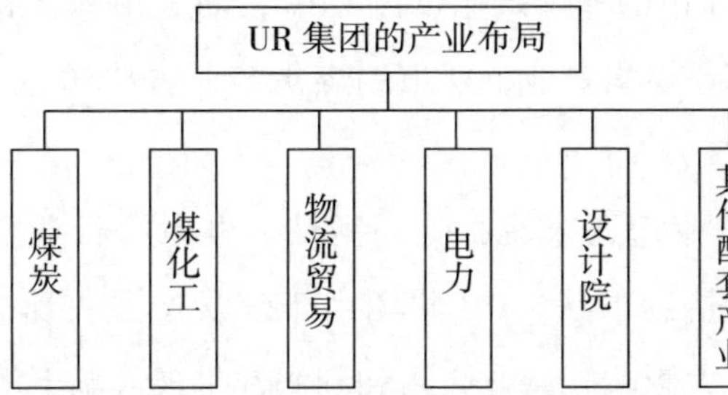

图0－3　UR集团的产业布局

刚成立不久，经历了甩包袱后的UR集团自2005年后便进入了辉煌时期，同年，UR集团计划赴港上市，着手进行股份制企业改制，希望通过“H股”上市及间接融资获得200亿元以上的支撑。然而，当年年底Q市煤矿发生了171人死亡的严重爆炸事故，UR集团第一次冲刺上市因此戛然而止。

那几年，没有成功进入资本市场的UR集团“并不差钱”。UR集团产品以主焦煤、1/3焦煤等为主，它们煤质好、热值高，有“绿色能源”的美誉，价格随着整个煤炭市场行情的上涨而飙升。2005年到2008年年中，10级焦煤价格实现了从600元/吨，到900元/吨，再到1200元/吨，又到1500元/吨，最后冲到2000元/吨的“四级跳”。

按照UR集团年产量持续保持在5000多万吨计算，在2008年2000元/吨最高点上，集团每月可入账十几亿元甚至数十亿元。

UR集团数次筹备上市都因种种原因未能成功，这不仅占用了UR集团的大笔资金，而且耗费了人们的大量精力，导致其他改革被迫暂时让路，UR集团基本上固守原来的业务板块。自2004年始，UR集团仍然主要依靠“四大煤城”的煤炭生产销售业务，而发电和煤化工业务则占比非常小。直到2011年，UR集团才开始带队到外地考察收购煤矿，而那时离

2012 年的煤炭行情陡然走跌并一直延续不远了，所以可以说，UR 集团错失了收购的好时机。

一位省职能部门的官员说，“四大煤城”对煤炭业务的依赖程度非常高，工业产值中，J 市的非煤产业仅占 14%，而 S 市除了钢铁产业占 28% 外，其余的几乎都是煤炭产业，Q 市的煤炭产业占比超过 50%，H 市的非煤产业仅占不到 8%。

2012 年煤炭行业遭遇寒流，受到钢铁、电力等行业需求疲软等的影响，煤炭行业价格持续下跌。UR 集团由于煤炭产业占比较大，产业结构单一，发展受到巨大影响，营业收入和利润都呈现大幅下滑。

市场环境瞬息万变，你总会感到“变化大于计划”。UR 集团在“煤炭黄金十年”盈利丰厚时，可曾想到市场变化如此快速？反观 FC 能源集团，凭借在“煤炭黄金十年”打下的雄厚资金基础，实施走出去战略，采取多元化措施，利用资金优势，延伸产业链条，大大提高了企业的抗风险能力，抵御了煤炭行业不景气带来的风险。企业战略已经成为决定企业成败的关键。

近几年，许多企业往往在经营出现严重挫折后，才回过头来审视企业战略，总结教训。其实，企业出现危机并非一朝一夕的事，往往都有一段“潜伏期”。在“潜伏期”的早期阶段，企业经营者大都能有所察觉，但由于企业尚未出现严重偏差，经营者不会重视。由于未能及时进行战略评价，找出问题所在并采取相应的纠正措施，当企业外部或内部出现某种“诱因”时，战略危机总爆发就在所难免了。①

① 仁达方略管理咨询公司．高度［M］．北京：企业管理出版社，2015．（有改动）

上 篇

地区及企业编制“十四五”规划必须关注的一些问题

一、“十四五”规划编制之宏观环境分析

（一）国际宏观环境分析

2019 年，在全球经济景气度由高位回落、美联储仍继续加息缩表、中美贸易战及英国脱欧谈判等多种因素的影响下，中国经济发展所面临的国际环境更加复杂多变，存在诸多不确定性。

2018 年 10 月，IMF（国际货币基金组织）发布《世界经济展望》报告，报告显示，2019 年全球经济增长将放缓，预计 2019 年增长 3. 50%，2020 年将小幅回升至 3. 60%，如图 1 －1 所示。

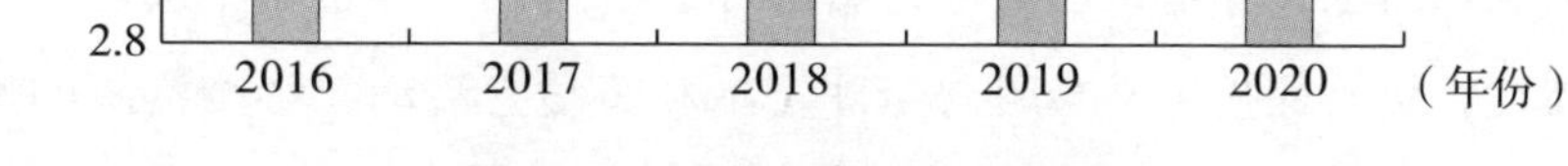

图 1 －1　IMF 全球经济增速预测

资料来源：IMF《世界经济展望》报告。

在主要发达经济体中，美国经济增长强劲，欧盟和日本的 GDP（国内生产总值）增速均在放缓。在除中国外的主要新兴经济体（E11）中，印度伴随“废钞令”影响的消退，经济增长加快，俄罗斯经济复苏面临美国经济制裁以及与乌克兰冲突带来的不确定性，巴西经济复苏乏力，南非经济低迷，PMI（采购经理指数）持续处于收缩区间，国内推进改革及新的经济刺激计划的效果有待观察。

主要新兴经济体包括阿根廷、巴西、中国、印度、印度尼西亚、韩国、墨西哥、俄罗斯、沙特阿拉伯、南非和土耳其。IMF 预测，2019 年主要新兴经济体经济增速与2018 年基本持平的可能性较大，即按各经济体购买力平价计算的经济总量加权计算的经济增长率为 5.1%。

主要新兴经济体 GDP 增速预测如图 1－2 所示。

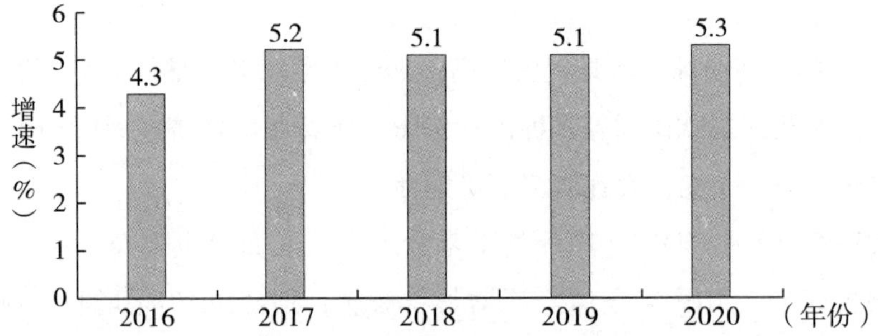

图 1－2　主要新兴经济体 GDP 增速预测

资料来源：IMF 发布的《世界经济展望》。

1. 全球贸易保护主义加剧对国际经济复苏造成不确定性影响

就全球而言，贸易保护主义有可能阻碍贸易、抑制外商直接投资，从而削弱全球需求，冲击市场信心，给全球经济持续复苏带来不确定性。若长期持续，贸易保护主义会阻碍全球资本和劳动力流动，影响资源的配置效率，拉低全球生产率并影响经济增长。

2. 世界政治经济格局将进入大调整、大变革的时期

从 2019 年开始，随着世界经济的领头羊美国经济增速的逐渐放缓，全球经济将进入危机四伏的波动时期。各主要经济体不仅要面对经济增速逐渐放缓，贫富差距逐渐扩大，还将面对人工智能和工业自动化快速发展替代人类工作所带来的威胁，世界政治经济格局又到了一个大调整和大变革的时期。

2019年开始，全球三大央行总资产进入收缩过程。全球流动性的收缩将会对全球的风险资产以及大宗商品产生负面影响，造成新兴市场甚至世界的金融危机。全球三大央行资产负债表规模下降情况如图1－3所示。

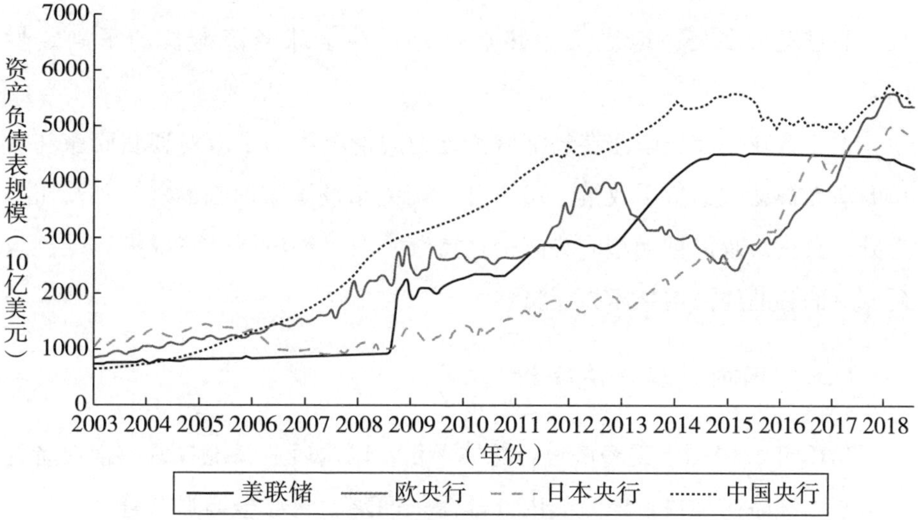

图1－3 全球三大央行资产负债表规模下降情况

资料来源：悦湾投资。

2008年金融危机后，各主要经济体为刺激经济先后进行了三次货币宽松，导致各国央行的资产负债表急剧膨胀，全球债务占GDP的比重由2007年年底的190%上升到247%。世界各大经济体陆续受人口老龄化的影响，全球需求端萎靡不振。世界各大经济体债务杠杆提高，各国央行释放出的流动性对实体经济的刺激作用减弱，大量资金为了追求资产回报率纷纷“脱实向虚”，形成了巨大的资产泡沫，贫富差距越拉越大。

另外，就全球各经济体货币政策走向来看，美联储货币政策持续收紧，欧洲央行量化宽松规模持续缩减，日本央行货币政策较宽松，英国、加拿大、韩国、墨西哥、印度、俄罗斯、南非、印度尼西亚、泰国、马来西亚、菲律宾、土耳其、阿根廷等国家央行则在2018年加息一次或多次，全球货币政策趋同迹象明显。

综上所述，“十四五”期间，全球经济增长将放缓，经济增长格局并不均衡。美国单边挑起的贸易冲突引发市场对全球贸易及经济增长前景的担忧，主要经济体货币政策持续收紧，新兴市场货币普遍承压，全球金融市场波动明显加剧，中国经济发展所面临的国际政治经济环境将日趋严峻，而且复杂多变，地缘政治热点仍是影响全球经济增长的不确定性因素。

大多数新兴市场国家在经济增长乏力的情况下为了应对通货膨胀和货币贬值而被动收紧货币政策。2019 年，新兴市场国家面临的资本外流压力上升，其货币政策被动趋同势态仍将持续，新兴经济体经济提振将受到阻碍，所面临的经济增长压力还将加大。①

（二）国内宏观环境分析

2018 年，中国宏观经济运行总体平稳，国内就业情况良好、消费者物价水平上涨略有加快。但是受内外部需求回落、内部金融强监管及地方政府隐性债务监管趋严等因素的影响，工业生产、消费、投资及进出口压力加大。

1. 中国新的增长极增长带正在形成

中国经济结构优化趋势持续，代表先进技术、转型升级和技术含量比较高的相关产业和产品仍将保持较快增长，消费新业态发展亦较快，制造业投资持续回暖，新的增长极增长带正在形成。

随着“一带一路”倡议、“京津冀协同发展”“长江经济带发展”三大战略的持续推进，西部大开发、东北振兴、中部崛起和东部率先发展

---

① 新世纪评级．中国宏观经济分析与展望（2019 年 1 月）［EB/OL］．（2019 - 01 - 15）［2019 - 02 - 08］．https：//mp. weixin. qq. com/s? _ _ biz = MzA4NTU4MDUyNQ%3D%3D&chksm = 87df427ab0a8cb6ce1ee6fcfe0049f1b918d6fb340a4926b0d6ada804e14ed25995d52db9912&idx = 1&mid = 2650680824&scene = 0&sn = 0f814695c41a151ed7de866ff77ed151&xtrack = 1.（有改动）

“四大板块”持续发力，全国各地城市群崛起，中国区域经济发展活力提升，新的增长极增长带正在形成。固定资产投资增速和规模以上工业增加值呈现明显的阶梯状分布特征。

中部崛起计划持续推进，作为承“东”启“西”的重要区域，中部地区对东部地区制造业的转移具有较大吸引力，区域间协调发展成效开始显现。中国区域间的发展差距逐步缩小，特别是中、西部地区与东部地区之间，区域间平衡发展已初见成效。

2. 中国 GDP 增速仍有望保持在 6.5% 左右

2019 年，受国内结构性去杠杆、影子银行清理整顿、政府隐性债务监管、房地产严调控等政策调控的约束，中国经济增长仍将面临较大压力。在政府推进进一步减税降费、加大基建补短板力度、货币政策更加独立灵活、监管力度适度调整等宏观政策的影响下，预测中国 GDP 增速仍有望保持在 6.5% 左右的中高速增长水平上。

3. “十四五”期间，宏观政策协同性明显提升，经济发展方式显著变化

中国“推动制造业高质量发展”，工业结构升级仍将持续。未来“十四五”期间，宏观政策的协同性将明显提升。

从政策总体环境来分析，“十四五”时期将全面推进依法治国，深化行政体制改革，进一步简政放权、放管结合。继续取消和下放行政审批事项，进一步简化注册资本登记手续，制定市场准入负面清单，建立全国统一的社会信用代码制度和信用信息共享交换平台。深化财税体制改革，推进以“全口径预算”为突破口的预算管理制度现代化。以政府融资体制改革为切入口，推进税收制度现代化。上述改革红利的释放将极大激发市场活力和社会创造力，以企业为主的各类经营实体将迎来更加良好的市场环境，发展空间进一步增大；同时，居民生活水平和消费能力的提升，又会反哺经营实体加快发展，形成良性循环。

从经济总体环境来看，“十四五”时期，经济发展方式将得到显著转变。一是消费对于经济增长贡献率大幅提升。中国将进一步从由出口主导的经济向由内需主导的经济转变，将由以投资为主要驱动的经济向以消费为主要驱动的经济转变。二是现代产业体系将向服务业主导型显著转变，逐渐转向以现代服务业为主的经济体。三是将进一步推进利率市场化，放宽市场准入条件，使银行业充分有效竞争，进而对企业的融资规模、融资方式、融资成本产生较大影响。

从社会总体环境来看，“十四五”时期，人口老龄化与人口素质提高并存。人口结构的变化，一方面，将对国内消费结构产生一定影响，以养老、健康养生为代表的“银发产业”将迎来较大的发展机遇；另一方面，会对人力资源的供给产生一定的负面影响，但是随着教育事业的不断发展，新的红利会形成，就业人口比率将提高，这在一定程度上将抵消人口老龄化的负面影响。另外，农业人口在城镇就业和非农业就业比重将持续上升，形成新的转移就业红利。

从技术总体环境来看，信息化和工业化的融合是推动“中国制造2025”的核心。随着智能手机和移动互联网的普及，以及大数据、云计算的出现和运用，互联网迎来了裂变式的新一轮革命。这场革命将对社会发展产生颠覆性的影响，政府已经将互联网经济上升到了国家战略层面，将其作为拉动经济增长的新引擎。在这一背景下，一方面，传统行业的生存发展遇到了极大的挑战，消费群体不断萎缩，原有业务模式受到冲击，发展方式难以为继；另一方面，传统行业也迎来了难得的转型升级新机遇。传统行业通过主动“拥抱”互联网，与互联网深度融合，可以创造出新的价值与发展形态，通过协同增效，重新焕发生命力。

综上所述，未来“十四五”时期，中国经济将由高速增长阶段转向中高速、高质量发展的阶段，是转变发展方式、优化经济结构、转换增长动力的攻关期。短期内，中国宏观经济增长压力加大；但从中长期来看，随着中国对外开放水平的不断提高，经济结构优化、产业升级、内需扩大、区域协调发展逐步深化，中国经济的基本面仍将保持长期向好和中高速增长态势。与此同时，在主要经济体货币政策调整、地缘政治、国际经济金融仍面临较大不确定性和国内金融强监管、去杠杆的背景下，我国的经济增长和发展仍将伴随区域结构性风险、产业结构性风险、国际贸易与投资的结构性摩擦风险以及国际不确定性因素冲击的风险。

案例1：某集团有限公司战略规划的宏观环境分析

1. 项目背景

某集团有限公司（简称某集团）是大型国有企业。该集团已成长为以现代零售业为主业，制药为重点产业，涉足房地产、酒店旅游、文化传媒、物产、教育、金融支付等多个产业的大型企业集团，下辖2家上市公司，拥有多个知名品牌，从业人员近20万人。“十二五”期间，该集团在省委、省政府和省国资委的正确领导下，抢抓机遇、加快发展，营业收入、利税总额和期末资产总额三项经济指标稳步增长。“十三五”中期，年收入达392亿元，实现利税38亿元，期末资产总额达785亿元。与“十一五”末期相比，营业收入增加了160亿元，利税增加了12.9亿元，资产总额增加了377亿元。

该集团采用“集团总部—次集团—企业”三级管理体系。集团总部方面，在坚持战略及投资控股复合型管理定位的基础上，进行了旨在机构瘦身的大部制改革。现设有办公室、战略发展部、投资管理部、财务管理部、人力资源管理部、风险防控管理部和教育科技管理部7个部门，招标中心、信息中心、离退人员管理服务中心3个总部直属机构。在产业架构方面，现集团总部下辖百货超市、购物中心、家居、房地产、制药、酒店旅游、传媒、物产及汽车等10个产业次集团及直属单位，均定位为利润中心。次集团下属企业定位为运营实体，负责具体业务的经营管理。

2. 客户问题

该集团的零售业业务在其所在省位居第一，但是，随着电商的兴起、各垄断零售企业入驻该省，集团业务遭遇了重大挑战。其旗下房地产企业，过去占用了集团的大量资金，收入却未能达到预期。随着纸媒的衰落，传媒板块已在存亡边缘挣扎。制药集团一直未能研发出新的强有力的龙头产品。类金融板块遭受政策收紧的打击，核心业务的利润将不复存在。整个集团面临较大的危机，改革迫在眉睫。这些正是该集团进行战略咨询的原因。

3. 仁达方略的解决方案

（1）对宏观环境进行分析。

首先，进行国际经济形势分析。

全球经济由金融危机前的快速发展期进入深度结构调整期。据 IMF（国际货币基金组织）分析预测，全球经济将进入低于趋势增长率的经济“新常态”。

从金融走势来看，美联储从过去 10 年的量化宽松周期开始转向紧缩周期。美元强势周期可能会持续四五年。美元升值，一方面，导致美系货币经济体企业偿还美元债务的成本开始走高，资金链断裂甚至破产的风险上升；另一方面，将导致包括人民币在内的非美系货币出现贬值潮，对中国长期以来因外汇顺差而形成的货币被动超发及国际热钱流动产生影响。汇率的变化对行业的影响是复杂和多角度的，往往是利空与利好的结合，深刻影响着企业的消费及投资行为。因此，企业要结合行业特点适时进行战略调整。

从主要经济体的经济发展走势来看，美国经济还未完全进入正常增长轨道，欧盟经济危机已呈现长期化趋势，日本仍难摆脱通缩困境，进而导致大宗商品繁荣周期结束，全球价格总水平趋于下降，面临通缩压力。

从跨境投资来看，全球跨境投资总体趋缓，中国“走出去”步伐加快，将成为全球重要的资本输出国。据测算，未来10年，中国在“一带一路”倡议中总投资规模有望达到1.6万亿美元，未来25年内有望达到3.5万亿美元。

从新技术发展来看，“工业4.0”和产业物联网将对全球产业格局产生重大颠覆性重构；智能制造的兴起、机器效率的提高会使从事简单劳动的人面临失业的危险，甚至还有可能使技能性岗位的人失业。

其次，进行国内经济环境分析。（此部分略）

（2）结合分析，再结合深度访谈，提出仁达方略方案。

结合上面的宏观环境分析，再经过对高中层管理人员的深度访谈后，仁达方略发现该集团资产负债率偏高、债务压力大；盈利水平下滑、偿债能力不升反降；低效资产包袱沉重，流动性长期不足，未能有效运用资本运作手段；薪酬机制、分配机制僵硬滞后，与市场标准差距明显，人才持续流失等问题。

仁达方略提出，应该坚持以发展为主线、以效益为中心、以改革为动力、以创新为手段、以内涵挖潜和提质增效为重点，按照多元化投资、专业化管控、协同化发展、市场化运营的原则，进一步加快“转方式、调结构、抓改革、促创新、提质量、增效益、稳增长、控风险”的步伐，形成业务经营和资本运作双轮驱动的模式，协同发展与内部市场化改革双策并举，推进集团持续、健康地发展。

“十三五”时期是国家转方式、调结构的重要窗口期。面对日益严峻复杂的经济形势和日趋激烈残酷的市场竞争这样的大背景，该集团应以战略定位和发展方向为指导，以“1233”为战略引领方向。

“1”个目标：紧紧围绕“做优做强做大”这一战略目标。

“2”个贯彻：稳与质。集团上下都贯彻“稳中求进、稳中求变”的总基调；集团上下都贯彻“高质量发展”的总要求。

“3”级治理体系：“集团总部—次集团—企业”三级治理体系。

"3"大主业：重构与布局。智慧零售业、酒店旅游业、制药业。

该集团围绕主业发展业务，优化产业布局、调整产业结构、提升发展的内在品质与动力，实现集团健康良性发展。

一是在智慧零售业方面，顺应当前零售业发展趋势，将零售板块定位为"智慧零售"，实施智慧零售新战略，具体如下：

1个核心："深耕当地"，实现业态、时间、地域之全覆盖三个重点布局工作。

2大指向：对内指向——修炼与提升，"持续修炼内功，提升盈利能力"；对外指向——合作与发展，"通过合作共赢，实现跨越式发展"。

二是在酒店旅游业方面。酒店旅游集团按目前沉重的历史包袱背负情况、资源能力现状，进行酒店旅游产业大发展耗时将会比较长；唯有解放思想、创新思维、突破现有格局，才能立于战略制高点。

围绕1个长远目标：将酒店旅游集团打造成省内酒店旅游产品体系化建设与酒店旅游服务能力提升的重要抓手之一。

进行1个重新定位：敢于担当，与政府主动沟通，依托相关融资平台，整合相关产业要素，以酒店旅游集团为主，组建省级酒店旅游集团大平台。

三是在制药业方面，实施新战略：

1个终极目标：将"为人民的健康服务"作为终极目标。

2个发展理念："以科研产品为本，创造健康生活。"

2项策略坚持：聚焦"研发与制药"，围绕"康养有延伸"。

同时，该集团充分发挥上市公司的平台作用，通过股票定增或资本公积金转增股本等方式，扩充资本金，夯实融资基础；进一步加强资产负债管理、计划预算和现金流管理，以提高资金效率，降低资金使用成本，实现资金收益最大化；此外，还要积极研究并购、重组案例，通过并购、重组等方式，做大规模，快速提高业绩，扩大市场份额。

4. 达成的效果

该集团根据报告，紧密围绕“转方式、调结构、抓改革、促创新、提质量、增效益、稳增长、控风险”的工作方针，扎实推进“转型、瘦身、创新、增活力”四个工程，各项工作取得了良好进展。

一是通过转方式、调结构，不断优化产业结构。该集团按照“十二五”规划中期调整方案，对业务、机构、人员、负债等进行优化调整。业务方面，集团对不适合发展的业务、效益差的业务以及参股需清理的业务，逐步实施优化调整。机构和人员方面，集团总部完成大部制改革，压缩了管理层级，实施扁平化管理；各产业撤销合并职能部门，加大了定岗定编力度，不断精减人员，提升人均劳效。负债方面，集团积极探索多渠道、低成本融资方式，并充分发挥财务公司作用，大幅提高资金使用效率。

二是通过抓改革、促创新，提升集团核心竞争能力。该集团认真分析市场需求和顾客心理，加大创新力度，进一步提升了竞争能力。零售业搭建集营销、支付、资信于一体的线上平台；酒店旅游业在全省同行业内率先开通微信支付渠道；制药业建立了移动社交电商分销平台。成立云生活电子商务公司，推出智慧项目，为商场提供客流、消费大数据分析服务。房地产业将养老地产作为重点发展方向，探索打造“康复养护”核心品牌。该集团在“互联网 +”等新领域的突破，以及对健康产业模式的探索，为集团产业升级、产品升级、模式升级奠定了基础。

三是提质量、增效益，更加注重内涵发展。该集团在发展过程中以及外延扩张为主逐步向内涵提升为主转变。如零售业，通过业态升级、扩建改造、调整商品结构，强化体验功能，有效提升了聚客能力及盈利水平。此外，集团还通过输出管理、租赁物业、加盟、开展金融业务等方式，大力推进轻资产发展。通过实施内涵挖潜、增收节支、扩销增效等措施，集团发展质量得到明显提升。

二、编制地区与专项“十四五”规划应关注的问题

（一）新战略机遇期到来

把握“重要战略机遇期”。“十四五”前后是中国全面建成小康社会的关键时期，中央经济工作会议有关“重要战略机遇期”的判断，是鉴往知来、洞察国际国内大势、深刻把握本质和全局后做出的重要判断。

和平与发展仍是当今的时代主题，经济全球化不会逆转，随着我国开放程度的不断加深，各国都希望在中国寻找更多的发展机遇。正是这些因素有力支撑了决策层有关“重要战略机遇期”的判断。

加快经济结构优化升级带来新机遇，要在全球新一轮科技革命和产业变革浪潮中勇立潮头，构建起面向未来的经济结构；提升科技创新能力带来新机遇，要在核心技术创新上取得重大突破，为我国经济发展增添新的动能和优势；深化改革开放带来新机遇，要把改革之路走得更快、开放之门开得更大，以改革开放新突破带来社会生产力大跃升；加快绿色发展带来新机遇，要加大生态文明建设力度，推动我国经济可持续发展；参与全球经济治理体系变革带来新机遇，要推动建设开放型世界经济，为经济与企业发展营造更好的环境。

（二）适合的所有权结构

国资国企为贯彻落实党的十八大关于全面深化改革的战略部署，2013年11月第十八届中央委员会第三次全体会议通过了《中共中央关于全面深化改革若干重大问题的决定》，明确提出积极发展混合所有制经济，推动国有企业混合所有制改革，以利于国有资本放大功能、保值增值、提高

竞争力，并便于各种所有制资本取长补短、相互促进、共同发展。

“双百行动”就是一个很好的范例。

组织开展“双百行动”，不再做单项试点，而是以“1+N”政策体系为指导，以前期的各个单项试点成果为支撑，全面拓展和应用改革政策和试点经验，进而形成从“1+N”顶层设计到“十项改革试点”再到“双百行动”的梯次展开、纵深推进、全面落地的国企改革新局面。

在2018—2020年实施国企改革“双百行动”，主要目标是在稳妥推进股权多元化和混合所有制改革，健全法人治理结构，完善市场化经营机制，健全激励约束机制，解决历史遗留问题，全面加强党的领导、建设等方面率先实现突破。

最重要的是，要分层分类积极稳妥推进混合所有制改革，坚持因地施策、因业施策、因企施策，坚持宜独则独、宜控则控、宜参则参。企业根据各自的功能定位、行业特点、发展阶段和竞争程度等实际情况，实现自身存在问题的精准对接和系统集成，从而实施个性化、差异化、多样化的所有权改革。

（三）在市场经济中保持竞争力

从竞争力角度考察，企业在市场中摸爬滚打，不断提升了企业的竞争力，更好地适应了市场的要求，但是企业都还有不足的地方，需要改进提升。

1. 管理制度执行力需要持续加强

经过多年的发展，许多企业已经建立了较为健全的管理体系与制度，但还存在着管理制度流于形式、执行不到位的问题。究其原因，是因为企业体系逐渐庞大、人事复杂、层级较多。

2. 持续提升精细化管理水平

部分企业仍存在着管理粗放的问题，诸如物资采购不规范、成本费用管控薄弱、客户信用管理不严、库存资金占用较大、市场营销观念落后等问题。在采购管理方面，由于管理层级多、业务模式差异大、产品种类和规格分散，采购领域还有较大的降成本空间。

3. 推动科技创新体制机制建设

不论是国企还是民企，从根本上来看，研发投入不足是因为缺乏长期创新战略。相当比例的企业还没有建立起确保研发投入稳定增长的机制。企业大都是根据自身的盈利和资金状况来安排研发支出，实际上只把研发投入作为企业的利润调节器来使用，而不是把科技研发当作打造技术竞争优势与核心竞争力的长期战略。

4. 鼓励创新但是没有容错机制

对创新失败缺乏宽容。调查显示，部分国有企业还未能突破阻碍科技创新的思想藩篱，对科技创新失败的容忍度较低，甚至为零。在对企业家和科研人员的绩效考核上，简单地以创新结果作为考核创新活动的单一指标，很大程度上导致企业家和科研人员害怕失败，不敢大胆创新。

5. 激励力度不足

为了“平衡”，部分企业内部还有平均主义的倾向。这是因为在市场化背景下，部分国有企业收入分配改革不彻底、监管不到位。另外，对高管人员或企业核心骨干的薪酬激励仍然不足，不利于调动管理层的工作积极性。

（四）创新驱动和高质量发展，解决不平衡不充分发展问题

“十四五”时期，发改委等部门编制地区规划时，要考虑我国经济下

行，新旧动能转换，地区 GDP、居民收入增速渐缓，实施创新驱动、推动实现高质量发展等因素的影响，相应调整相关指标。国家统计局数据显示，2018 年前三季度，全国居民人均可支配收入比上年同期名义增长 8.8%，扣除价格因素，实际增长 6.6%。

推动创新驱动、高质量发展、产业新动能转换，建设现代化经济体系，深化供给侧结构性改革，重塑投资营商环境、提升绿色发展优势、提升改革开放水平和民生保障能力，建设工、农、科教、文化、生态、旅游强省（区），解决不平衡不充分发展问题，成为各地方编制地区“十四五”规划关注的重大课题。

此外，编制地区“十四五”规划时还应关注以下问题：

一是明确区域经济发展的主导方向，选择确定区域经济发展的产业模式，如资源开发型、深加工型、技术密集或高技术型、外向型等。

二是确定区域经济发展的主要目标，包括目标年的国民生产总值，三次产业结构比例、经济效益、人均收入、资源开发利用水平、环境保护标准等指标。

三是统筹区域建设规划总体布局，选择区域发展空间模式。

从全国来看，区域战略规划可以分为东、中、西三个地带，各个地带的产业模式和开发时序有所区别。地方性区域规划总体布局的任务主要是选择区域经济中心、发展轴、产业集聚带及重点开发基地和重点防护地区等。

天津市发改委启动“十四五”（2021—2025 年）规划前期研究，坚持以习近平新时代中国特色社会主义思想为指导，以“三个着力”重要要求为元为纲，主要聚焦高质量发展，破解发展瓶颈、产业转型发展、创新驱动发展、新旧动能转换、深化改革扩大开放、区域协调发展等重大问题。

南京是江苏省省会，是国家批复确定的东部地区重要中心城市和长三角地区特大城市。南京市以创新驱动推进高质量发展。“十四五”时期，南京市发改委将以科技创新作为支撑，以生态建设作为保障，建设“具有全球影响力创新名城”，推动实现江苏省委提出的经济发展、改革开放、城乡建设、文化建设、生态环境、人民生活“六个高质量”。确定“两步走”的目标，力争到2020年，创新核心指标进入全国前列；到2025年，进入全球创新型百强城市。①

（五）明确产业功能定位，优化升级产业结构，区域经济一体化发展

编制“十四五”时期地区与专项规划，应明确产业功能定位，优化区域分工和产业布局，统筹利用资源要素空间，加快产业结构优化升级，推动实现区域内产业链资源共享、区域经济一体化协同发展。

以京津冀都市圈为例，京津冀“十三五”时期产业政策“求大求全”，强调“一个不能少”，导致产业结构自成体系、自我封闭，产业结构趋同，重复投资建设、资源使用浪费，区域经济发展总体水平落后，人均GDP、第二产业所占比重远落后于长三角和珠江三角洲都市圈。与此同时，京津两市缺少以上海为绝对中心统领整个长三角区域经济发展的内在凝聚力。

《京津冀都市圈区域规划》中，京津冀三地各有明确的产业发展定位。

北京重点发展第三产业，以交通运输及邮电通信业、金融保险业、房地产业和批发零售及餐饮业为主。同时，发挥大学、科研机构人才密集优势，积极发展高新产业，以发展高端服务业为主，逐步转移低端制造业。

天津在现有加工制造业优势与港口优势的基础上，定位为大力发展电子信息、汽车、生物技术与现代医药、装备制造、新能源及环保设备等先进制造业；发展现代物流、现代商贸、金融保险、中介服务等现代服务业；适当发展大运量的临港重化工业。

河北8市定位为原材料重化工基地、现代化农业基地和重要的旅游休闲度假区域，京津高技术产业和先进制造业研发转化及加工配套基地。第

① 肖明．国家发改委启动“十四五”规划前期调研［EB/OL］．（2018－12－11）［2019－01－08］．http：//www. sohu. com/a/280970883_ 115124．（有改动）

一产业则着重发展农业和牧业，成为京津的“米袋子”和“菜篮子”。

从京津冀都市圈区域发展一体化要求来看，推动区域智慧交通等基础设施建设一体化、产业一体化、城市群一体化协同发展，调整优化城市空间结构布局，提高综合承载能力，才能真正实现区域经济一体化发展。①

案例2：某地区实现高质量发展规划

中华人民共和国国家发展和改革委员会（简称国家发展改革委）在京召开“十四五”规划编制工作座谈会期间，主要围绕“十三五”规划中期评估情况、“十四五”战略机遇期内涵与特征、“十四五”发展主题主线、“十四五”规划基本思路以及“十四五”发展需突出关注的重大问题进行研讨，“十四五”规划编制前期调研正式启动。

东部沿海省份某计划单列市发展和改革委员会（简称发改委），结合本区域具体情况，在分析预测区域宏观环境趋势的基础上，制订2019年度计划，并形成推动实现高质量发展的“十四五”规划基本框架。

该计划单列市发改委在组织编制区域发展规划，进行宏观环境趋势分析的过程中重点关注了以下三个方面：

一是“十四五”时期追求经济高质量发展，经济增速在某一段时间内可能低于6%。制订“十四五”规划时，充分考虑区域经济下行压力大、经济增速放缓、居民收入增速放缓对居民消费有影响，结合“十三五”规划中期评估情况，对区域规划目标和相应经济指标进行了适当调整。

二是围绕世界科技前沿和制约该区域经济发展的关键技术瓶颈，梳理和调整本区域科技重大专项、重点研发计划和科技创新重大项目安排，稳

---

① 百度百科．京津冀都市圈区域规划［EB/OL］．（2010－08－05）［2019－01－08］．https：//baike. baidu. com/item/%E4%BA%AC%E6%B4%A5%E5%86%80%E9%83%BD%E5%B8%82%E5%9C%88%E5%8C%BA%E5%9F%9F%E8%A7%84%E5%88%92/2290828?fr=aladdin.（有改动）

定增加研发经费投入，优化投入结构，大幅提高基础研究投入占比，

三是以国企国资改革为突破口，释放发展活力。

作为全市经济综合部门，市发改委2019年重点部署“六个重大”，推动全市经济平稳健康发展，具体做法如下：

第一，编制全市域海洋战略、军民融合、乡村振兴战略规划，在本区域传统产业转型升级上做文章，促进增量崛起，发展现代农业，“转动能、稳增长、促进经济健康发展”，推动实现乡村振兴。2019年，推动本区域实现经济高质量发展。

第二，以重大战略为引领，聚焦海洋战略、军民融合、乡村振兴三大战略。一是协调推进国际海洋名城建设“1045”行动，研究制定加快海洋经济发展行动方案，持续推进100个蓝色产业重点项目建设。二是加快国家军民融合创新示范区建设，开展经济建设项目，贯彻国防要求试点，争取国家军民融合发展产业投资基金对本区域的支持。三是加快实施乡村振兴战略，研究制定加快县域经济高质量发展意见，开展海洋牧场建设试点，推进“黄水东调”二期工程等项目的规划与建设。

第三，以重大工程为抓手，全面实施新旧动能转换重大工程，持续推进四张清单120项重点任务，努力争取自由贸易港、15天入境免签等重大政策。组织制定“956”产业集群发展行动方案，研究制定促进区市主导产业集群发展的意见。加快研究中心、技术创新中心等重大平台的建设。

第四，以重大改革为突破，争取获批国家第四批国有企业混合所有制改革试点。抓好价格改革，进一步推进水、气、垃圾等资源性产品价格改革，推进教育、医疗、养老等公共服务价格改革，推进保障性住房、停车、景区等民生问题价格改革。持续推进地方信用立法，开展治理失信政府机构案件专项行动。

第五，以重大政策为支撑，尽快出台全市支持实体经济高质量发展的若干政策；牵头出台更大力度的减税降费政策，研究制定促消费的相关政

策，让企业和市民产生更多的获得感和幸福感。

第六，以重大规划为牵引，研究起草“十四五”规划，争取年内形成基本框架；研究一批事关长远发展的重大政策、重大工程、重大项目，争取进入国家、省规划“大盘子”。[①]

三、编制企业“十四五”规划应关注的问题

（一）如何准确定位

企业战略定位是决定企业生死存亡的首要条件。没有正确的战略做指导，企业的发展必然是盲目的、无序的。企业战略定位就是企业及管理者科学、理智地审视企业在行业中所处的位置、拥有的资源、自身的竞争力、面临的风险，做出取舍，以形成一致性的经营方向。企业的持续竞争优势、成功来自有效的战略定位。

企业战略定位的核心理念是遵循差异化。差异化的战略定位，不但决定企业能否使自己的产品和服务同竞争者的区别开来，而且决定着企业能否成功进入市场并在市场中立足。实践中，企业必须将资源集中于关键领域，对目标客户和自己的产品和服务进行定位，构建自己的企业生态链；同时，对自己提供产品和服务的方式进行定位，用差异化或低成本赢得客户，最终实现核心竞争力的协同。

1. 目标客户定位

战略是指导或决定企业发展全局的策略，在需要它回答的问题中很重

① 孙欣．年内形成“十四五”规划基本框架［EB/OL］．（2019－01－22）［2019－03－08］．http：//www. dailyqd. com/epaper/html/2019－01/22/content_ 238233. htm. （有改动）

要的是："谁是我们的客户""我们为谁提供产品和服务"。对目标客户进行定位，就是要将企业的资源有效集中，使企业的产品、形象、品牌等在目标客户的头脑中占据有利位置，从而赢得市场。

企业的目标客户定位，就是要找到最适合自己的市场。目标客户定位是企业制订市场战略的第一步。从战术的角度来看，通用的策略就是细分市场，包括目标客户选择和定位。细分市场的基本观念是：通过统计方法，研究基础变量（如客户的性别、年龄等）和行为变量（如对产品的购买率）之间的关系，并在此基础上选择特定的顾客人群，制定相应的营销组合。

企业首先要分析所面临的市场环境，了解顾客需求，包括现实的和潜在的，寻找市场机会。特别要了解顾客的期望值，即从给定产品或服务中所期望得到的利益，包括产品价值、服务价值、形象价值等，从而确定企业的目标客户。

对于顾客而言，细分和定位意味着获得更合乎自己需要的产品和服务。这种个性化的服务是顾客以最小的代价获得最大效用的最佳方式。因此，目标客户定位是争取顾客的有效手段之一。

在目标客户定位的基础上，对企业要提供的产品或服务进行定位，以及对如何高效地为客户提供产品和服务、如何给客户带来更大的价值等进行定位，这些将为选择相应的市场战略提供依据。

2. 产品和服务的种类定位

当企业选择了某一产业或行业后，其产品和服务范围也就由此确定下来了。产品和服务的种类定位，是指企业用什么样的产品和服务来满足目标客户或目标消费市场的需求，是将目标客户的选择与企业产品和服务相结合的过程，也是将市场定位企业化、产品化的工作。

在产品和服务定位中，一般来说，应该包含以下内容：①

（1）产品的功能属性定位。产品主要满足消费者什么样的需求，对消费者来说，其主要的产品属性是什么。

（2）产品的产品线定位。产品在整个企业产品线中的地位，本类产品需要什么样的产品线，即解决产品线的深度与宽度问题。

（3）产品的外观及包装定位。明确产品的外观与包装的设计风格、规格等。

（4）产品卖点定位。提炼出产品的 USP（独特销售主张）。

（5）产品的基本营销策略定位。确定产品的基本策略——做市场领导者、挑战者、跟随者还是补缺者，以及确定相应的产品价格策略、沟通策略与渠道策略。

（6）产品的品牌属性定位。主要审视产品的上述策略的实施决定的品牌属性是否与企业的母品牌属性存在冲突，如果存在冲突，明确如何解决或调整。

那么，如何进行产品和服务定位呢？

一是分析企业与竞争者的产品。分析企业及竞争者所销售的产品是产品定位的良好起点。

二是找出差异性。比较企业自身产品和竞争者的产品对目标市场造成的影响，是正面的，还是负面的。有时，表面上看是负面影响，也许最终会变成正面影响。

三是列出主要目标市场。伊戈尔·安索夫（Igor Ansoft）提出的产品市场多元化矩阵，将产品市场划分成四个领域，在每个领域实施不同的战略，如图 1－4 所示。

市场渗透战略是指为现有市场提供现有产品，是一种维持或提高现有

---

① MBA 智库．产品定位［EB/OL］．（2010－08－05）［2019－01－08］．http：//wiki.mbalib.com/wiki/%E4%BA%A7%E5%93%81%E5%AE%9A%E4%BD%8D.（有改动）

	现有产品	新产品
现有市场	市场渗透战略	产品开发战略
新市场	市场开发战略	多元化战略

图 1－4　产品市场多元化矩阵

市场渗透水平的战略。市场开发战略是指将现有产品引入新的市场，是以扩大产品市场为目标的战略。产品开发战略是指为现有市场提供新产品的战略。多元化战略则是指新产品、新市场的多元化发展战略，但也意味着可能面临极大的风险。

在此基础上，伊戈尔·安索夫对矩阵做了修改，增加了地理区域上的复杂性的考量，最终形成了三维模式，使企业获得外部地域市场和增大业务间资源的可转移性两方面的战略灵活性，如图 1－5 所示。

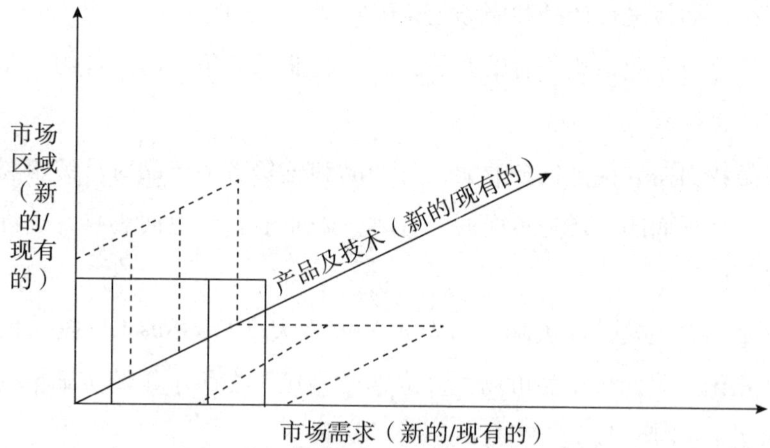

图 1－5　伊戈尔·安索夫三维模式矩阵

这种三维模式的矩阵可以被用来定义战略选择和业务的最终范围。使用者可以选择市场需求、产品/技术、市场区域变量中的一种来界定产品和服务市场。

四是指出主要目标市场的特征。简单扼要地写出目标市场的需求等特征，把产品的特征和目标市场的需求结合在一起。有时候，营销人员必须在产品特征和目标市场特征之间画上许多条线，以发现消费者尚有哪些最重要的需求未被企业产品或竞争者的产品满足。

3. 提供产品和服务的方式定位

提供产品和服务的方式，是连接企业和市场需求的一座桥梁。从实质来看，企业向消费者提供产品和服务的方式，就是企业的营销活动。营销活动是连接社会需求与企业反应的中间环节，是企业把消费者需求和市场机会转变成企业利润的一种行之有效的方法，也是企业战胜竞争对手的重要方法。

对提供产品和服务的方式进行定位，其实就是对企业的营销方式进行定位。能够高效、便捷且低成本地为客户提供产品和服务的企业，必然能够赢得市场的青睐。通常的营销方式定位主要包括低成本营销定位和差异化营销定位。

低成本营销定位指的是企业提供的产品或服务与竞争者的相同时，通过在内部加强成本控制，在研究、开发、生产、销售、服务和广告等领域内把成本降到最低，使成本明显低于行业平均水平或主要竞争对手，从而赢得更高的市场占有率或更高的利润，成为行业中的成本领先者的一种竞争战略。①

差异化营销定位可以有许多方式，如客户服务差异化、经销网络差异化等。企业通过差异化的产品或服务提供方式定位，可以建立起顾客对企业的忠诚度，形成强有力的产业进入障碍，增强企业对供应商讨价还价的

---

① 百度百科．成本领先战略［EB/OL］．（2018－04－16）［2018－09－03］．http：//baike. baidu. com/view/338111. html.（有改动）

能力、削弱购买商讨价还价的能力等。①

因此，企业在进行战略定位时需要经常思考以下几个问题：

我们的企业是做什么的?

我们的企业将做什么?

我们的企业应该做什么?

我们要到哪里去?

我们的目标是什么？总体目标分解给谁?

对应上面的问题，企业战略规划归纳起来必须有以下不可或缺的要素：

一是企业愿景。俗话说，没有计划的愿景只是做梦，没有愿景的计划只是徒劳，拥有愿景的计划才可以改变世界。企业战略定位的首要因素是明确企业愿景，企业管理者希望企业在可预见的未来达到什么程度。企业愿景必须明确企业的发展方向，必须令人瞩目、鼓舞人心。

二是企业使命。企业使命是让企业管理者明白现阶段要做什么、为谁做、如何做，具体到年月日的任务安排，这样最终才可以达到期望的愿景。

三是核心价值观。企业核心价值观是企业必须拥有的终极信念，更是企业战略不可或缺的关键因素之一。企业只有坚持终极信念，才能实现企业的愿景和使命。

四是 SWOT（优势、劣势、机会、威胁）分析。企业通过 SWOT 分析确定战略发展方向、资源配置办法、优先发展的项目和规避风险的策略等战略决策。

五是战略目标与年度目标。企业的每个长期目标都是由多个短期目标组成的。因此，企业要有具体的年度目标，而且每个年度目标必须包括如何达到该目标的详细计划。

---

① 王吉鹏. 战略实论［M］. 北京：企业管理出版社，2010.（有改动）

定位已成为战略核心，决定企业的战略取舍、决定公司制订战略的节奏，可以创造可持续的竞争优势。

（二）如何实现新旧动能转换

企业新旧动能转换是一项系统工程。概括地讲，新旧动能转换是指培育新动能、改造旧动能。

所谓新动能是指新一轮科技革命和产业变革中形成的经济社会发展新动力、新技术、新产业、新业态、新模式等。旧动能则指传统动能，涉及高耗能高污染的制造业，覆盖利用传统经营模式经营的第一、二、三产业。

新旧动能是新常态背景下经济增长的“双引擎”。在经济新常态背景下，新经济对经济增长的贡献和重要性日益提高；但传统产业仍然是经济发展的重要支撑。新旧动能共同构成新常态背景下支撑经济增长的力量。

发展新经济是培育新动能的重要措施。新经济的主要内涵是指创新性知识在知识中占主导、创意产业成为龙头产业的新经济形态。由于技术进步，新的产业形态或模式很可能成为促进经济社会发展的新动力。

旧动能可转换为新动能。旧动能通过实行产业转型升级和提升发展效率与质量，转换为新动能。

综上所述，新旧动能转换是一场社会生产力的根本变革。

企业如何实现新旧动能转换？建议从以下几个方面着手：

一是推动产业链向高端化、高附加值延伸和产业转型升级。企业战略定位的基础是产业，而产业面临转型升级。企业应明确所在行业的现状、产业的发展方向，挖掘传统产业蕴含的新动能，通过资源整合，使产业链向高端化、高附加值延伸，找到产业升级的新趋势、新机会，提升传统优势产品的附加值和市场认可度。通过新技术、新产业、新业态、新模式，促进产业智慧化、智慧产业化、跨界融合化、品牌高端化，形成以新动能为主导的产业格局，实现创新发展、持续发展、领先发展。

二是重构新的商业模式，构建多层级的盈利模式。传统商业模式简单、粗放，企业应重构新的商业模式，构建多层级的盈利模式，加快传统动能与新模式、新技术的融合，以便获得持久竞争力。

三是进行产品创新与再造。在工业4.0时代，企业产品只有不断进行技术升级与再造，才能满足市场的深度需求。

四是推进管理创新与变革。传统的管理模式来源于传统的公司逻辑和组织架构逻辑；新动能时代，企业管理创新与变革能极大激发人的积极性和开创性。

五是调整实施新品牌战略。企业应积极制订新旧动能转换过程中的品牌战略，包括新品牌战略、品牌新战略，通过创新模式打造品牌新的生命力，不断适应、满足新时代的市场需求。

六是推进营销战略创新。互联网时代，企业营销创新的基础是产品创新，传统营销需要创新升级，增加更多的时尚元素，构建新动能时代的营销战略模式。①

（三）如何高质量发展

我国正处在一个与以往大不相同的宏观经济环境当中。企业需要以新发展理念为指导，不仅要聚焦于发展规模，更要注重发展质量；不仅要着眼于短期调控，更要注重持续增长动力；不仅要着力于需求侧的总量收放，更要注重供给侧的结构优化；不仅要立足于政策层面的操作，更要依赖改革行动。

1. 深化供给侧结构性改革

从企业角度来看，必须转变观念，适应新时代消费需求的新变化，与

---

① 张远兮．新旧动能转换是什么？企业如何理解，企业如何新旧动能转换落地？［EB/OL］．（2018－04－17）［2018－09－03］．http：//www. sohu. com/a/228349578_ 762200.（有改动）

时俱进地创新技术与商业模式，从而提供质量更高的产品和服务；企业与时俱进地提高生产和管理标准，尤其是质量标准、技术标准；同时加强品牌建设也应该被列入重要的议事日程。

供给侧结构性改革在“十四五”乃至更长时期，是中国经济工作的主线，供给侧结构性问题是新常态下经济发展的主要矛盾之一，矛盾的解决需要长期努力。

2. 思维上必须有全面开放的新格局

全面开放的新格局，要求企业在开放的范围上进一步拓展，层次上进一步提升，更要在开放的思想观念、结构布局、体制机制上进一步优化。

培育新优势方面：一是通过深层次改革，形成内部管理优势；二是通过高起点发展，占据创新优势；三是形成新的发展格局，如以“一带一路”为起点，形成经贸地理新格局；四是继续努力创新对外投资方式，形成以优化贸易结构、促进贸易利益增长为目标的贸易增长新格局；五是积极推动引进来与走出去相结合，构建面向全球的贸易、投融资、生产、服务网络，形成在全球范围内配置资源的大格局。

3. 激发市场主体活力

首先，要激发市场主体活力，必须提高国企的竞争力。

在国企改革过程中，国企的效率问题一直是重中之重。要推动国有资本做强做优做大，完善国企国资改革方案，围绕管资本为主，加快转变国有资产监管机构职能，改革国有资本授权经营体制。

其次，要激发市场主体活力，必须使各类市场主体都有公平感。

中央经济工作会议提出，全面实施并不断完善市场准入负面清单制度，就是要把原来在试点地区实行的负面清单制度全面推广、深度推进。要以全面实施负面清单制度为突破口，约束政府的权力，在目前“放管服”的基础上继续深化，让管理型政府向服务型政府回归。同时，要破除歧视性限制和各种隐性障碍，加快构建“亲”“清”新型政商关系。

4. 重点防控风险，尤其是金融风险

中央经济工作会议提出，打好防范化解重大风险攻坚战，重点是防控金融风险，要做好重点领域风险防范和处置工作，坚决打击违法违规金融活动，加强薄弱环节监管制度建设；企业也要做到这些。

企业要不断加强风险监测与评估，强化对企业债务风险、资产质量和流动性变化情况等风险监测和防范；加快完善风险监测和早期纠正机制，充分发挥企业内控与风险化解机制的作用。

（四）如何做一流企业

在全球经济发展中，世界级一流企业都是核心主力。越是发达的国家，世界级一流企业越多。世界级一流企业不等同于世界 500 强企业。世界 500 强企业是按照产出规模与资产规模排位的；世界级一流企业当然有相当的规模，但更为重要的是，它们所拥有的本产业领域的技术、产品、服务、管理、效率、创新、文化等处于无可置疑的领先水平。

要成为世界级一流企业对我国企业来说是可能的，因为我国企业的发展恰逢许多发展机遇。

第一个是成为价值链控制者的发展机遇。中国消费者在收入水平提高后开始追求更好的生活，消费需求正在发生巨大的转型升级，这就给了企业进行产品升级、技术创新、服务提高从而从价值链低端上升到价值链高端的可能，成为价值链的控制者。

第二个是成为新经济形态构建者的发展机遇。全球新一轮技术革命大规模爆发，新产业、新业态、新模式、新动能显现，新经济形态将全面取代传统工业经济生产形态。新经济形态需要新型企业开创新的市场、谋求新的发展。

第三个是成为拥有核心竞争力者的发展机遇。拥有核心竞争力的企

业，不是在政府政策的扶持下拥有的，而是自身拥有创新能力、系统的规模化提升能力和现代企业管理体系。这一点已经变得非常关键了。

第四个是成为拥有全球布局和资源整合能力者的发展机遇。真正的跨国企业需要在每一个市场成为领先者。全球化的过程也是和全球风险对接的过程。例如，如何了解和掌握国际规则、国际法律，并且更好地加以利用，参与国际规则的制定，或成为国际规则的制定者。这些对企业提出了更高的要求。

第五个是成为具有高于行业水平的盈利能力者的发展机遇。企业“大而不强”和盈利能力差有关，因而企业需要持续地深化企业改革、提高企业效率、增强人员活力、通过市场化配置资源等手段磨砺自身能力。

（五）如何实现国际化

企业的国际化发展不要只着眼于扩大规模，更要注重提高经营管理水平，借力“一带一路”相关政策，增强国际竞争力，解决国际化过程中最需要解决的战略、资金、风险识别和控制、人才和管控体系等方面的问题。

1. 战略方面

制订清晰的长期战略是国际化过程中的首要任务。首先，海外投资和经营是企业集团整体经营活动的一部分，其战略规划也必须服务于集团总体战略。其次，海外投资战略需要分解到各个业务板块，这样国际化过程中的定位、战略目标、执行举措、定量指标、风险管控措施和其他保障措施才可能有效执行。

2. 资金方面

在东道国成立合资企业，即让东道国政府、企业和（或）第三方企业及金融机构参与。这样不仅能让走出国门的国企拿到融资，还能让东道国和（或）第三方企业和中国企业进行利益捆绑，减少项目风险。

3. 风险识别和控制方面

在专业机构的帮助下，利用类似企业积累的经验与总结的教训和国际财务、法律、税务等专业资源网络，完成各种专业方案设计，从而最大限度地规避我方企业的风险。

4. 人才和管控体系方面

国际化、各种转型升级的成功归根到底要靠人才。这里所指的人才不仅是我方派出的熟悉当地法律文化的管理人才，也包含聘用和培养的当地的管理人才和员工。许多“一带一路”项目必须聘用当地员工，在与国内政治、经济、文化差异显著的市场里，如何与当地各方沟通交流、输出企业文化、建立企业形象，是在规模和实力等“硬”指标之外，对国际化过程中“软能力”的又一大考验。

（六）如何发展新技术

当前，新一轮科技革命和产业变革正处于突破性爆发的关口，互联网、大数据、3D（三维）打印、智能机器人、先进材料等技术突飞猛进，在全球范围内形成了新的生产力分布格局和新型生产关系，有望带动新一轮经济增长。党中央国务院精确把握这一大势，率先布局“互联网＋”“中国制造2025”“双创”等新经济发展战略。因此，企业要高度重视新技术引领的新模式、新业态，要让政策向新动能、新产业、新业态倾斜，大力发展新经济。

各地方，如上海、江苏、湖北等省市纷纷提出要发展“四新经济”，即新技术、新产业、新业态和新模式。发展“四新经济”是探索发展新经济过程中的具体表现，其中新技术是核心，只有通过应用新技术，才能改变生产方式、管理模式，并产生新产业、新业态和新模式。

对企业来说，新技术的不断迭代将为企业带来新的挑战和机遇，企业必须学会利用新技术促进自身成长，时刻保持对新技术的敏感度，随时跟踪行业技术最新动态；利用新技术提高企业生产效率与服务质量，提高企业核心竞争力。另外，企业应该关注本行业外的新技术，合理利用行业外的新技术助力企业发展。同时，企业应该了解，在应用新技术的过程中会不可避免地给企业带来转型升级的“阵痛”。如果传统企业不及时了解行业及相关行业的新技术，可能会受到由新技术所形成的新产业、新业态带来的冲击，如电商业对零售业的冲击。

企业在发展新技术的过程中，需要注意以下几点：

1. 企业内部要营造不断创新、认真探索、积极进取的文化氛围

在接触新技术前，传统企业内部一般已经形成了适合旧技术发展的文化氛围与价值体系，这种文化氛围必然会排斥新技术，不适合新技术的发展。因此，企业应该围绕新技术营造与创新相应的价值体系，这样才能避开旧的企业文化与价值体系对新技术的束缚。

2. 建立与发展新技术相适应的管理体系与组织保障

传统企业在发展、应用新技术时，需要建立与新技术相适应的管理制度与政策。要允许传统企业有独立的目标，对新技术的发展有长期性的认识，并且已建立起灵活的、宽松的适合新技术创新的组织结构，这样就能避免组织内部其他因素的约束。在保证限制性控制并将成本费用控制到最低的同时，能够吸引最好的人才，并且充分利用原有行业的资源。

3. 企业发展由“单一作战”向合作共赢转变

从全球产业来看，由封闭走向开放是大势所趋。只有开放才能集结产业链的竞争优势，提供更低的成本、更高的性能、更丰富的应用和选择。企业应该以开放的姿态与各大科技公司、合作伙伴共享产业升级的红利，

在全面实践战略转型的同时，创造“场景加技术”的新的商业范式。

（七）如何培育新产业

随着新时代的到来，我国经济已由高速增长阶段转向高质量发展阶段，正处在转变发展方式、优化经济结构、转换增长动力的攻关期。从传统产业来看，随着生产要素成本上升、资源环境压力加大、产能过剩持续以及后发国家工业化和发达国家再工业化的双重挤压，以往依靠生产要素驱动和依赖低成本竞争的增长模式越来越难以为继，迫切需要转型发展。根据党的十八大的部署，我国当前产业结构转型升级的方向涉及三个方面：一是推动战略性新兴产业、先进制造业健康发展；二是加快传统产业转型升级；三是推动服务业，特别是现代服务业发展壮大。

企业作为产业结构转型升级的主体，需要通过转变发展观念和战略思维、不断促进企业创新能力的提升、加强与其他产业的融合与协同、完善企业内部的管理运行体系、吸引高素质人才等方式引领传统产业的转型升级与新产业的引入，以实现企业高质量发展的目标。

企业推进产业转型升级的主要途径如下：

1. 提升技术水平与创新能力

通过提升技术水平与创新能力，不断提升企业技术能力，使企业发展重心向高附加值的产业领域或产业链环节发展。企业可根据自身业务与资源情况通过加大研发和设计投入、建设自主销售体系，使业务范围从低端加工制造环节，向“微笑曲线”两端高附加值的研发、设计、销售及售后服务环节延伸拓展或实现全产业链发展。

2. 重视产品质量，提升品牌价值

品牌是可以为企业带来溢价、使产品增值的一种无形的资产。提高产品质量水平、服务标准、品牌价值已成为推动企业转型升级的重要途径。

在市场竞争和消费升级的双重作用及政府的引导和支持下，传统产业中全面质量管理和产品标准体系建设发展迅速，有力推动中高端消费品供给能力和供给品质的提升。一部分品牌型企业可以通过生产外包、品牌授权、兼并重组或产业转移，在更大空间范围内整合产业和市场资源，使自主品牌进入国际市场，推动自主品牌从区域性品牌向全国性和国际性品牌跃升。

3. 使新一代信息技术与产业融合

2010 年 10 月，《国务院关于加快培育和发展战略性新兴产业的决定》中提出了我国现阶段要重点培育和发展的包括新一代信息技术产业在内的七大战略性新兴产业，并提出到 2020 年要把新一代信息技术产业与生物、高端装备制造产业共同发展成国民经济的支柱产业。2012 年 7 月，《“十二五”国家战略性新兴产业发展规划》把新一代信息技术产业作为重点发展方向，明确提出其主要发展任务。2014 年 6 月，中华人民共和国工业和信息化部（简称工信部）专门针对新一代信息技术产业中的集成电路产业发展公布了《国家集成电路产业发展推进纲要》，大力推进集成电路产业发展。2015 年 5 月，国务院发布《中国制造 2025》，提出把新一代信息技术产业作为重点领域，大力推动其突破发展。2016 年的《“十三五”国家战略性新兴产业发展规划》提出壮大战略性新兴产业的规模，到 2020 年，把新一代信息技术产业及其他 5 个战略性新兴产业发展成产值规模为 10 万亿元级的新支柱产业。从这些文件的规定中可以看出，新一代信息技术产业得到了国家的高度重视，具有极高的战略地位，发展新一代信息技术产业成为我国增强国际竞争力、保障国家安全、转变经济发展方式、带动新兴经济增长的重要途径，也成为区域促进产业结构转型升级、加快转变经济发展方式的重要抓手。

4. 调整组织形态，创新商业模式

商业模式创新的过程，包括找到价值、实现价值、获得认可、企业盈利，是从战略模式设计到组织能力重构的组织变革过程，是涉及面较广的一种企业组织变革形态。商业模式的创新贯穿于企业经营的整个过程中，贯穿于企业资源开发、研发、制造、营销、流通等各个环节中。每个环节的创新都可能搭建一种崭新的、成功的商业模式。事实上，企业商业模式是通过商业创意，即“人脑 + 电脑”对企业全部价值活动的有效整合。

一般来说，创新商业模式具有四个要素：一是企业利用科技与商业创意，整合外部资源，为自己和产业伙伴创造新的盈利分享价值；二是通过对产业经济的商业运作环节进行创新重组，从而形成新的产业链；三是用电子信息技术和平台改造原有的营销模式，从而形成新的价值链；四是通过新的科技手段、创意营销与资本的结合，开发潜在的需求，创造新的需求实现模式，实现市场与科技对接、创意与经济对接。

（八）如何开拓新业态

改革者进，创新者强。大力发展新业务、新业态，为公司做强做优做大打造新引擎。这是培育新动能、获取新优势、打造卓越竞争力的关键。要抓住新一轮科技革命和产业变革的机遇，聚焦互联网、高端装备制造、节能环保、新能源、电子商务、智能芯片制造、大健康、新医疗等新兴业务进行改革发展，抢抓科技革命和产业变革历史机遇，延伸产业链、扩大价值链。

构建新业务结构主要有以下两大方向：

1. 纵向一体化

所谓纵向一体化，即基于原来的业务，在产业的垂直方向上进行延伸。分为以下两种情况：

一是向上游延伸，即后向延伸。

二是向下游延伸，即前向延伸。

2. 横向多元化

横向多元化是指在一定的业务前提下，向左右两侧去延伸。比如，原来做小家电的开始做大家电，原来做冰箱的开始做空调、洗衣机等。

一是基于技术的横向多元化。比如，一个客户关系管理软件 CRM，过去它只服务于金融行业，现在拓展到服务于教育行业、餐饮行业等。

二是基于客户群体的横向多元化。

三是基于渠道的横向多元化。

（九）如何创造新模式

新时代的来临，是关键技术驱动因素对传统领域的改变与挑战，消费行为随之产生变化，尤其是对响应时间、个性化需求等的要求。因此，提供多种渠道的营销、跨渠道无缝转换、实时交互、相互合作，就成为企业需要重点考虑的部分。新的客户价值主张与新的管理模式的出现，促使当下大多数企业由最初的依赖单一模式运营，升级发展为利用多个模式进行运营。其中，最重要的创新是商业模式的创新。

如何创造新的商业模式？企业要摆脱传统思维的局限，创造一套颇具创意、令人兴奋而又切实可行的新商业模式，可以从以下几个角度进行深度思考：

1. 从改变满足客户需求的方式入手

企业在满足客户需求时改变传统的提供方式，寻找新的满足方式，有可能给有新期望或有潜在需求的客户意外惊喜而令其无法拒绝，最终引发新的需求快速增长，催生新的商业模式。

2. 从解决行规造成的客户痛苦入手

深挖本行业行规给现有客户带来的痛苦，并想方设法去解决这些痛苦，或减少这些痛苦，企业就能提出新的价值主张，先人一步创造出领先的商业模式。

3. 从改变企业生存方式入手

改变企业生存方式不仅适合产品竞争激烈的行业，同样适合新技术新产品的行业。新产品最初推向市场时，由于研发成本高，所以价格较高，消费者难以接受或者对新产品没有足够的信心。因此，改变企业生存方式，降低客户购买成本，转变盈利来源和成本摊销方式，降低客户使用的风险，可能会出现柳暗花明的景象。

4. 从打破行业边界、重新定义客户入手

苏宁、国美所在的行业属于家电商贸流通行业，它们通过连锁商业模式曾获得了巨大的成功；但后起之秀京东商城凭借虚拟的互联网商业模式“横空出世”，直击具有网购偏好的客户，用互联网行业的运作规律，避开传统店面卖场模式，也获得了巨大成功。可见，打破行业的边界也是新经济力量下商业模式创新的一大路径。

5. 从利益相关者的痛苦入手

比如，它们有何痛苦？它们的深层次需求是什么？如何降低交易成本？交易关系能否转变？是否有新的利益保护机制？从利益相关者的角度入手，可能会发现另一片美丽的天空。

案例3：某集团加快新旧动能转换、创建世界一流企业

1. 集团基本情况

该集团是××省的大型地方国企，实行以煤炭开采、化工产业为基础，物流贸易、金融、地产开发等产业并举的多元化发展战略。截至2017年年末，该集团资产总额近3000亿元，营业收入近2000亿元，拥有各级子公司近140家。2017年，该集团的煤炭产量位居国内前五、世界前十；在全球50大矿业公司市值排名中，该集团位列市值增长最佳前十；成功跻身2018年世界500强。

2. 客户需求

为贯彻落实党的十九大提出的“深化国企改革，培育具有全球竞争力的世界一流企业”和××省委、省政府加快新旧动能转换和关于培育世界一流企业的重大决策部署，该集团提出编制《创建世界一流企业战略发展规划（2018—2035)》的项目需求，为集团实现新旧动能转换和创建世界一流企业指明发展方向和路径。

3. 工作内容

（1）对标分析。

对标分析的目的在于以全球化视野和创新思维，深入、全面探究集团与世界一流企业的差距所在，为集团打造世界一流企业指明目标和方向。按照集团打造世界一流矿业公司的发展定位，仁达方略选择了包括嘉能可斯特拉塔股份有限公司（简称嘉能可)、必和必拓、神华集团等在内的国内外10家优秀企业作为对标对象，通过对包括经营业绩、国际化等在内的4个维度，资产总额、煤炭可采储量、煤炭百万吨死亡率等在内的22个指标逐一对比研究分析，发现该集团与世界一流企业相比，以下几方面存在

较大差距：

一是资产负债结构不合理，长期偿债能力有待提升。

二是盈利能力不强，利润高度依赖煤炭业务。

三是产业链上下游一体化有待进一步优化和完善。“煤电”业务体量较小，“煤化”业务产量与其他企业相比差距明显，“煤运”业务综合运输能力偏低。

四是资源型资产配置有待继续优化，矿产资源控制力有待加强。截至2017年年底，该集团可采储量远低于世界一流企业，且分布较为分散，非煤矿业资源储备目前基本集中于探矿权，尚未转化为采矿权。

（2）明确发展思路。

以建设世界一流企业为奋斗方向，坚持“存量变革”和“增量崛起”并举、产业运营和资本运营并重、传统能源和新型能源并行，强化“四极引领、多区拓展”区域布局，加快新旧动能持续转换，做优做强矿业开发贸易、高端煤化工、现代物流服务三大主导产业，大力发展高端装备制造、金融服务业，探索发展新型能源和战略性新兴业务，通过构建资本、技术、人才三大核心驱动力，全面提升企业的市场竞争力、社会贡献力和持续发展力，建设具有全球竞争力的世界一流新型综合矿业集团。

（3）明确发展路径。

“四个创新”发展路径如下：

路径一：创新产业升级发展路径。

拓展矿业开发产业链，打造能源产业升级版。

一是推动煤炭产业安全开采、高效开采、绿色开采、经济开采。二是抢抓国家推广应用清洁煤炭的政策机遇，深入实施“蓝天工程”，以循环流化床、链条、煤粉等工业锅炉为方向，加大技术研发和市场开拓力度，实现增盈创效、长远发展，构建技术研发、物流配送、营销服务、金融支持一体化的蓝天洁净煤产业链。三是推动煤电一体化综合开发。四是推动有色金属和钾盐资源稳妥开发。

路径二：创新动能转换发展路径。

一是聚焦于传统产业的改造升级，实现提质增效。坚持大改造、大调整原则，以技术升级改造和投资新建项目为抓手，重点推进煤炭开采、煤化工、煤电和煤机装备制造等传统产业升级改造。二是加快培育壮大新兴产业，形成转型发展新引擎。加快推进氢能等新能源产业的研究与战略合作，力争在制氢、储氢两大领域实现工业化生产。三是着力于科技创新，构建动能转换的技术支撑。抓好技术创新平台建设，创建内外协同、开放互动的科技创新发展格局。四是加大投资力度，以项目促进新旧动能转换。设立新旧动能转换基金池，筛选重大项目，努力构建新旧动能转换示范园区，将传统优势转变成现代优势，将潜在优势转变成现实优势。

路径三：创新资本运营发展路径。

一是大力推进金融投融资资源整合。按照整合、拓展、提升的要求，统筹规划，分步实施，通过股权划转、转让、受托管理等方式，优化整合金融平台，加速构建“金融服务实体、实体助力金融”格局，形成资本运营合力，发挥产融协同效应。二是全面推动产融协同发展。三是积极推进资产证券化工作。四是大力推进产业并购重组。通过合并、分立、资产重组、内部划转、协议转让等方式，推进集团内部产业优化重组，推动优势资源向盈利能力强、市场发展前景好的优势产业和优势项目聚集，培育和提升主导产业的核心竞争力，提高集团整体经济效益。

路径四：创新企业改革发展路径。

一是积极推进权属企业混合所有制改革。二是稳妥推进管理团队和员工持股。三是着力推进战略合作。按照优势互补、合作共赢的原则，以产权制度改革为突破口，重点推进机电装备制造、电铝、金融等板块的战略合作。四是不断提升集团化管控水平。五是建立与市场化相结合的激励约束机制。按照效率优先、兼顾公平的原则，积极探索完善按劳分配与按知识、技术等生产要素分配相结合的分配制度，建立市场化的人才薪酬管理体系。

4. 项目成效

项目成效受到国内行业专家评审组的高度评价，专家评审组一致认为对标指标库针对性强，既强调了经营数据的对标，又体现了企业所在行业的属性；发展思路和发展路径针对性强，同时兼具前瞻性和科学性，有利于该集团下一步战略的贯彻实施。

中　篇

地区及企业的“十四五”规划应如何编制

一、地区“十四五”规划编制工作

（一）“十四五”规划的编制流程

一般来讲，编制“十四五”规划前，要先进行“十三五”规划评估。

“十三五”规划评估，聚焦于决胜全面建成小康社会目标任务，紧扣高质量发展要求，突出主要目标指标实现情况、贯彻落实新发展理念、深入推进供给侧结构性改革、重大战略任务实施、三大攻坚战推进落实、重大工程项目进展六个方面的评估重点，进一步强化国家发展规划的战略导向作用。在战略评估的基础上，正确制订“十四五”规划期的各项目标任务。

“十四五”规划的编制实施流程如图2－1所示。

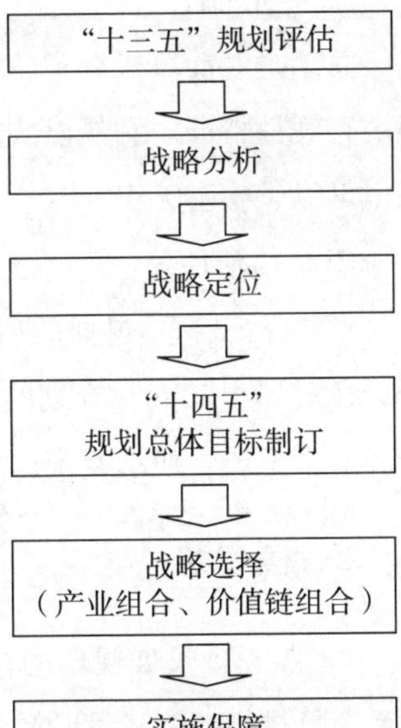

图2－1　“十四五”规划的编制实施流程

（二）“十四五”规划的编制内容

1. 规划回顾与总结

在编制“十四五”规划前，编制地区需要对“十三五”规划的实施情况进行回顾与总结。这将是推进相关规划工作的重要依据，是寻找发展规划规律的重要手段，是提高规划效应、充分发挥发展规划作用的重要途径。“十三五”规划的实施结果是编制“十四五”规划的基础，并为“十四五”规划提供编制思路。

在对“十三五”规划进行回顾总结时，需要遵循以下原则：

（1）全面性。

对“十三五”规划的工作总结需要做到全面、完整、周密，不得随意夸大、缩小、杜撰，亦不可对“十三五”规划工作进行片面总结。

（2）客观性。

总结是对前段规划实施情况进行全面回顾与检查，这决定了总结有很强的客观性特征。它是以实践活动为依据的，所列举的事例和数据都必须完全可靠、确凿无误。

（3）简洁性。

对“十三五”规划的回顾总结是编制“十四五”规划的重要组成部分，在对“十三五”规划的实施情况进行总结时，要做到概括与具体相结合、要言不烦，切忌笼统、累赘，要做到简洁明了。

2. 指导思想

“十四五”发展规划的指导思想是指导五年发展规划全部活动的理论体系，是进行经济建设、政治建设、文化建设、社会建设、生态文明建设的理论基础。指导思想在发展规划编制及后续实施过程中，具有战略性、纲领性、引领性，是工作目标、工作方法、工作思路、工作重点及工作着力点、突破口等的高度概括和集中表达。只有确定了正确的指导思想，后续的政策措施、目标任务、保障机制才能得以很好确定。指导思想在发展规划中一般都处于最前面，其所处位置本身就体现了指导思想具有引领作用。

在“十四五”发展规划纲要开头部分就要用精练简短的语言把发展规划的遵循原则、目的意义、重点等呈现出来，使规划主旨及内容得以基本展现。

“十四五”发展规划的指导思想大致有以下几个特点：

（1）具有理论性、抽象性。

指导思想是抽象性的理论概括。大到一个国家，小到一个单位、一项工作都是如此。人们常说的“理论是实践的先导，思想是行动的指南”，就是这个意思。

（2）具有宏观性、总括性。

指导思想既然是带有指导性质的思想，那就不是针对某个具体行为、具体问题的，而是站在宏观的、总括的高度来进行指示、引导的。它所提出的意见带有纲领性、原则性，是开展工作所必需遵循的总原则、总要求、总方略，是设计具体目标任务、政策措施的依据和总纲，也是一个文件、一个文稿的主旨和灵魂。只有明确了带有总括性质的指导思想，工作才能有所遵循、有所依据，才能按照正确思想的指引，向着正确的方向、沿着正确的道路、朝着正确的目标前进。

（3）具有原则性、根本性。

指导思想的各个要素，无论是理论指导，还是核心要求，无论是着力点、切入点，还是方法措施，或者是需要实现的目的等，尽管只是几句话，甚至是一句话、一个词语，但都具有原则性、根本性，都有其丰富内涵、深刻意义和精准所指，是必须坚持的底线、遵循的准则。从这个意义上来说，指导思想既要高度概括，更要语言精当、用词妥帖。

（4）具有完整性、系统性。

指导思想实际上是一个有高度、有思路、层次清晰、逻辑严密的系统，无论是作为文件的一个部分还是一个语段，它都是完整的、系统的。例如，遵循什么原则，突出哪些重点，为了什么目的，采取哪些方法，达到怎样的目标等，它是一个系统的整体。所以，每个指导思想实际上都是一篇小文章，集中了关键的语言，浓缩了文章的全部精华。指导思想虽短短数百字，却涵盖了基本原则、目标任务、工作措施、工作重点、工作抓手、实现路径、应达到的目的等多个方面，有时还体现决心、气势和状态。

在撰写指导思想时需要注意以下两点：

第一，要把握结构要素。

指导思想的框架结构一般分为三个部分或三个层次。以《天津市国民经济和社会发展第十三个五年规划纲要》为例来说明。

> 高举中国特色社会主义伟大旗帜，全面贯彻党的十八大和十八届三中、四中、五中全会精神，以马克思列宁主义、毛泽东思想、邓小平理论、“三个代表”重要思想、科学发展观为指导，深入贯彻习近平总书记系列重要讲话精神（第一层次），按照“四个全面”战略布局，认真落实市委决策部署，坚持发展是第一要务，牢固树立创新、协调、绿色、开放、共享的发展理念，适应经济发展新常态，以提高发展质量和效益为中心，以改革创新为动力，增后劲、补短板、促均衡、上水平，统筹推进经济建设、政治建设、文化建设、社会建设、生态文明建设和党的建设（第二层次），加快实现中央对天津的定位，全面建成高质量小康社会，不断开创美丽天津建设新局面（第三层次）。

以上三个层次，第一层次是理论指导，是旗帜，是总纲，也是政治立场；第二层次则是指导思想的主体，其中包含了原则、举措、方法，工作重点、决心、态度等多个要素；第三层次是实现目标，是最终需要达到的目的。如果把这些构成要素制成一个模板，那就是：

第一层次：以……为指导。

第二层次：以……为目标（或围绕……），以……为主要内容（或重点、主题），以……为切入点（或突破口、着力点），坚持（或采取）……（原则或方法措施），坚持……的态度（姿态、精神、劲头）。

第三层次：实现（达到）……（目的）。

以上这些要素在不同情况下会有所变化、有所不同，但基本结构和关键要素不能残缺；否则就不是一个完整、系统的指导思想。

第二，要遵循写作原则。

一是要简练不要冗长。指导思想，必须尽可能表达得简练、精短些，不要铺陈冗长，字数一般在300字左右。其在文中所占比重，就像一个人的头部占全部身体的比重。

二是要概括不要具体。指导思想所包含的只能是具有宏观性、战略性、原则性特点的东西，如果把具体内容都写进去，那就不是指导思想了，而成了具体方案。

三是要紧凑不要散乱。作为指导思想，文字表述应力求做到逻辑严密、语言紧凑，是什么、为什么、怎么办，用怎样的措施、以怎样的状态、达到怎样的目的等应清楚有序，要达到主题集中、层次分明、衔接紧密，既不能分散，又不能杂乱。

四是要切实不要空洞。指导思想虽然语言上高度概括，但并不意味着言之无物、内容空洞。它的每个句子，甚至每个词语都具有确切的含义，有很强的针对性。例如，国家“十三五”发展规划提出“创新、协调、绿色、开放、共享”五大发展理念作为总引领，之后，有很多文件或报告把这五大发展理念纳入工作的指导思想中。这五大发展理念不是凭空而来的，而是在总结经验、分析形势、把握规律的基础上得出来的，可谓句句有所指，意义很深刻。

五是要独特不要俗套。尽管各种指导思想的结构要素、框架层次大同小异，但每项工作都有区别于其他工作的特殊性，其遵循原则、重点难点、工作的突破口及影响工作的关键因素等各不相同。只有把握个性、追求精准，才能写出新意、写出特色，否则就会落入俗套、千篇一律。

六是要生动不要呆板。指导思想是抽象性、概括性的语言表述，要讲究修辞，讲究语言的锤炼，讲究语言的表现力、感染力，从而使所要表达的核心意思具有表现力和感染力。①

3. 发展目标

根据“十三五”规划的实施效果，结合国内外宏观环境、地区实际情况及优劣势分析，从经济建设、政治建设、文化建设、社会建设、生态文明建设等方面进行目标设置，实现生产发展、生活富裕、生态良好等目标，促进现代化建设各方面相协调，如生产力与生产关系相协调、经济基础与上层建筑相协调等。在使人民群众享有丰富的物质和文化产品的同时，生产和生活方式更加高效、低耗、可持续，使得天更蓝、水更清、山更绿、空气更清新。

4. 规划内容

“十四五”规划是对全局或长远工作的统筹部署，以便明确方向、激发干劲、鼓舞斗志，带有方向性、战略性、指导性，其内容具有严肃性、科学性和可行性。这就要求编制地区必须首先进行深入的调查和周密的测算，在掌握大量可靠资料的基础上，根据党、国家和地区的发展方针确定发展远景和总体目标，然后充分吸收相关意见，以科学的态度，经过多种方案的反复比较、研究和选择，确定各项指标和措施。

规划内容涉及主要任务和政策、措施，是规划的主体和核心，解决“做什么”和“怎样做”的问题，是对发展目标与实施措施纲要的细化，因此任务要提得明确，措施要提得概括有力。相关地区结合国家重点发展领域、自身优劣势及发展重点等，对经济建设、政治建设、文化建设、社会建设、生态文明建设等方面的任务进行相对细化。例如，在十八届三中

---

① 余之舰. 公文中的“指导思想”怎么写? [EB/OL]. (2017-03-27) [2018-01-08]. https://mp.weixin.qq.com/s?__biz=MzA3MDI1OTMxOQ%3D%3D&idx=1&mid=2650203554&sn=42487c885e1705213ecaf133d1bb50e7.（有改动）

全会提出全面深化改革总目标后，《天津市国民经济和社会发展第十三个五年规划纲要》《青岛市国民经济和社会发展第十三个五年规划纲要》等规划中均将“全面深化改革”列为一章进行详细介绍。北京市为了更好地筹划 2022 年北京—张家口第 24 届冬季奥林匹克运动会，在《北京市国民经济和社会发展第十三个五年规划纲要》中将“全面做好冬奥会筹备工作”作为一篇进行详细阐述。

发展规划的编制可以采用两种结构：全面规划或任务项目较多的规划，因各项任务比较独立，一般采用以任务为主线的“并列式结构”（措施都在各自的任务之后分别提出）；专题规划或任务较单一的规划，因任务项目较少，而且项目之间的联系较紧密，一般采用任务、措施分说的“分列式结构”。

在编制“十四五”规划纲要的过程中，需要注意掌握以下五条原则：

第一，对上负责的原则。要坚决贯彻执行党和国家的有关方针、政策和上级的指示精神，反对本位主义。

第二，切实可行的原则。要从实际情况出发定目标、定任务、定标准，既不要因循守旧，也不要盲目冒进，应当保证可行，能基本做到。目标要明确，措施要可行，要求也是可以达到的。

第三，集思广益的原则。要深入调查研究，广泛听取群众意见，博采众长，反对主观主义。

第四，突出重点的原则。要分清轻重缓急、突出重点、以点带面，不能眉毛胡子一把抓。

第五，防患未然的原则。要预先想到实施规划的过程中可能出现的偏差与问题，要有必要的防范措施或补救办法。

5. 实施保障

在“十四五”规划中，为了确保方针政策、工作部署等落地生根、取得实效，须在明确指导思想、工作目标、主要任务等内容后提出保障措施，为方针政策、工作安排的落实保驾护航，使其能够全面实施、顺利推进、落实到位。

“十四五”规划中的保障措施部分可使整个规划纲要逻辑顺畅、结构完整、意蕴连贯。因此，各级各类政府机关在拟制规划纲要时都非常重视这部分内容的撰写。比如，2016 年 3 月发布的《中华人民共和国国民经济和社会发展第十三个五年规划纲要》，全文共分 20 篇，在提出指导思想、主要目标和发展理念，以及实施创新驱动发展战略、构建发展新体制等目标任务后，在第二十篇明确了要“强化规划实施保障”，为规划的实施提供政策支撑。

对于保障措施部分的标题，不同规划纲要有不同的表述方式。比如，《国家教育事业发展“十三五”规划》中表述为“组织实施”，《国家人口发展规划（2016—2030 年）》中表述为“健全规划实施机制”，《天津市国民经济和社会发展第十三个五年规划纲要》中表述为“强化规划实施保障”，《青岛市国民经济和社会发展第十三个五年规划纲要》中表述为“加强规划实施保障”。不管保障措施部分的标题如何变化，其核心都是从各个方面为工作的安排部署提供有力保障，促进工作顺利开展，以实现预期目标。

“十四五”规划的保障措施部分，应包含以下四个方面的内容：

（1）加强组织领导，落实责任。

一般来说，首先，要明确责任部门，如成立专门的领导机构或确定牵头部门来负责统筹等方面的工作。有时还需要明确推进机构，以便加强工作指导，或建立部门间协调机制，以便组织协调和指导督查。其次，要强化任务落实，明确职责分工。有时还需要编制专门的实施方案、工作计划、任务分解方案，用以细化工作任务、落实工作责任。

（2）加强组织实施，促进落实。

在规划纲要出台后，需要建立健全责任明确、分类指导、高效协调的规划实施机制，加强规划衔接。例如《天津市国民经济和社会发展第十三个五年规划纲要》中提出："坚持以规划确定项目，以项目落实规划，发挥重大项目对经济社会发展的支撑作用。组织实施一批关系全局和长远发展的重大产业项目、重大基础工程、重大民生工程，促进规划落实。完善重大项目储备和实施机制，深化前期工作，规范手续办理，提高审批效率，加强事中事后监管。建立健全重大项目责任制，明确要求、强化责任，确保项目实施进度和质量。拓宽重大项目投融资渠道，创新投融资模式，鼓励和引导社会资本参与。"

（3）加强宣传引导，营造氛围。

需要积极宣传、强化解读、广泛告知，使人们充分了解并理解"十四五"规划的精神和内容，从而提高法治意识，依法办事，营造有利于工作推进的良好氛围。管理部门则要依法行政，避免出现"规划写在纸上、挂在墙上、喊在嘴上、落实不到行动上"的情况。

（4）加强督查检查，严格考核。

"十四五"规划的落实离不开严格的跟踪问效，因此，对一些重要的方针政策、工作安排等需要进行督查督办。可以建立定期督查机制，以督查促落实、以督查促整改。对真抓实干、成效明显的，要表扬推广；对落实不力、不作为的，要限期整改并追究责任。还可以将工作落实情况纳入本部门、本系统的绩效考核和评估中，以强力推进工作的开展。①

（三）关注国家"十四五"规划编制新动态

国家发展改革委的主要职责之一，是拟订并组织实施国民经济和社会发展战略、中长期规划和年度计划。我国从 1953 年开始编制第一个"五年计划"。从"十一五"起，"五年计划"改为"五年规划"，全称为"中

---

① 李展．公文中保障措施的撰写［EB/OL］．（2018－09－13）［2019－01－08］．http：//sh. qihoo. com/pc/9c7db9df7c0ee5dd9？cota＝4&tj_ url＝so_ rec&refer_ scene＝so_ 1&sign＝360_ e39369d1．（有改动）

华人民共和国国民经济和社会发展五年规划纲要”，是中国国民经济计划的重要组成部分，属于长期计划。现正在实施的是“十三五”规划(2016—2020年)。“十四五”规划指国家2021—2025年的发展蓝图。

2018年12月，国家发展改革委在京召开“十四五”规划编制工作座谈会。

会议围绕“十三五”规划中期评估情况和“十四五”规划基本思路研究起草等内容进行了研讨。地方发展改革委规划系统官员参会。国家发展改革委启动了“十四五”规划编制的前期调研工作，涉及交通、社会民生等方面。从2018年12月的情况看，“十三五”规划的大部分指标完成难度不大，但也有一些指标的完成有压力，如科技指标。另外，完成“十三五”规划年均6.5%左右的经济增速指标，也不能放松。

在国家“十四五”规划编制中，将研究延续“十三五”规划纲要的做法，设置港澳专章，反映港澳重要诉求和关切。同时，进一步落实在CEPA（《关于建立更紧密经贸关系的安排》）框架下对港澳开放的措施，推动在金融教育物流等领域对港澳实施特别开放措施。

“十四五”规划时期，经济增速或将放缓，因此指标也要进行调整。

预计“十三五”时期实现年均经济增速6.5%目标的问题不大，但考虑到经济下行压力大，“十四五”时期经济增速或将放慢，因此指标也要进行调整。有观点认为，“十四五”时期，我国经济增速目标定为6.0%较合适，但是要实现这个目标也需要努力。经济增速放缓不要紧，关键是要提高发展质量。

此外，国家各部委、各地方积极根据国家发展战略提前谋划“十四五”规划前期调研，统筹推进规划编制工作。

2019年1月，中华人民共和国交通运输部（简称交通运输部）启动“十四五”综合交通运输规划编制工作。做好重大规划编制工作，推进《国家综合立体交通网规划纲要（2021—2050年）》编制工作，突出综合立体、融合发展，构建面向未来的综合交通运输体系。编制《内河航运发展纲要（2021—2050 年）》等规划。启动“十四五”综合交通运输规划编制工作，将公路、铁路、航空、水运有机结合起来，避免重复建设、重复拆迁，超前考虑综合交通运输体系的空间规划与总体规划，努力做到步调一致、有序衔接。

2019 年 1 月，中华人民共和国生态环境部（简称生态环境部）积极部署推进“十四五”生态环境保护规划和迈向美丽中国生态环境保护战略等前瞻性研究工作，积极推动经济高质量发展，支持和服务京津冀协同发展、长江经济带、粤港澳大湾区、“一带一路”等国家重大战略的实施。

2018 年 12 月，天津市发展改革委正式启动“十四五”（2021—2025 年）规划前期研究重大课题选题，面向全社会公开征集选题方向。重点聚焦于高质量发展，围绕“十四五”时期关系天津经济社会发展的前瞻性、全局性、战略性问题，以及“十四五”时期发展战略和基本思路、破解发展瓶颈、产业转型发展、创新驱动发展、新旧动能转换、深化改革扩大开放、区域协调发展及关系人民群众切身利益的热点难点等进行调研和征集。

2019 年 3 月，重庆市发展改革委立足于“十四五”重庆市发展环境、战略目标、重点任务、重大改革、配套政策等方面，公开征集“十四五”规划前期研究选题工作。

京津冀、海南、云南、广西、安徽等地区均已展开“十四五”电网相关规划前期研究工作。“十四五”电网规划设计主要涉及电网、电源布局、电力投资等方面。京津冀中长期电网发展规划研究方案初步确定，标志着京津冀电网协同规划工作进入常态化合作阶段；海南电网已启动“十四五”及中长期目标主网架再造建设规划，以满足海南自贸区（港）建设快速增长的用电需求；云南、广西等省区启动“十四五”及中长期电力规划专题研究招标工作。

案例4:《粤港澳大湾区发展规划纲要》[1]

前　言

粤港澳大湾区包括香港特别行政区、澳门特别行政区和广东省广州市、深圳市、珠海市、佛山市、惠州市、东莞市、中山市、江门市、肇庆市（以下称珠三角九市），总面积5.6万平方公里，2017年年末总人口约7000万人，是我国开放程度最高、经济活力最强的区域之一，在国家发展大局中具有重要战略地位。建设粤港澳大湾区，既是新时代推动形成全面开放新格局的新尝试，也是推动“一国两制”事业发展的新实践。为全面贯彻党的十九大精神，全面准确贯彻“一国两制”方针，充分发挥粤港澳综合优势，深化内地与港澳合作，进一步提升粤港澳大湾区在国家经济发展和对外开放中的支撑引领作用，支持香港、澳门融入国家发展大局，增进香港、澳门同胞福祉，保持香港、澳门长期繁荣稳定，让港澳同胞同祖国人民共担民族复兴的历史责任、共享祖国繁荣富强的伟大荣光，编制本规划。

本规划是指导粤港澳大湾区当前和今后一个时期合作发展的纲领性文件。规划近期至2022年，远期展望到2035年。

第一章　规划背景

改革开放以来，特别是香港、澳门回归祖国后，粤港澳合作不断深化实化，粤港澳大湾区经济实力、区域竞争力显著增强，已具备建成国际一流湾区和世界级城市群的基础条件。

第一节　发展基础

区位优势明显。粤港澳大湾区地处我国沿海开放前沿，以泛珠三角区域为广阔发展腹地，在“一带一路”建设中具有重要地位。交通条件便

---

① 新华网. 中共中央 国务院印发《粤港澳大湾区发展规划纲要》[EB/OL].（2019-02-18）[2019-03-06]. http://www.xinhuanet.com//2019-02/18/c_1210062234.htm.（有改动）

利，拥有香港国际航运中心和吞吐量位居世界前列的广州、深圳等重要港口，以及香港、广州、深圳等具有国际影响力的航空枢纽，便捷高效的现代综合交通运输体系正在加速形成。

经济实力雄厚。经济发展水平全国领先，产业体系完备，集群优势明显，经济互补性强，香港、澳门服务业高度发达，珠三角九市已初步形成以战略性新兴产业为先导、先进制造业和现代服务业为主体的产业结构，2017 年大湾区经济总量约 10 万亿元。

创新要素集聚。创新驱动发展战略深入实施，广东全面创新改革试验稳步推进，国家自主创新示范区加快建设。粤港澳三地科技研发、转化能力突出，拥有一批在全国乃至全球具有重要影响力的高校、科研院所、高新技术企业和国家大科学工程，创新要素吸引力强，具备建设国际科技创新中心的良好基础。

国际化水平领先。香港作为国际金融、航运、贸易中心和国际航空枢纽，拥有高度国际化、法治化的营商环境以及遍布全球的商业网络，是全球最自由经济体之一。澳门作为世界旅游休闲中心和中国与葡语国家商贸合作服务平台的作用不断强化，多元文化交流的功能日益彰显。珠三角九市是内地外向度最高的经济区域和对外开放的重要窗口，在全国加快构建开放型经济新体制中具有重要地位和作用。

合作基础良好。香港、澳门与珠三角九市文化同源、人缘相亲、民俗相近、优势互补。近年来，粤港澳合作不断深化，基础设施、投资贸易、金融服务、科技教育、休闲旅游、生态环保、社会服务等领域合作成效显著，已经形成了多层次、全方位的合作格局。

第二节　机遇挑战

当前，世界多极化、经济全球化、社会信息化、文化多样化深入发展，全球治理体系和国际秩序变革加速推进，各国相互联系和依存日益加深，和平发展大势不可逆转，新一轮科技革命和产业变革蓄势待发，“一带一路”建设深入推进，为提升粤港澳大湾区国际竞争力、更高水平参与国际合作和竞争拓展了新空间。在新发展理念引领下，我国深入推进供给侧结构性改革，推动经济发展质量变革、效率变革、动力变革，为大湾区转型发展、创新发展注入了新活力。全面深化改革取得重大突破，国家治理体系和治理能力现代化水平明显提高，为创新大湾区合作发展体制机制、破解合作发展中的突出问题提供了新契机。

同时，粤港澳大湾区发展也面临诸多挑战。当前，世界经济不确定不稳定因素增多，保护主义倾向抬头，大湾区经济运行仍存在产能过剩、供给与需求结构不平衡不匹配等突出矛盾和问题，经济增长内生动力有待增强。在“一国两制”下，粤港澳社会制度不同，法律制度不同，分属于不同关税区域，市场互联互通水平有待进一步提升，生产要素高效便捷流动的良好局面尚未形成。大湾区内部发展差距依然较大，协同性、包容性有待加强，部分地区和领域还存在同质化竞争和资源错配现象。香港经济增长缺乏持续稳固支撑，澳门经济结构相对单一、发展资源有限，珠三角九市市场经济体制有待完善。区域发展空间面临瓶颈制约，资源能源约束趋紧，生态环境压力日益增大，人口红利逐步减退。

第三节　重大意义

打造粤港澳大湾区，建设世界级城市群，有利于丰富“一国两制”实践内涵，进一步密切内地与港澳交流合作，为港澳经济社会发展以及港澳同胞到内地发展提供更多机会，保持港澳长期繁荣稳定；有利于贯彻落实新发展理念，深入推进供给侧结构性改革，加快培育发展新动能、实现创新驱动发展，为我国经济创新力和竞争力不断增强提供支撑；有利于进一步深化改革、扩大开放，建立与国际接轨的开放型经济新体制，建设高水平参与国际经济合作新平台；有利于推进“一带一路”建设，通过区域双向开放，构筑丝绸之路经济带和 21 世纪海上丝绸之路对接融汇的重要支撑区。

第二章 总体要求

第一节 指导思想

深入贯彻习近平新时代中国特色社会主义思想和党的十九大精神，统筹推进“五位一体”总体布局和协调推进“四个全面”战略布局，全面准确贯彻“一国两制”“港人治港”“澳人治澳”、高度自治的方针，严格依照宪法和基本法办事，坚持新发展理念，充分认识和利用“一国两制”制度优势、港澳独特优势和广东改革开放先行先试优势，解放思想、大胆探索，不断深化粤港澳互利合作，进一步建立互利共赢的区域合作关系，推动区域经济协同发展，为港澳发展注入新动能，为全国推进供给侧结构性改革、实施创新驱动发展战略、构建开放型经济新体制提供支撑，建设富有活力和国际竞争力的一流湾区和世界级城市群，打造高质量发展的典范。

第二节 基本原则

创新驱动，改革引领。实施创新驱动发展战略，完善区域协同创新体系，集聚国际创新资源，建设具有国际竞争力的创新发展区域。全面深化改革，推动重点领域和关键环节改革取得新突破，释放改革红利，促进各类要素在大湾区便捷流动和优化配置。

协调发展，统筹兼顾。实施区域协调发展战略，充分发挥各地区比较优势，加强政策协调和规划衔接，优化区域功能布局，推动区域城乡协调发展，不断增强发展的整体性。

绿色发展，保护生态。大力推进生态文明建设，树立绿色发展理念，坚持节约资源和保护环境的基本国策，实行最严格的生态环境保护制度，坚持最严格的耕地保护制度和最严格的节约用地制度，推动形成绿色低碳的生产生活方式和城市建设运营模式，为居民提供良好生态环境，促进大湾区可持续发展。

开放合作，互利共赢。以“一带一路”建设为重点，构建开放型经济新体制，打造高水平开放平台，对接高标准贸易投资规则，加快培育国际合作和竞争新优势。充分发挥港澳独特优势，创新完善各领域开放合作体制机制，深化内地与港澳互利合作。

共享发展，改善民生。坚持以人民为中心的发展思想，让改革发展成果更多更公平惠及全体人民。提高保障和改善民生水平，加大优质公共产品和服务供给，不断促进社会公平正义，使大湾区居民获得感、幸福感、安全感更加充实、更有保障、更可持续。

“一国两制”，依法办事。把坚持“一国”原则和尊重“两制”差异有机结合起来，坚守“一国”之本，善用“两制”之利。把维护中央的全面管治权和保障特别行政区的高度自治权有机结合起来，尊崇法治，严格依照宪法和基本法办事。把国家所需和港澳所长有机结合起来，充分发挥市场化机制的作用，促进粤港澳优势互补，实现共同发展。

第三节　战略定位

充满活力的世界级城市群。依托香港、澳门作为自由开放经济体和广东作为改革开放排头兵的优势，继续深化改革、扩大开放，在构建经济高质量发展的体制机制方面走在全国前列、发挥示范引领作用，加快制度创新和先行先试，建设现代化经济体系，更好融入全球市场体系，建成世界新兴产业、先进制造业和现代服务业基地，建设世界级城市群。

具有全球影响力的国际科技创新中心。瞄准世界科技和产业发展前沿，加强创新平台建设，大力发展新技术、新产业、新业态、新模式，加快形成以创新为主要动力和支撑的经济体系；扎实推进全面创新改革试验，充分发挥粤港澳科技研发与产业创新优势，破除影响创新要素自由流动的瓶颈和制约，进一步激发各类创新主体活力，建成全球科技创新高地和新兴产业重要策源地。

“一带一路”建设的重要支撑。更好发挥港澳在国家对外开放中的功能和作用，提高珠三角九市开放型经济发展水平，促进国际国内两个市场、两种资源有效对接，在更高层次参与国际经济合作和竞争，建设具有重要影响力的国际交通物流枢纽和国际文化交往中心。

内地与港澳深度合作示范区。依托粤港澳良好合作基础，充分发挥深圳前海、广州南沙、珠海横琴等重大合作平台作用，探索协调协同发展新模式，深化珠三角九市与港澳全面务实合作，促进人员、物资、资金、信息便捷有序流动，为粤港澳发展提供新动能，为内地与港澳更紧密合作提供示范。

宜居宜业宜游的优质生活圈。坚持以人民为中心的发展思想，践行生态文明理念，充分利用现代信息技术，实现城市群智能管理，优先发展民生工程，提高大湾区民众生活便利水平，提升居民生活质量，为港澳居民在内地学习、就业、创业、生活提供更加便利的条件，加强多元文化交流融合，建设生态安全、环境优美、社会安定、文化繁荣的美丽湾区。

第四节　发展目标

到 2022 年，粤港澳大湾区综合实力显著增强，粤港澳合作更加深入广泛，区域内生发展动力进一步提升，发展活力充沛、创新能力突出、产业结构优化、要素流动顺畅、生态环境优美的国际一流湾区和世界级城市群框架基本形成。

——区域发展更加协调，分工合理、功能互补、错位发展的城市群发展格局基本确立。

——协同创新环境更加优化，创新要素加快集聚，新兴技术原创能力和科技成果转化能力显著提升。

——供给侧结构性改革进一步深化，传统产业加快转型升级，新兴产业和制造业核心竞争力不断提升，数字经济迅速增长，金融等现代服务业加快发展。

——交通、能源、信息、水利等基础设施支撑保障能力进一步增强，城市发展及运营能力进一步提升。

——绿色智慧节能低碳的生产生活方式和城市建设运营模式初步确立，居民生活更加便利、更加幸福。

——开放型经济新体制加快构建，粤港澳市场互联互通水平进一步提升，各类资源要素流动更加便捷高效，文化交流活动更加活跃。

到2035年，大湾区形成以创新为主要支撑的经济体系和发展模式，经济实力、科技实力大幅跃升，国际竞争力、影响力进一步增强；大湾区内市场高水平互联互通基本实现，各类资源要素高效便捷流动；区域发展协调性显著增强，对周边地区的引领带动能力进一步提升；人民生活更加富裕；社会文明程度达到新高度，文化软实力显著增强，中华文化影响更加广泛深入，多元文化进一步交流融合；资源节约集约利用水平显著提高，生态环境得到有效保护，宜居宜业宜游的国际一流湾区全面建成。

第三章　空间布局

坚持极点带动、轴带支撑、辐射周边，推动大中小城市合理分工、功能互补，进一步提高区域发展协调性，促进城乡融合发展，构建结构科学、集约高效的大湾区发展格局。

第一节　构建极点带动、轴带支撑网络化空间格局

极点带动。发挥香港－深圳、广州－佛山、澳门－珠海强强联合的引领带动作用，深化港深、澳珠合作，加快广佛同城化建设，提升整体实力和全球影响力，引领粤港澳大湾区深度参与国际合作。

轴带支撑。依托以高速铁路、城际铁路和高等级公路为主体的快速交通网络与港口群和机场群，构建区域经济发展轴带，形成主要城市间高效连接的网络化空间格局。更好发挥港珠澳大桥作用，加快建设深（圳）中（山）通道、深（圳）茂（名）铁路等重要交通设施，提高珠江西岸地区发展水平，促进东西两岸协同发展。

第二节　完善城市群和城镇发展体系

优化提升中心城市。以香港、澳门、广州、深圳四大中心城市作为区域发展的核心引擎，继续发挥比较优势做优做强，增强对周边区域发展的辐射带动作用。

——香港。巩固和提升国际金融、航运、贸易中心和国际航空枢纽地位，强化全球离岸人民币业务枢纽地位、国际资产管理中心及风险管理中

心功能，推动金融、商贸、物流、专业服务等向高端高增值方向发展，大力发展创新及科技事业，培育新兴产业，建设亚太区国际法律及争议解决服务中心，打造更具竞争力的国际大都会。

——澳门。建设世界旅游休闲中心、中国与葡语国家商贸合作服务平台，促进经济适度多元发展，打造以中华文化为主流、多元文化共存的交流合作基地。

——广州。充分发挥国家中心城市和综合性门户城市引领作用，全面增强国际商贸中心、综合交通枢纽功能，培育提升科技教育文化中心功能，着力建设国际大都市。

——深圳。发挥作为经济特区、全国性经济中心城市和国家创新型城市的引领作用，加快建成现代化国际化城市，努力成为具有世界影响力的创新创意之都。

建设重要节点城市。支持珠海、佛山、惠州、东莞、中山、江门、肇庆等城市充分发挥自身优势，深化改革创新，增强城市综合实力，形成特色鲜明、功能互补、具有竞争力的重要节点城市。增强发展的协调性，强化与中心城市的互动合作，带动周边特色城镇发展，共同提升城市群发展质量。

发展特色城镇。充分发挥珠三角九市特色城镇数量多、体量大的优势，培育一批具有特色优势的魅力城镇，完善市政基础设施和公共服务设施，发展特色产业，传承传统文化，形成优化区域发展格局的重要支撑。建设智慧小镇，开展智能技术应用试验，推动体制机制创新，探索未来城市发展模式。加快推进特大镇行政管理体制改革，在降低行政成本和提升行政效率的基础上不断拓展特大镇功能。

促进城乡融合发展。建立健全城乡融合发展体制机制和政策体系，推动珠三角九市城乡一体化发展，全面提高城镇化发展质量和水平，建设具有岭南特色的宜居城乡。加强分类指导，合理划定功能分区，优化空间布局，促进城乡集约发展。提高城乡基础设施一体化水平，因地制宜推进城市更新，改造城中村、合并小型村，加强配套设施建设，改善城乡人居环境。

第三节 辐射带动泛珠三角区域发展

发挥粤港澳大湾区辐射引领作用，统筹珠三角九市与粤东西北地区生产力布局，带动周边地区加快发展。构建以粤港澳大湾区为龙头，以珠江－西江经济带为腹地，带动中南、西南地区发展，辐射东南亚、南亚的重要经济支撑带。完善大湾区至泛珠三角区域其他省区的交通网络，深化区域合作，有序发展"飞地经济"，促进泛珠三角区域要素流动和产业转移，形成梯度发展、分工合理、优势互补的产业协作体系。依托沿海铁路、高等级公路和重要港口，实现粤港澳大湾区与海峡西岸城市群和北部湾城市群联动发展。依托高速铁路、干线铁路和高速公路等交通通道，深化大湾区与中南地区和长江中游地区的合作交流，加强大湾区对西南地区的辐射带动作用。

第四章 建设国际科技创新中心

深入实施创新驱动发展战略，深化粤港澳创新合作，构建开放型融合发展的区域协同创新共同体，集聚国际创新资源，优化创新制度和政策环境，着力提升科技成果转化能力，建设全球科技创新高地和新兴产业重要策源地。

第一节 构建开放型区域协同创新共同体

加强科技创新合作。更好发挥内地与香港、澳门科技合作委员会的作用，推动香港、澳门融入国家创新体系、发挥更重要作用。充分发挥粤港澳科技和产业优势，积极吸引和对接全球创新资源，建设开放互通、布局合理的区域创新体系。推进"广州—深圳—香港—澳门"科技创新走廊建设，探索有利于人才、资本、信息、技术等创新要素跨境流动和区域融通的政策举措，共建粤港澳大湾区大数据中心和国际化创新平台。加快国家自主创新示范区与国家双创示范基地、众创空间建设，支持其与香港、澳门建立创新创业交流机制，共享创新创业资源，共同完善创新创业生态，为港澳青年创新创业提供更多机遇和更好条件。鼓励粤港澳企业和科研机构参与国际科技创新合作，共同举办科技创新活动，支持企业到海外设立研发机构和创新孵化基地，鼓励境内外投资者在粤港澳设立研发机构和创新平台。支持依托深圳国家基因库发起设立“一带一路”生命科技促进联盟。鼓励其他地区的高校、科研机构和企业参与大湾区科技创新活动。

加强创新基础能力建设。支持重大科技基础设施、重要科研机构和重大创新平台在大湾区布局建设。向港澳有序开放国家在广东建设布局的重大科研基础设施和大型科研仪器。支持粤港澳有关机构积极参与国家科技计划（专项、基金等）。加强应用基础研究，拓展实施国家重大科技项目。支持将粤港澳深化创新体制机制改革的相关举措纳入全面创新改革试验。

加强产学研深度融合。建立以企业为主体、市场为导向、产学研深度融合的技术创新体系，支持粤港澳企业、高校、科研院所共建高水平的协同创新平台，推动科技成果转化。实施粤港澳科技创新合作发展计划和粤港联合创新资助计划，支持设立粤港澳产学研创新联盟。

第二节　打造高水平科技创新载体和平台

加快推进大湾区重大科技基础设施、交叉研究平台和前沿学科建设，着力提升基础研究水平。优化创新资源配置，建设培育一批产业技术创新平台、制造业创新中心和企业技术中心。推进国家自主创新示范区建设，有序开展国家高新区扩容，将高新区建设成为区域创新的重要节点和产业高端化发展的重要基地。推动珠三角九市军民融合创新发展，支持创建军民融合创新示范区。支持港深创新及科技园、中新广州知识城、南沙庆盛科技创新产业基地、横琴粤澳合作中医药科技产业园等重大创新载体建设。支持香港物流及供应链管理应用技术、纺织及成衣、资讯及通信技术、汽车零部件、纳米及先进材料等五大研发中心以及香港科学园、香港数码港建设。支持澳门中医药科技产业发展平台建设。推进香港、澳门国家重点实验室伙伴实验室建设。

第三节　优化区域创新环境

深化区域创新体制机制改革。研究实施促进粤港澳大湾区出入境、工作、居住、物流等更加便利化的政策措施，鼓励科技和学术人才交往交流。允许香港、澳门符合条件的高校、科研机构申请内地科技项目，并按规定在内地及港澳使用相关资金。支持粤港澳设立联合创新专项资金，就重大科研项目开展合作，允许相关资金在大湾区跨境使用。研究制定专门办法，对科研合作项目需要的医疗数据和血液等生物样品跨境在大湾区内限定的高校、科研机构和实验室使用进行优化管理，促进临床医学研究发展。香港、澳门在广东设立的研发机构按照与内地研发机构同等待遇原则，享受国家和广东省各项支持创新的政策，鼓励和支持其参与广东科技计划。开展知识产权证券化试点。

促进科技成果转化。创新机制、完善环境，将粤港澳大湾区建设成为具有国际竞争力的科技成果转化基地。支持粤港澳在创业孵化、科技金融、成果转化、国际技术转让、科技服务业等领域开展深度合作，共建国家级科技成果孵化基地和粤港澳青年创业就业基地等成果转化平台。在珠三角九市建设一批面向港澳的科技企业孵化器，为港澳高校、科研机构的先进技术成果转移转化提供便利条件。支持珠三角九市建设国家科技成果转移转化示范区。充分发挥香港、澳门、深圳、广州等资本市场和金融服务功能，合作构建多元化、国际化、跨区域的科技创新投融资体系。大力拓展直接融资渠道，依托区域性股权交易市场，建设科技创新金融支持平台。支持香港私募基金参与大湾区创新型科技企业融资，允许符合条件的创新型科技企业进入香港上市集资平台，将香港发展成为大湾区高新技术产业融资中心。

强化知识产权保护和运用。依托粤港、粤澳及泛珠三角区域知识产权合作机制，全面加强粤港澳大湾区在知识产权保护、专业人才培养等领域的合作。强化知识产权行政执法和司法保护，更好发挥广州知识产权法院等机构作用，加强电子商务、进出口等重点领域和环节的知识产权执法。

加强在知识产权创造、运用、保护和贸易方面的国际合作，建立完善知识产权案件跨境协作机制。依托现有交易场所，开展知识产权交易，促进知识产权的合理有效流通。开展知识产权保护规范化市场培育和“正版正货”承诺活动。发挥知识产权服务业集聚发展区的辐射作用，促进高端知识产权服务与区域产业融合发展，推动通过非诉讼争议解决方式（包括仲裁、调解、协商等）处理知识产权纠纷。充分发挥香港在知识产权保护及相关专业服务等方面具有的优势，支持香港成为区域知识产权贸易中心。不断丰富、发展和完善有利于激励创新的知识产权保护制度。建立大湾区知识产权信息交换机制和信息共享平台。

第五章　加快基础设施互联互通

加强基础设施建设，畅通对外联系通道，提升内部联通水平，推动形成布局合理、功能完善、衔接顺畅、运作高效的基础设施网络，为粤港澳大湾区经济社会发展提供有力支撑。

第一节　构建现代化的综合交通运输体系

提升珠三角港口群国际竞争力。巩固提升香港国际航运中心地位，支持香港发展船舶管理及租赁、船舶融资、海事保险、海事法律及争议解决等高端航运服务业，并为内地和澳门企业提供服务。增强广州、深圳国际航运综合服务功能，进一步提升港口、航道等基础设施服务能力，与香港形成优势互补、互惠共赢的港口、航运、物流和配套服务体系，增强港口群整体国际竞争力。以沿海主要港口为重点，完善内河航道与疏港铁路、公路等集疏运网络。

建设世界级机场群。巩固提升香港国际航空枢纽地位，强化航空管理培训中心功能，提升广州和深圳机场国际枢纽竞争力，增强澳门、珠海等机场功能，推进大湾区机场错位发展和良性互动。支持香港机场第三跑道建设和澳门机场改扩建，实施广州、深圳等机场改扩建，开展广州新机场前期研究工作，研究建设一批支线机场和通用机场。进一步扩大大湾区的境内外航空网络，积极推动开展多式联运代码共享。依托香港金融和物流优势，发展高增值货运、飞机租赁和航空融资业务等。支持澳门机场发展区域公务机业务。加强空域协调和空管协作，优化调整空域结构，提高空域资源使用效率，提升空管保障能力。深化低空空域管理改革，加快通用航空发展，稳步发展跨境直升机服务，建设深圳、珠海通用航空产业综合示范区。推进广州、深圳临空经济区发展。

畅通对外综合运输通道。完善大湾区经粤东西北至周边省区的综合运输通道。推进赣州至深圳、广州至汕尾、深圳至茂名、岑溪至罗定等铁路项目建设，适时开展广州经茂名、湛江至海安铁路和柳州至肇庆铁路等区域性通道项目前期工作，研究广州至清远铁路进一步延伸的可行性。有序推进沈海高速（G15）和京港澳高速（G4）等国家高速公路交通繁忙路段扩容改造。加快构建以广州、深圳为枢纽，高速公路、高速铁路和快速铁路等广东出省通道为骨干，连接泛珠三角区域和东盟国家的陆路国际大通道。

构筑大湾区快速交通网络。以连通内地与港澳以及珠江口东西两岸为重点，构建以高速铁路、城际铁路和高等级公路为主体的城际快速交通网络，力争实现大湾区主要城市间1小时通达。编制粤港澳大湾区城际（铁路）建设规划，完善大湾区铁路骨干网络，加快城际铁路建设，有序规划珠三角主要城市的城市轨道交通项目。加快深中通道、虎门二桥过江通道建设。创新通关模式，更好发挥广深港高速铁路、港珠澳大桥作用。推进莲塘/香园围口岸、粤澳新通道（青茂口岸）、横琴口岸（探索澳门莲花口岸搬迁）、广深港高速铁路西九龙站等新口岸项目的规划建设。加强港澳与内地的交通联系，推进城市轨道交通等各种运输方式的有效对接，构建安全便捷换乘换装体系，提升粤港澳口岸通关能力和通关便利化水平，促进人员、物资高效便捷流动。

提升客货运输服务水平。按照零距离换乘、无缝化衔接目标，完善重大交通设施布局，积极推进干线铁路、城际铁路、市域（郊）铁路等引入机场，提升机场集疏运能力。加快广州－深圳国际性综合交通枢纽建设。

推进大湾区城际客运公交化运营，推广“一票式”联程和“一卡通”服务。构建现代货运物流体系，加快发展铁水、公铁、空铁、江河海联运和“一单制”联运服务。加快智能交通系统建设，推进物联网、云计算、大数据等信息技术在交通运输领域的创新集成应用。

第二节　优化提升信息基础设施

构建新一代信息基础设施。推进粤港澳网间互联宽带扩容，全面布局基于互联网协议第六版（IPv6）的下一代互联网，推进骨干网、城域网、接入网、互联网数据中心和支撑系统的 IPv6 升级改造。加快互联网国际出入口带宽扩容，全面提升流量转接能力。推动珠三角无线宽带城市群建设，实现免费高速无线局域网在大湾区热点区域和重点交通线路全覆盖。实现城市固定互联网宽带全部光纤接入。建设超高清互动数字家庭网络。

建成智慧城市群。推进新型智慧城市试点示范和珠三角国家大数据综合试验区建设，加强粤港澳智慧城市合作，探索建立统一标准，开放数据端口，建设互通的公共应用平台，建设全面覆盖、泛在互联的智能感知网络以及智慧城市时空信息云平台、空间信息服务平台等信息基础设施，大力发展智慧交通、智慧能源、智慧市政、智慧社区。推进电子签名证书互认工作，推广电子签名互认证书在公共服务、金融、商贸等领域应用。共同推动大湾区电子支付系统互联互通。增强通信企业服务能力，多措并举实现通信资费合理下降，推动降低粤港澳手机长途和漫游费，并积极开展取消粤港澳手机长途和漫游费的可行性研究，为智慧城市建设提供基础支撑。

提升网络安全保障水平。加强通信网络、重要信息系统和数据资源保护，增强信息基础设施可靠性，提高信息安全保障水平。积极推动先进技术在香港、澳门、广州、深圳等城市使用，促进保密通信技术在政府部门、金融机构等应用。建立健全网络与信息安全信息通报预警机制，加强实时监测、通报预警、应急处置工作，构建网络安全综合防御体系。

第三节　建设能源安全保障体系

优化能源供应结构。大力推进能源供给侧结构性改革，优化粤港澳大湾区能源结构和布局，建设清洁、低碳、安全、高效的能源供给体系。大力发展绿色低碳能源，加快天然气和可再生能源利用，有序开发风能资源，因地制宜发展太阳能光伏发电、生物质能，安全高效发展核电，大力推进煤炭清洁高效利用，控制煤炭消费总量，不断提高清洁能源比重。

强化能源储运体系。加强周边区域向大湾区以及大湾区城市间送电通道等主干电网建设，完善城镇输配电网络，提高电网输电能力和抗风险能力。加快推进珠三角大型石油储备基地建设，统筹推进新建液化天然气（LNG）接收站和扩大已建 LNG 接收站储转能力，依托国家骨干天然气管线布局建设配套支线，扩大油气管道覆盖面，提高油气储备和供应能力。推进广州、珠海等国家煤炭储备基地建设，建成煤炭接收与中转储备梯级系统。研究完善广东对香港、澳门输电网络、供气管道，确保香港、澳门能源供应安全和稳定。

第四节　强化水资源安全保障

完善水利基础设施。坚持节水优先，大力推进雨洪资源利用等节约水、涵养水的工程建设。实施最严格水资源管理制度，加快制定珠江水量调度条例，严格珠江水资源统一调度管理。加快推进珠三角水资源配置工程和对澳门第四供水管道建设，加强饮用水水源地和备用水源安全保障达标建设及环境风险防控工程建设，保障珠三角以及港澳供水安全。加强粤港澳水科技、水资源合作交流。

完善水利防灾减灾体系。加强海堤达标加固、珠江干支流河道崩岸治理等重点工程建设，着力完善防汛防台风综合防灾减灾体系。加强珠江河口综合治理与保护，推进珠江三角洲河湖系统治理。强化城市内部排水系统和蓄水能力建设，建设和完善澳门、珠海、中山等防洪（潮）排涝体系，有效解决城市内涝问题。推进病险水库和病险水闸除险加固，全面消除安全隐患。加强珠江河口水文水资源监测，共同建设灾害监测预警、联防联控和应急调度系统，提高防洪防潮减灾应急能力。

第六章　构建具有国际竞争力的现代产业体系

深化供给侧结构性改革，着力培育发展新产业、新业态、新模式，支持传统产业改造升级，加快发展先进制造业和现代服务业，瞄准国际先进标准提高产业发展水平，促进产业优势互补、紧密协作、联动发展，培育若干世界级产业集群。

第一节　加快发展先进制造业

增强制造业核心竞争力。围绕加快建设制造强国，完善珠三角制造业创新发展生态体系。推动互联网、大数据、人工智能和实体经济深度融合，大力推进制造业转型升级和优化发展，加强产业分工协作，促进产业链上下游深度合作，建设具有国际竞争力的先进制造业基地。

优化制造业布局。提升国家新型工业化产业示范基地发展水平，以珠海、佛山为龙头建设珠江西岸先进装备制造产业带，以深圳、东莞为核心在珠江东岸打造具有全球影响力和竞争力的电子信息等世界级先进制造业产业集群。发挥香港、澳门、广州、深圳创新研发能力强、运营总部密集以及珠海、佛山、惠州、东莞、中山、江门、肇庆等地产业链齐全的优势，加强大湾区产业对接，提高协作发展水平。支持东莞等市推动传统产业转型升级，支持佛山深入开展制造业转型升级综合改革试点。支持香港在优势领域探索"再工业化"。

加快制造业结构调整。推动制造业智能化发展，以机器人及其关键零部件、高速高精加工装备和智能成套装备为重点，大力发展智能制造装备和产品，培育一批具有系统集成能力、智能装备开发能力和关键部件研发生产能力的智能制造骨干企业。支持装备制造、汽车、石化、家用电器、电子信息等优势产业做强做精，推动制造业从加工生产环节向研发、设计、品牌、营销、再制造等环节延伸。加快制造业绿色改造升级，重点推进传统制造业绿色改造、开发绿色产品，打造绿色供应链。大力发展再制造产业。

第二节　培育壮大战略性新兴产业

依托香港、澳门、广州、深圳等中心城市的科研资源优势和高新技术产业基础，充分发挥国家级新区、国家自主创新示范区、国家高新区等高端要素集聚平台作用，联合打造一批产业链条完善、辐射带动力强、具有国际竞争力的战略性新兴产业集群，增强经济发展新动能。推动新一代信息技术、生物技术、高端装备制造、新材料等发展壮大为新支柱产业，在新型显示、新一代通信技术、5G 和移动互联网、蛋白类等生物医药、高端医学诊疗设备、基因检测、现代中药、智能机器人、3D 打印、北斗卫星应用等重点领域培育一批重大产业项目。围绕信息消费、新型健康技术、海洋工程装备、高技术服务业、高性能集成电路等重点领域及其关键环节，实施一批战略性新兴产业重大工程。培育壮大新能源、节能环保、新能源汽车等产业，形成以节能环保技术研发和总部基地为核心的产业集聚带。发挥龙头企业带动作用，积极发展数字经济和共享经济，促进经济转型升级和社会发展。促进地区间动漫游戏、网络文化、数字文化装备、数字艺术展示等数字创意产业合作，推动数字创意在会展、电子商务、医疗卫生、教育服务、旅游休闲等领域应用。

第三节　加快发展现代服务业

建设国际金融枢纽。发挥香港在金融领域的引领带动作用，巩固和提升香港国际金融中心地位，打造服务“一带一路”建设的投融资平台。支持广州完善现代金融服务体系，建设区域性私募股权交易市场，建设产权、大宗商品区域交易中心，提升国际化水平。支持深圳依规发展以深圳证券交易所为核心的资本市场，加快推进金融开放创新。支持澳门打造中国－葡语国家金融服务平台，建立出口信用保险制度，建设成为葡语国家人民币清算中心，发挥中葡基金总部落户澳门的优势，承接中国与葡语国家金融合作服务。研究探索建设澳门－珠海跨境金融合作示范区。

大力发展特色金融产业。支持香港打造大湾区绿色金融中心，建设国际认可的绿色债券认证机构。支持广州建设绿色金融改革创新试验区，研究设立以碳排放为首个品种的创新型期货交易所。支持澳门发展租赁等特色金融业务，探索与邻近地区错位发展，研究在澳门建立以人民币计价结算的证券市场、绿色金融平台、中葡金融服务平台。支持深圳建设保险创新发展试验区，推进深港金融市场互联互通和深澳特色金融合作，开展科技金融试点，加强金融科技载体建设。支持珠海等市发挥各自优势，发展特色金融服务业。在符合法律法规及监管要求的前提下，支持粤港澳保险机构合作开发创新型跨境机动车保险和跨境医疗保险产品，为跨境保险客户提供便利化承保、查勘、理赔等服务。

有序推进金融市场互联互通。逐步扩大大湾区内人民币跨境使用规模和范围。大湾区内的银行机构可按照相关规定开展跨境人民币拆借、人民币即远期外汇交易业务以及与人民币相关衍生品业务、理财产品交叉代理销售业务。大湾区内的企业可按规定跨境发行人民币债券。扩大香港与内地居民和机构进行跨境投资的空间，稳步扩大两地居民投资对方金融产品的渠道。在依法合规前提下，有序推动大湾区内基金、保险等金融产品跨境交易，不断丰富投资产品类别和投资渠道，建立资金和产品互通机制。支持香港机构投资者按规定在大湾区募集人民币资金投资香港资本市场，参与投资境内私募股权投资基金和创业投资基金。支持香港开发更多离岸人民币、大宗商品及其他风险管理工具。支持内地与香港、澳门保险机构开展跨境人民币再保险业务。不断完善“沪港通”“深港通”和“债券通”。支持符合条件的港澳银行、保险机构在深圳前海、广州南沙、珠海横琴设立经营机构。建立粤港澳大湾区金融监管协调沟通机制，加强跨境金融机构监管和资金流动监测分析合作。完善粤港澳反洗钱、反恐怖融资、反逃税监管合作和信息交流机制。建立和完善系统性风险预警、防范和化解体系，共同维护金融系统安全。

构建现代服务业体系。聚焦服务业重点领域和发展短板，促进商务服务、流通服务等生产性服务业向专业化和价值链高端延伸发展，健康服务、家庭服务等生活性服务业向精细和高品质转变，以航运物流、旅游服务、文化创意、人力资源服务、会议展览及其他专业服务等为重点，构建错位发展、优势互补、协作配套的现代服务业体系。推进粤港澳物流合作发展，大力发展第三方物流和冷链物流，提高供应链管理水平，建设国际物流枢纽。支持澳门加快建设葡语国家食品集散中心。推动粤港澳深化工业设计合作，促进工业设计成果产业化。深化粤港澳文化创意产业合作，有序推进市场开放。充分发挥香港影视人才优势，推动粤港澳影视合作，加强电影投资合作和人才交流，支持香港成为电影电视博览枢纽。巩固提升香港作为国际高端会议展览及采购中心的地位，支持澳门培育一批具有国际影响力的会议展览品牌。深化落实内地与香港、澳门关于建立更紧密经贸关系的安排（CEPA）对港澳服务业开放措施，鼓励粤港澳共建专业服务机构，促进会计审计、法律及争议解决服务、管理咨询、检验检测认证、知识产权、建筑及相关工程等专业服务发展。支持大湾区企业使用香港的检验检测认证等服务。

第四节　大力发展海洋经济

坚持陆海统筹、科学开发，加强粤港澳合作，拓展蓝色经济空间，共同建设现代海洋产业基地。强化海洋观测、监测、预报和防灾减灾能力，提升海洋资源开发利用水平。优化海洋开发空间布局，与海洋功能区划、土地利用总体规划相衔接，科学统筹海岸带（含海岛地区）、近海海域、深海海域利用。构建现代海洋产业体系，优化提升海洋渔业、海洋交通运输、海洋船舶等传统优势产业，培育壮大海洋生物医药、海洋工程装备制造、海水综合利用等新兴产业，集中集约发展临海石化、能源等产业，加快发展港口物流、滨海旅游、海洋信息服务等海洋服务业，加强海洋科技创新平台建设，促进海洋科技创新和成果高效转化。支持香港发挥海洋经济基础领域创新研究优势。在保障珠江河口水域泄洪纳潮安全的前提下，支持澳门科学编制实施海域中长期发展规划，进一步发展海上旅游、海洋科技、海洋生物等产业。支持深圳建设全球海洋中心城市。支持粤港澳通过加强金融合作推进海洋经济发展，探索在境内外发行企业海洋开发债券，鼓励产业（股权）投资基金投资海洋综合开发企业和项目，依托香港高增值海运和金融服务的优势，发展海上保险、再保险及船舶金融等特色金融业。

第七章　推进生态文明建设

牢固树立和践行绿水青山就是金山银山的理念，像对待生命一样对待生态环境，实行最严格的生态环境保护制度。坚持节约优先、保护优先、自然恢复为主的方针，以建设美丽湾区为引领，着力提升生态环境质量，形成节约资源和保护环境的空间格局、产业结构、生产方式、生活方式，实现绿色低碳循环发展，使大湾区天更蓝、山更绿、水更清、环境更优美。

第一节　打造生态防护屏障

实施重要生态系统保护和修复重大工程，构建生态廊道和生物多样性保护网络，提升生态系统质量和稳定性。划定并严守生态保护红线，强化自然生态空间用途管制。加强珠三角周边山地、丘陵及森林生态系统保护，建设北部连绵山体森林生态屏障。加强海岸线保护与管控，强化岸线资源保护和自然属性维护，建立健全海岸线动态监测机制。强化近岸海域生态系统保护与修复，开展水生生物增殖放流，推进重要海洋自然保护区及水产种质资源保护区建设与管理。推进“蓝色海湾”整治行动、保护沿海红树林，建设沿海生态带。加强粤港澳生态环境保护合作，共同改善生态环境系统。加强湿地保护修复，全面保护区域内国际和国家重要湿地，开展滨海湿地跨境联合保护。

第二节　加强环境保护和治理

开展珠江河口区域水资源、水环境及涉水项目管理合作，重点整治珠江东西两岸污染，规范入河（海）排污口设置，强化陆源污染排放项目、涉水项目和岸线、滩涂管理。加强海洋资源环境保护，更加重视以海定陆，加快建立入海污染物总量控制制度和海洋环境实时在线监控系统。实施东江、西江及珠三角河网区污染物排放总量控制，保障水功能，区水质达标。加强东江、西江、北江等重要江河水环境保护和水生生物资源养护，强化深圳河等重污染河流系统治理，推进城市黑臭水体环境综合整治，贯通珠江三角洲水网，构建全区域绿色生态水网。强化区域大气污染联防联控，实施更严格的清洁航运政策，实施多污染物协同减排，统筹防治臭氧和细颗粒物（PM2.5）污染。实施珠三角九市空气质量达标管理。加强危险废物区域协同处理处置能力建设，强化跨境转移监管，提升固体废物无害化、减量化、资源化水平。开展粤港澳土壤治理修复技术交流与合作，积极推进受污染土壤的治理与修复示范，强化受污染耕地和污染地块安全利用，防控农业面源污染，保障农产品质量和人居环境安全。建立环境污染“黑名单”制度，健全环保信用评价、信息强制性披露、严惩重罚等制度。着力解决人民群众关心的环境保护历史遗留问题。

第三节 创新绿色低碳发展模式

挖掘温室气体减排潜力，采取积极措施，主动适应气候变化。加强低碳发展及节能环保技术的交流合作，进一步推广清洁生产技术。推进低碳试点示范，实施近零碳排放区示范工程，加快低碳技术研发。推动大湾区开展绿色低碳发展评价，力争碳排放早日达峰，建设绿色发展示范区。推动制造业智能化绿色化发展，采用先进适用节能低碳环保技术改造提升传统产业，加快构建绿色产业体系。推进能源生产和消费革命，构建清洁低碳、安全高效的能源体系。推进资源全面节约和循环利用，实施国家节水行动，降低能耗、物耗，实现生产系统和生活系统循环链接。实行生产者责任延伸制度，推动生产企业切实落实废弃产品回收责任。培育发展新兴服务业态，加快节能环保与大数据、互联网、物联网的融合。广泛开展绿色生活行动，推动居民在衣食住行游等方面加快向绿色低碳、文明健康的方式转变。加强城市绿道、森林湿地步道等公共慢行系统建设，鼓励低碳出行。推广碳普惠制试点经验，推动粤港澳碳标签互认机制研究与应用示范。

第八章　建设宜居宜业宜游的优质生活圈（略）

第九章　紧密合作共同参与“一带一路”建设（略）

第十章　共建粤港澳合作发展平台（略）

第十一章　规划实施

第一节　加强组织领导

加强对规划实施的统筹指导，设立粤港澳大湾区建设领导小组，研究解决大湾区建设中政策实施、项目安排、体制机制创新、平台建设等方面的重大问题。广东省政府和香港、澳门特别行政区政府要加强沟通协商，稳步落实《深化粤港澳合作推进大湾区建设框架协议》与本规划确定的目标和任务。鼓励大湾区城市间开展多种形式的合作交流，共同推进大湾区建设。

第二节　推动重点工作

中央有关部门要结合自身职能，抓紧制定支持大湾区发展的具体政策和措施，与广东省政府和香港、澳门特别行政区政府加强沟通，坚持用法治化市场化方式协调解决大湾区合作发展中的问题。广东省政府和香港、澳门特别行政区政府要在相互尊重的基础上，积极协调配合，共同编制科技创新、基础设施、产业发展、生态环境保护等领域的专项规划或实施方案并推动落实。国家发展改革委要会同国务院港澳办等有关部门对本规划实施情况进行跟踪分析评估，根据新情况新问题研究提出规划调整建议，重大问题及时向党中央、国务院报告。

第三节　防范化解风险

做好防范化解重大风险工作，重点防控金融风险。强化属地金融风险管理责任，做好重点领域风险防范和处置，坚决打击违法违规金融活动，加强薄弱环节监管制度建设，守住不发生系统性金融风险的底线。广东省要严格落实预算法有关规定，强化地方政府债务限额管理，有效规范政府举债融资；加大财政约束力度，有效抑制不具有还款能力的项目建设；加大督促问责力度，坚决制止违法违规融资担保行为。

第四节　扩大社会参与

支持内地与港澳智库加强合作，为大湾区发展提供智力支持。建立行政咨询体系，邀请粤港澳专业人士为大湾区发展提供意见建议。支持粤港澳三地按照市场化原则，探索成立联合投资开发机构和发展基金，共同参与大湾区建设。支持粤港澳工商企业界、劳工界、专业服务界、学术界等建立联系机制，加强交流与合作。扩大大湾区建设中的公众参与，畅通公众意见反馈渠道，支持各类市场主体共同参与大湾区建设发展。

案例5：《成都市城市总体规划（2016—2035年）》框架①

国家《成渝城市群发展规划》明确成都"以建设国家中心城市为目标"，2017年11月，成都市全面加强城市发展的顶层设计，编制新一轮城市总体规划，并征求社会各界、市民代表的意见和建议，形成了总体规划初步方案。具体框架如下：

总则

第一章　落实国家战略，明确城市战略定位、发展目标，确定规模和空间布局

一、战略定位

二、发展目标

三、城市规模

四、空间布局

第二章　积极提升国家中心城市核心功能，实施主体功能区战略

一、科学确定"五中心"核心功能内涵，有效保障空间落位

二、加强"一枢纽"建设，提高国际门户枢纽城市功能

---

① 搜狐网.《成都市城市总体规划（2016—2035年）》：征集意见稿［EB/OL］.（2018－01－26）［2018－03－06］. https：//www. sohu. com/a/219104391_ 454884.（有改动）

三、加强龙泉山生态保育，建设城市绿心

四、推进中心城区品质升级，建设国家中心城市功能核心区

五、高水平规划建设东部城市新区，培育国家中心城市功能新极核

六、推进龙门山生态涵养区保护和绿色发展，建设西部生态屏障

七、以三轴为统领，完善城市空间和功能组织秩序

八、提升区域中心城综合承载能力，促进均衡发展

九、加强统筹协调，以五大主体功能区统领全域功能提升

第三章　科学配置资源要素，实现城市可持续发展

一、坚持生产空间集约高效，构建现代化经济体系

二、坚持生活空间宜居适度，提高民生保障和服务水平

三、坚持生态空间山清水秀，大幅提高生态系统质量和稳定性

四、协调水与城市的关系，实现水资源可持续利用

五、协调就业和居住的关系，推进职住平衡发展

六、协调地上地下空间关系，促进地下空间资源综合开发利用

第四章　加强历史文化保护与传承，发展天府文化

一、构建覆盖全域的历史文化遗产保护体系

二、突出历史城区的整体保护

三、塑造天府文化新形象，全面提升文化软实力

四、加强城市设计，塑造彰显蓉城精神的特色风貌

第五章　提高城市治理水平，建设高品质和谐宜居生活城市

一、加强人口结构调控，创造人口结构红利

二、划定城市开发边界，遏制城市圈层式蔓延

三、完善购租并举的住房体系，实现住有所居

四、加快城市有机更新，改善城市宜居环境

五、铁腕治霾，重拳治水，全力解决突出环境问题

六、科学治堵，构建高效绿色交通体系

七、全域增绿，构建全民体验的五级绿化体系

八、提升市政基础设施运行保障能力

九、健全公共安全体系，提升城市安全保障能力

十、健全城市管理体制，创新城市治理方式

第六章　实施乡村振兴，实现城乡融合发展

一、加强分类指导，明确城乡一体化格局

二、创新城乡融合发展机制，提高城乡一体化水平

三、引导功能向镇村导入，激发乡村活力

四、塑造“青山绿水抱林盘，大城新村嵌田园”的城乡形态

第七章　推动成渝协同发展，建设以成渝为核心的世界级城市群

一、建设以成渝为核心的国家级城市群

二、发挥首位城市带动作用，担当省会责任

三、推动成都平原城市群一体化发展

四、加强交界地区统一规划、统一政策、统一管控

第八章　转变规划管控方式，保障“一张蓝图干到底”

一、构建逐级传导的规划体系

二、构建基于各级事权的分级管控机制

三、建立“多规合一”的空间治理体系

四、形成定期评估、动态维护的长效机制

五、建立规划实施监督问责制度，维护规划的严肃性和权威性

二、企业“十四五”规划编制工作

（一）“十四五”规划的编制注意事项

1. 明确编制的目标和宗旨

（1）要做到规划编制的前瞻性和可操作性相统一。

在当前国际经济环境更加复杂、转变经济发展方式压力凸显的背景下，企业要做出正确的战略规划决策，就必须增强战略的前瞻性与可操作性。要对外部环境的长期发展趋势做出科学的预测与判断，以确定企业的长远发展方向，同时要及时把握当前环境中的最新动态，努力抓住各种机遇。

规划是指导企业发展的纲领性文件，要正确认识“十四五”规划的性质和作用。坚持从实际出发，准确把握企业所处发展阶段的基本特征，明确阶段性目标、任务和措施，进一步明确规划实施的责任主体，保障规划的前瞻性和微观操作性。

（2）要保证规划编制的民主性和科学性。

要下大力气做好规划编制的前期准备、发展环境分析、项目论证等工作，不断拓宽规划思路；要坚持实地调研、网上意见征集、专家座谈等形式，广泛听取基层广大干部职工及相关部门、社会各界对企业“十四五”规划编制的建议，增强规划工作的透明度和公众参与度；要建立健全发展规划专家咨询论证制度，提升规划的科学编制水平。企业可邀请有关专业咨询公司及专家全程参与指导规划的编制工作。

（3）要保证规划编制的刚性和弹性。

影响现代经济发展的因素变化比较快，所以在编制规划时应注意保证规划的刚性和弹性相结合。规划的刚性主要指按照一定的要求、理论和模板形成规划思路和文件。规划的弹性处于从属地位，主要用来弥补规划刚性的缺陷，为具有一定刚性的规划增强灵活性，使规划更好地适应经济环境变化的需求。规划要与时俱进。

（4）要坚持中长期战略和近期规划相结合的原则。

要从企业长期的可持续发展的战略出发，谋划中长期发展战略目标，明确企业长远发展方向；同时，结合企业发展实际，明确企业的近期目标、发展重点，提出具有可操作性的对策。通过及时的阶段性的调整，最终实现螺旋式上升的可持续发展目标。

（5）要坚持效益优先和科学发展相结合的原则。

要紧紧围绕提高企业经济效益、社会效益和生态效益的核心环节，做好规划编制，并从企业实际出发，把切实履行社会责任作为着眼点，做到诚信经营、依法纳税、节约资源、保护生态环境、确保生产质量、保障员工权益等，形成做强做大与持续、稳定、科学发展相统一的发展道路。

（6）要坚持统一领导和综合推进相结合的原则。

企业要高度重视发展战略规划的编制工作，形成工作机制，督促、协调企业发展战略规划的编制工作；同时，要积极推动其他相关部门共同参与，形成合力推进工作的机制和氛围。

（7）要坚持统筹兼顾和重点发展相结合的原则。

“十四五”规划的编制要总览全局、科学筹划、协调发展、兼顾各方，既要全面统筹企业经济效益发展、企业与相关各方利益团队共同发展、企业与自然和谐发展、企业员工发展等，又要按照实际情况确定重点发展的方向和领域，做到全面发展、重点突破。

2. 厘清自身资源与能力

编制“十四五”规划的基础和出发点主要是从企业内外部环境、国内外企业发展相关的经济环境数据资料及资源获得能力等方面对机遇挑战进行预测。

（1）“十三五”规划的回顾。

内容包括企业在“十三五”期间的战略规划，企业在“十三五”期间的各年度财务报告、关键业绩季报、月报和社会责任报告。

（2）宏观环境分析。

主要从政府部门的访谈、文献检索和宏观经济专家访谈等渠道获取相关信息。主要议题可以是未来五年内中国的经济发展速度、世界重大经济事件对企业的各种有利与不利的影响（机会与威胁分析）、政府在未来五年内可能调整的政策，以及调整政策后对企业的影响（机会与威胁分析）、未来五年内可能的技术变化会给企业带来的机会与威胁。

（3）行业信息分析。

其主要针对企业的主要现有业务及可能的新业务进行分析。相关信息资料来源主要包括专业市场调查、行业协会、行业专家访谈、行业内主要竞争者访谈、主要竞争者的年度报表、国际行业分析和文献检索等。企业可以从未来五年内行业的发展潜力与速度、行业的竞争情况及进入或退出壁垒、行业的关键成功因素、行业整体的业绩情况（利润率）、行业生命周期、行业结构及价值链，以及整合机会和近期可能的竞争环境变化等方面进行分析。

（4）公司内部现状分析。

一是各子公司的业绩分析。企业通过行业统计等多种方法，针对企业已投入资本及过去五年的回报率、市场份额（按行业分析）的历史比较，分析行业平均利润率及各子公司的获利能力等。

二是各子公司的发展能力分析。企业通过内部分析、市场反馈、客户访谈等多种方法，侧重分析企业技术水平优势和劣势、成本水平优势和劣势、市场渗透能力与开拓能力（营销网络、市场定位、供货商及客户关系、品牌、人才）等。

三是资源获得能力分析。企业通过内部分析、投资人访谈等多种方法，主要分析企业的融资来源及期望回报、资金市场趋势和整合外部新资源的能力等。

SWOT① 分析被大量地用于企业战略分析过程中，是企业有效地评估其战略地位、进行战略制定的常用战略分析工具之一。

在编制“十四五”规划时，企业通常试图消除劣势，并将其战略建立在优势的基础上。当一个公司不具备利用机会去避免威胁所需的技能时，可以运用 SWOT 分析识别必要的资源，并采取措施获得优势，减少劣势，

① 优势（Strengths）、劣势（Weaknesses）、机会（Opportunities）和威胁（Threats）。

如图 2 -2 所示。

机会↓ 优势→	优势 S	劣势 W
机会 O	SO战略 发挥自身优势，利用外部机会	WO战略 利用外部机会来弥补内部弱点
威胁 T	ST战略 利用自身优势回避外部威胁	WT战略 减少自身弱势，回避外部威胁

图 2 -2 运用 SWOT 分析选择恰当的战略

3. 掌握编制方法

企业应组织各专业战略管理部总经理联合编制“十四五”规划，与各战略业务单元高度配合，以编制切合企业实际的战略规划。企业的战略规划不求高度，但求实用，要进一步体现“细、实、算”的作风。“十四五”规划是企业未来五年内的总体指导方针，企业应该在长期愿景和目标的指引下，在某些重要方面做到一定程度的细致深入，要切合企业的实际情况。

编制“十四五”规划分为四个步骤，每个步骤的常用方法如下：

第一步，重新评价企业发展战略。通常使用的方法有企业总部召集领导层召开会议，提出“十四五”规划的重要战略议题，讨论企业发展战略的目标是否合理、高度是否合适，并由企业战略规划部门及其他相关部门辅助修订。

第二步，市场环境与企业现状分析。通常使用的方法有根据企业内外部的相关环境数据信息，通过专家头脑风暴形成影响企业未来发展的战略要素，并且利用 SWOT 分析和 BCG（波士顿）矩阵分析，识别企业所面临的机会与威胁、优势与劣势，从而发现企业发展中出现的问题和未来可能拥有的机遇，并且明确企业自身在行业中的竞争地位，为企业采取合适的战略提供参考依据。

第三步，未来五年战略或财务目标设定。通常使用的方法有根据战略规划部门提供的分析资料，进行财务模拟分析，确定企业“十四五”期间的财务结构和财务目标，以及未来战略实施所需要的资源。

第四步，规划的质询、总结、修改。总经理、集团战略规划部门通过质询会对战略规划部门提供的战略规划进行研讨，将战略规划修改完善，最后报董事会批准。

4. 规范编制流程

企业战略规划是依照企业领导层提出的总体思路，经过科学和充分的分析论证程序而提出的包括可量化的战略目标及相应的实施规划的文本文件。规划包含集团未来三年至五年的全面工作，是指导集团经营行为和方向的基本依据。

集团战略规划编制流程如图 2－3 与图 2－4 所示。

5. 展现编制成果

（1）形式方面。

编制一册“十四五”规划的文稿，进一步完善文本格式，形成标准模板，并且在企业战略管理体系内磨合战略规划。

（2）内容方面。

战略清晰、数据准确，对企业“十四五”期间的发展具有实际指导作用。

（3）表达方式方面。

表达方式可以是文字、柱状图、曲线、饼图、瀑布图、表格等。

（4）人才培养方面。

培养战略管理部的相关人才，要求其具备在相应项目上输出战略的能力。

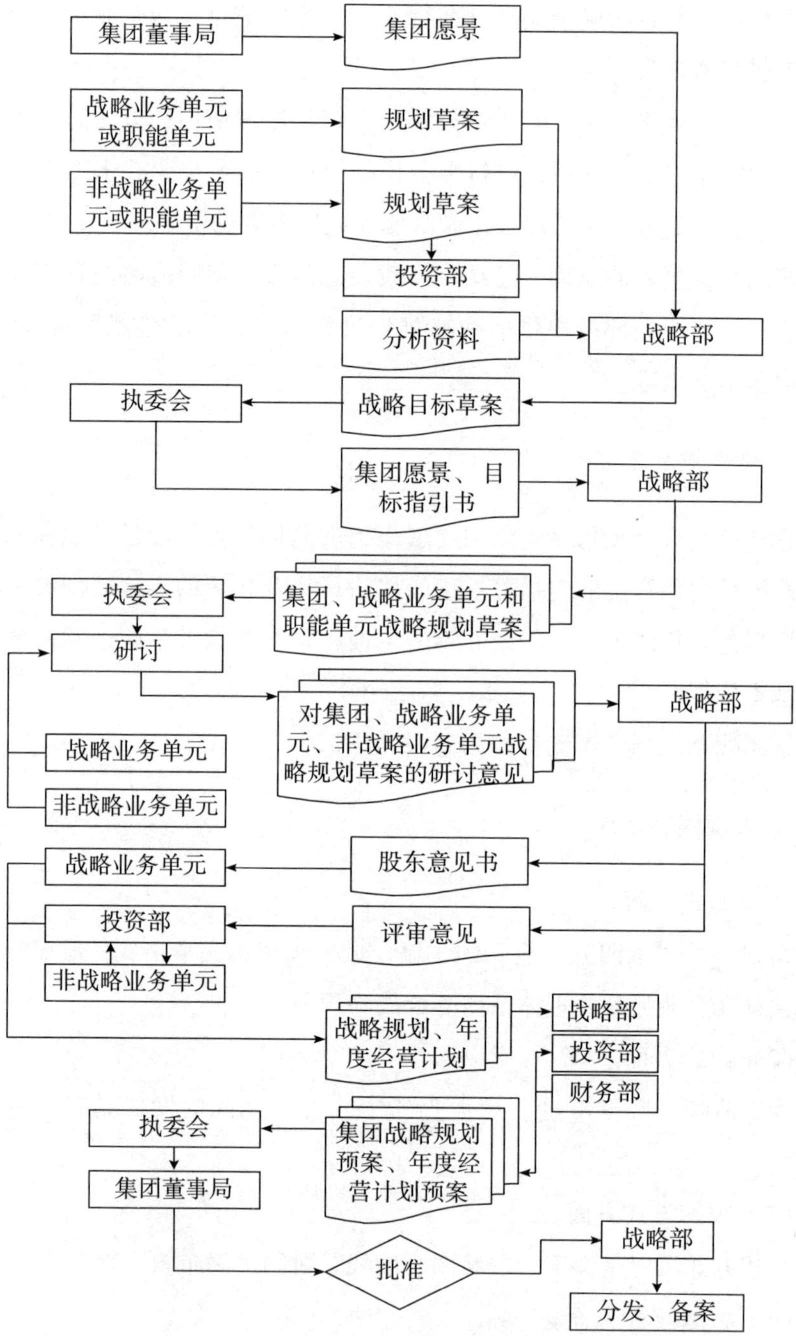

图 2－3　集团战略规划编制流程 1

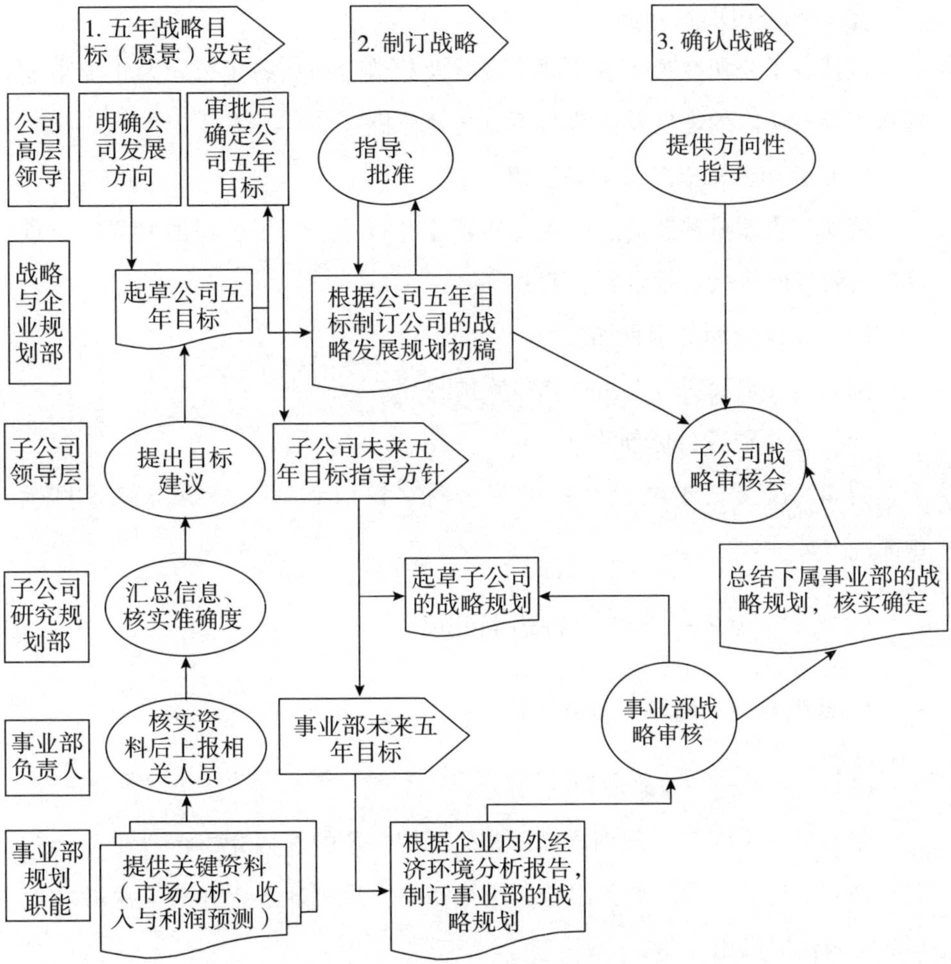

图 2－4　集团战略规划编制流程 2

6. 明确主要内容

公司总体战略规划的主要内容包括发展目标和资源需求，具体如下：

（1）公司发展宏图。

（2）宏观经济环境、行业发展分析及其对公司影响的评估。

包括未来五年公司对所处行业的发展展望；宏观经济环境和行业发展将对本公司造成的影响，即主要发展机会和主要威胁。

(3) 本公司现状分析。

包括各子公司及主要事业部的现状及趋势分析；各子公司及主要事业部在所处行业内的地位及优势与不足之处分析。

(4) 公司未来五年的业务重组。

例如，收缩哪些产业、进入哪些新业务行业、各子公司的发展侧重点等。主要战略举措包括合资、兼并等。

(5) 主要资源需求预测。

例如，资本投资、人力资源需要预测等。

(6) 公司财务目标预测。

例如，投资资本回报、自由现金流、税前利润、总销售额等目标预测。

(二)“十四五”规划的编制模板

1. 战略规划的回顾与效果评估

(1)“十三五”战略规划的回顾。

在编制“十四五”规划之前，首先要用一定的篇幅介绍企业在“十三五”期间的经营业绩、业务组合、市场拓展、发展轨迹，并对上次战略规划的实施情况做出评估。

一是详细说明企业在“十三五”期间的竞争战略：是奋力成为一个低成本的企业，还是强调采取各种方式和策略使企业提供具有差异化的产品；企业的经营焦点是广泛的客户群，还是集中于一个很小的市场。

二是考虑企业在行业内的竞争范围：在行业的整个供应链中所涉足的环节有多少；企业所覆盖的地域市场有哪些，以及企业客户群的规模和结构。

三是企业战略的特色还体现在生产战略、财务战略、人力资源战略、信息技术战略、新产品战略等职能战略上，通过对这些职能战略的具体分析，能够更全面地了解战略规划的实施效果。

四是企业最近所采取的一些战略行动可能也是企业战略的重要组成部分。通过探索隐藏在每一个竞争行动和职能策略后的基本逻辑，往往可以明确企业目前采用的战略。

（2）“十三五”战略规划的效果评估。

认真研究企业“十三五”期间的战略业绩，从这些数据中可以挖掘出企业现行战略的运行效果。这里有两个比较明确的经验指标可以说明一个企业的现行战略是否运行良好：

一是企业是否正在完成其既定的战略目标和财务目标。

二是企业的业绩是否处于行业的平均水平之上。

如果企业一直不能完成既定的业绩目标，并且同竞争对手比较起来表现很差，那么，就足以表明企业的战略要么制定的不好，要么执行的不到位，或者二者兼而有之。有时，企业的目标不够明确，因而很难以其为基准来衡量实际的业绩。在实际中企业常常通过以下几个方面来评价战略实施效果：

① 企业在行业中所占的市场份额是上升还是下降，或是稳定不变？

② 企业的利润率是上升还是下降？与竞争对手相比表现如何？

③ 企业的净利润率、投资回报率、经济附加值的变化趋势如何？这些盈利能力方面的变化趋势与竞争对手相比表现如何？

④ 企业的整体财务能力和信用等级是在上升还是在下降？

⑤ 企业的股票价格变化趋势如何？企业战略对股东价值的影响是否令人满意？

⑥ 企业销售额的增长率比整个市场的平均增长率高还是低？企业在顾客心中的形象如何？企业的声誉如何？

⑦ 对于决定顾客选择品牌的一些重要因素，如技术、产品革新、产品质量、客户服务等，企业是否被看作领先者？

企业当前的业绩越好，对企业战略“动手术”的必要性就越小。企业的财务业绩越差、市场地位越弱，就越应该审查企业当前的战略规划。

2. 使命愿景

明确企业“十四五”期间的发展使命愿景，用简明扼要的语言阐明企业未来五年的具体目标。

企业使命愿景是指企业站在社会利益、顾客利益的角度阐述的企业目标，阐明企业要实现的未来愿景、给社会和顾客带来哪些利益，即企业要给社会带来哪些益处、满足顾客什么需求、给员工带来什么效益。

企业战略规划的制订从确定企业愿景开始。任何企业在制订战略规划时，必须在分析研究企业及所处环境的基础上明确自己的使命愿景。

一般来说，企业的使命愿景包括以下四个方面的内容：

（1）使整个人类社会受惠受益，企业的存在目的是为社会创造某种价值。

（2）实现企业的繁荣昌盛。

（3）员工能够敬业乐业。

（4）使客户满意。

客户满意是最基础的愿景，因为客户是企业成功最重要的因素，如果客户不认同企业的使命愿景，那么企业使命愿景就失去了意义。

企业战略目标是企业在追求其愿景的过程中所要达到的特定定位，反映了企业经营活动在一定时期内的方向和所要达到的水平，既可以是定性的，也可以是定量的。

3. 定位目标

企业战略规划目标应具有以下特征：

（1）可接受性。

企业战略规划的实施效果评价主要是由企业内部人员和外部公众来完成的。因此，战略规划目标必须能被他们理解并符合他们的利益要求。

（2）可检验性。

战略规划目标应该是具体的，必须明确，具体说明将在何时达到何种结果。时间跨度越长、战略层次越高的目标越具有模糊性，难以数量化、定性化衡量。一方面，要明确战略规划目标实现的时间；另一方面，要详细说明工作的特点。

（3）可实现性。

制订企业战略规划目标时，必须在全面分析企业的内部优劣势和外部环境机会与威胁的基础上，判断企业经过努力后所能达到的程度。既不能脱离实际将目标定得过高，也不可妄自菲薄把目标定得过低。

（4）具有挑战性。

目标本身具有激励力量，一方面，企业战略规划的表述必须具有激发全体职工积极性、潜力的强大动力；另一方面，战略规划目标必须具有挑战性，但又是经过努力可以达到的。

（5）宏观性。

战略规划目标是一种宏观目标。它是对企业全局的一种总体设想，它的着眼点是整体而不是局部，是企业整体发展的总任务和总要求。它所规定的，是整体发展的根本方向。因此，企业所提出的战略规划目标总是高度概括的。

（6）长期性。

战略规划目标是一种长期目标。它的着眼点是未来，是一种长期的发展方向，它所提出的，是长期的任务，绝不是一蹴而就的，而是要企业经过一定时间的努力才能够实现的。

（7）相对稳定性。

战略规划目标既然是一种长期目标，就应该在一定的时间内相对稳定。战略目标既然是总方向、总任务，就应该是相对不变的。强调战略目标的稳定性并不排斥根据客观需要和情况的发展而对战略目标做必要的修正。

（8）全面性。

战略规划目标是一种整体性要求。科学的战略规划目标，总是对现实利益与长远利益、局部利益与整体利益的综合反映。科学的战略规划目标虽然总是概括性的，但它对人们行动的要求，却总是全面的，甚至是相当具体的。

（9）可分解性。

战略规划目标作为一种总目标、总任务和总要求，总是可以分解成某些具体目标、具体任务和具体要求的。在空间上，把总目标分解成一个方面又一个方面的具体目标和具体任务；在时间上，把长期目标分解成一个阶段又一个阶段的具体目标和具体任务。

（10）系统性。

立足于长远发展，企业确立了战略规划目标，并围绕战略规划目标设立阶段目标及要实现各阶段目标的经营策略，以构成一个环环相扣的战略目标体系。企业在用简明扼要的语言提出“十四五”规划的目标后，要用数字阐明未来五年的具体目标，并用文字、数字和图表等方式表述出来。企业的战略规划目标是多元化的，既包括经济目标，又包括非经济目标；既包括定性目标，又包括定量目标。

4. 商业模式

世界管理大师彼得·德鲁克曾说：当今企业之间的竞争，不是产品和服务之间的竞争，而是商业模式之间的竞争。近年来，商业模式引起了学术界和企业的高度关注。面对千变万化的市场，企业要想发展壮大、脱颖而出，必须不走寻常路，设计适合自己的、富有竞争力的、与众不同的商业模式。

商业模式的构成要素包括战略定位、业务系统、关键资源能力、盈利模式、现金流结构、企业价值及其相互关系，如图2－5所示。

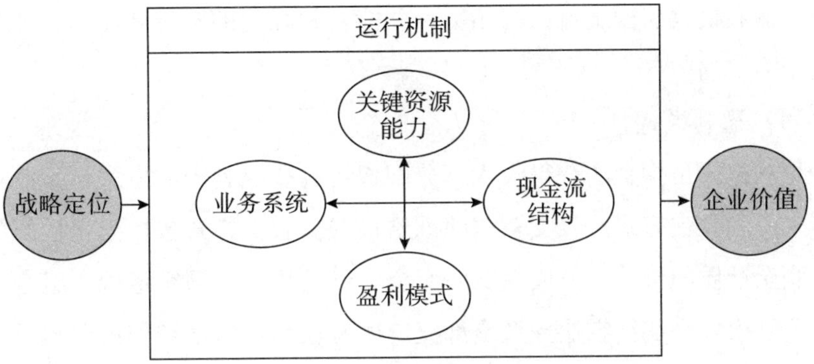

图 2-5　商业模式六要素及其关系

（1）战略定位。

战略定位就是企业应该做什么。它决定了企业应该提供具有什么特征的产品和服务来满足客户的需求。战略定位是企业战略选择的结果，也是商业模式体系中其他有机部分的起点。进行战略定位需要考虑三个方面，即长期发展、利润增长、独特价值。商业模式中的定位更多的是作为整个商业模式的支撑点，同样的定位可以有不一样的商业模式，同样的商业模式也可以有不一样的定位。

（2）业务系统。

业务系统是指企业为达成战略定位目标所需要的业务环节、各合作伙伴扮演的角色以及利益相关者合作与交易的方式和内容。业务系统是商业模式的核心。企业围绕战略定位所建立起来的业务系统形成一个价值网络，明确客户、供应商或其他合作方在通过商业模式获得价值的过程中扮演的角色。

（3）关键资源能力。

关键资源能力是指业务系统运转所需要的重要资源和能力。任何商业模式构建的重点工作之一就是了解业务系统所需要的重要资源和能力有哪些，如何分布，以及如何获取和建立。不是所有的资源和能力都同等珍贵，也不是每一种资源和能力都是企业所需要的，只有和战略定位、业务系统、盈利模式、现金流结构相契合并能互相强化的资源和能力，才是企业真正需要的。

（4）盈利模式。

盈利模式是指企业获得收入、分配成本、赚取利润的方式，是企业的收支来源和收支方式。收支来源即谁给谁钱。收支方式包括固定性质的租金、剩余性质的价差、分成性质的佣金，以及拍卖、顾客定价、组合计价等。盈利模式是在给定业务系统价值链所有权和价值链结构的前提下，相关方之间利益的分配方式。良好的盈利模式不仅能够为企业带来利益，还能为企业编织一张稳定、各方共赢的价值网。传统盈利模式的成本结构往往和收入结构一一对应，而现代盈利模式中的成本结构和收入结构则不一定完全对应。同样是制造、销售手机，那些通过专卖店、零售终端销售手机的企业，其销售成本结构主要是销售部门的管理费用、销售人员的人工成本等，而通过与运营商提供的服务捆绑、直接给用户送手机的制造商的销售成本结构则完全不一样，尤其是在当今的移动互联网时代，“羊毛出在狗身上，猪来埋单”的例子屡见不鲜。

（5）现金流结构。

现金流结构是指企业经营过程中产生的现金收入扣除现金投资后的状况。不同的现金流结构反映了企业在战略定位、业务系统、关键资源能力及盈利模式方面的差异，决定了企业投资价值的高低、投资价值递增的速度及受资本市场青睐的程度。

（6）企业价值。

企业价值是指企业的投资价值，是企业预期未来可以产生的现金流的贴现值。企业的投资价值由其成长空间、成长能力、成长效率和成长速度等因素共同决定。①

可以看出，战略定位是商业模式的起点，企业价值是商业模式的归

① 魏炜，朱武祥．发现商业模式［M］．北京：机械工业出版社，2014.（有改动）

宿，是评判商业模式优劣的标准。企业的战略定位影响企业的成长空间，业务系统、关键资源能力影响企业的成长能力和效率，加上盈利模式，就会影响企业的现金流结构。不同的商业模式有不同的结果。商业模式的六个要素是互相作用、互相影响的。相同的战略定位可以通过不一样的业务系统实现，同样的业务系统也可以有不同的关键资源能力、盈利模式和现金流结构。同时，商业模式视角与企业管理视角，比如战略视角、营销视角、运营视角等有很大的不同，但与这些已有的管理概念是互补的。用商业模式视角来分析企业，更有利于企业的合理规划与良好发展。

5. 业务组合

（1）核心竞争力分析。

基于核心竞争力的公司业务组合才能使企业保持持续的竞争优势，因此在进行业务组合之前，需分析研究企业现有及未来需要具备的核心竞争力，主要包括评估现有业务的核心竞争力、强化现有业务的核心竞争力、规划未来业务的核心竞争力、培育未来需要的核心竞争力。

企业有了战略目标之后，就需要评估现有业务的核心竞争力、规划未来业务的核心竞争力。核心竞争力规划的要点如下：

① 本行业的市场竞争情况（行业研究结果）。

② 主要竞争对手过去五年的竞争策略和主要工作。

③ 本企业过去五年的竞争策略和主要工作。

④ 主要竞争对手未来五年可能采取的竞争策略。

⑤ 本企业未来五年准备采取的竞争策略。

⑥ 主要竞争对手的核心竞争力（如成本水平、品牌效应、营销服务体系、优秀人才、领先的技术、不可争夺的资源占有等）。

⑦ 本企业的核心竞争力规划。

企业的核心竞争力主要包括三层 21 个着力点，如图 2 -6 所示。

第一层为“基础层”，包括企业文化、理念、价值观、形象、创新、

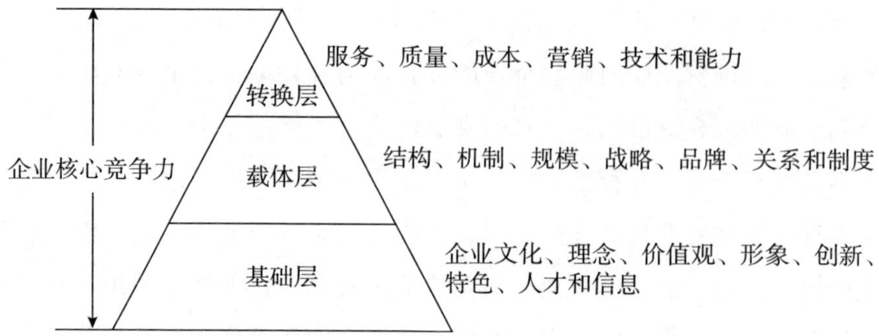

图 2-6　企业核心竞争力的三层 21 个着力点

特色、人才和信息。

第二层为“载体层”，包括结构、机制、规模、战略、品牌、关系和制度。

第三层为“转换层”，包括服务、质量、成本、营销、技术和能力。

可以应用量化的波士顿矩阵评估现有业务是否具备核心竞争力，为规划企业未来的核心竞争力提供依据。波士顿矩阵的两个变量为市场吸引力和业务经营能力，如图 2-7 所示。企业各项业务的市场吸引力和业务经营能力可通过一定的指标量化，各企业不同业务的要素权数可根据具体的情况确定。在量化的波士顿矩阵中，可以分析出各项业务的竞争力地位，以便确定哪些业务具有核心竞争力，哪些业务没有核心竞争力。

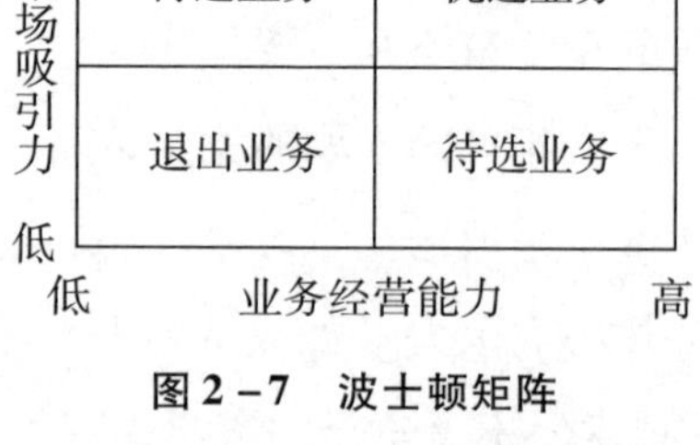

图 2-7　波士顿矩阵

借助波士顿矩阵，企业可以做出相应的战略规划：退出没有和无法培育核心竞争力的业务；确定准备培育核心竞争力的业务；加强已经具备核心竞争力的业务。

（2）业务战略及其组合规划。

① 业务板块具体的战略目标设定，主要是规划各项业务的各项会计指标目标和经营效能指标目标。

② 为实现战略目标，可以根据行业性质从不同角度提出主要战略举措。

③ 业务板块具体战略目标确定各项业务的分离和重组可能性，以做出对业务进行取舍的发展战略。

④ 业务单元面临的主要竞争对手分析。

（3）各业务单元战略规划的主要内容。

① 各业务单元的发展宏图及五年战略目标。

② 宏观经济环境、行业发展分析及其对本业务单元影响的评估。

——未来五年内国内外宏观经济环境发展变化趋势。

——未来五年内行业的发展展望：产品发展趋势、主要法规及经营环境变化。

——宏观经济环境和行业发展将对本业务单元造成的影响：创造的主要机会和造成的主要威胁。

③ 各业务单元现状分析。

——各业务单元近年业绩及发展趋势。

——各业务单元主要竞争优势及劣势。

④ 各业务单元面临的主要竞争对手分析（国内外竞争者）。

——竞争对手近几年的业绩与本集团业绩的比较分析。

——竞争对手在未来五年可能采取的战略举措。

——竞争对手的战略举措对本业务单元的潜在威胁。

⑤ 各业务单元的未来五年战略规划。

——各业务单元未来五年将在哪些方面与竞争对手竞争：地理市场、产品定位、业务模型；目标顾客、产品及地区市场的选择、分销渠道选择、出口潜力评价、纵向整合程度等。

——如何竞争：主要竞争手段，市场号召力，竞争优势，如何处理和其他制造商、分销商、用户等的关系。

——主要战略举措：市场扩张、吸引新客户、渠道的建立等。

⑥ 各业务单元未来五年经营及财务目标预测。

——主要增长点预测：预测将来的挑战、行业突变及其对现金流量、销售额的影响，预测未来五年内潜在的增长机会或投资机会；公司新业务的销售、成本及利润预测，经营及投资现金流量测算；投资计划预测；预期新一年详细的乐观及保守经营状况；未来五年经营状况估计；未来五年净现值计算；每种价值评估方案背后的详细假设。

——总销售额预测。

——市场份额预测。

——投资资本回报预测：各业务单元的营业利润率、营运资本周转率、固定资产周转率预测。

⑦ 配合各业务单元战略的主要资源需求预测。

——资本投资：固定资产投资资金要求；预测的融资架构及成本；各种融资渠道及方案的吸引力评价；揭示可能导致资本需求变化的情形及条件；投资计划实施的时间建议。

——人力资源：技术需求及研发计划；人力资源需求；其他资源需求预测（如外部咨询、集团管理层时间、项目领导人才、行政支持；其他资源成本的预测）。

为了保证各业务板块战略目标的实现，根据行业性质的不同，可以从以下几个方面制定保障措施。

一是法人治理结构的完善。吸引社会投资，完善公司治理结构；吸纳人才，完善企业文化；继续丰富公司的成熟经验，从制度上提升企业核心竞争力等。

二是行业的保障措施。有重点地选择、拓展细分市场；改变行业经营模式；调整行业分布等。

三是业务的保障措施。强化业务品牌、控制业务风险点等。

四是产品方面的保障措施。改变产品开发模式、强化产品特色，提高品牌知名度，建设产业链等。

五是公司筹资方面的保障措施。例如融资方式多样化等。

六是资产经营方面的保障措施。参股、入股、换股等方式进入资质优良的业务板块；利用公司经营能力，为业务板块进行资源整合；利用外部资源等。

七是调整组织结构。

(4) 基于对各项业务的发展和重组的分析，对不同业务分别采取相应的业务组合战略。

① 战略投资性业务。对于培育业务和强化业务，要从长远着想，进行战略性投资，以期长期获利。

② 财务投资性业务。对于短期高利润的业务，可以在短期内投入较多的资金，以期在短期内获得显著的收益。有退出方案的短期高利润业务，也可能转化为战略投资性或风险投资性业务。

③ 风险投资性业务。对于不确定性比较高的业务，应充分意识到其风险，将其作为中短期业务培育，或选择出售。

6. 价值链战略

分析企业在价值链中的优势和劣势，以在“十四五”规划中增加对优势环节的投入，剥离获利能力较低的弱势环节，从而进一步强化企业的核心竞争能力。

在企业的经营活动中，并不是每个经营环节都能创造价值或者具有比较优势，企业所创造的价值或具有的比较优势，实际上来自企业价值链上某些特定环节的经营活动。这些真正创造价值的、具有比较优势的经营活动，才是最有价值的。

企业在编制“十四五”规划时，为了强化核心竞争能力，在制订价值链战略时，可以考虑把经营活动中创造价值的战略环节严格控制在企业内部，而将一些非核心战略性的活动外包出去，充分利用外部市场降低成本，提高竞争力和盈利水平。

实施价值链战略，首先要进行价值链分析，找出企业活动中的战略环节。价值链分析的基本步骤如下：

第一，分析企业内部的价值链，划分企业的主要价值活动。在划分过程中，关键在于确定影响各项价值活动的成本动因。成本动因主要分为两种：一种是结构性成本动因，包括产品的规模、技术、范围、多样性等；另一种是执行性成本动因，包括员工责任感、质量管理、生产能力利用程度、产品设计合理程度等。通过这种可以量化的成本分析，找出企业具有优势的价值活动。

第二，分析企业外部的产业价值链。企业要获得竞争优势，不能局限于内部价值链分析，还需要把企业置身于整个产业价值链中，从战略高度分析是否可以利用产业链的上游、下游来帮助企业进一步降低成本，或者调整企业在整个产业价值链中所处的位置。

第三，分析竞争对手的价值链。在充分识别竞争对手价值链和价值活动的基础上，通过对其价值链的调查、测算和模拟，确定企业与竞争对手相比在各价值环节的优势和劣势。

通过对价值链的综合分析，就可以找出企业的战略环节。确认企业的战略环节后，接下来就需要重塑企业的业务流程。所谓业务流程重塑就是在结合价值链分析明确战略环节的基础上，集中企业资源培育具有发展潜力的核心业务和具有竞争优势的战略环节，同时，把不具有竞争优势或非核心的价值增值环节分离出去，外包给社会上具有比较优势的企业。在此指导原则下，企业要对建立在传统的分工理论基础上的组织结构、业务流程进行根本性的再思考和彻底性的再设计，依据对客户的服务流程来设计企业的组织结构，在更好、更快地满足客户需求的同时，使企业在成本、质量、服务和效率等方面获得显著性改善。

对价值链上每个环节的分析从能力要求、能力现状及差距、提升途径三个方面进行描述，如图 2－8 所示。

	能力要求	能力现状及差距	提升途径
产品规划	能力1：…… 能力2：…… 能力3：……	• …… • …… • ……	1. …… 2. …… 3. ……
研发	能力1：…… 能力2：…… 能力3：……	• …… • …… • ……	1. …… 2. …… 3. ……
采购	能力1：…… 能力2：…… 能力3：……	• …… • …… • ……	1. …… 2. …… 3. ……
制造	能力1：…… 能力2：…… 能力3：……	• …… • …… • ……	1. …… 2. …… 3. ……
物流	能力1：…… 能力2：…… 能力3：……	• …… • …… • ……	1. …… 2. …… 3. ……
……	能力1：…… 能力2：…… 能力3：……	• …… • …… • ……	1. …… 2. …… 3. ……

图 2－8　价值链上每个环节的分析内容

根据行业对标、经验分析对每个环节的能力现状及差距进行描述，指出缩小差距的举措，根据业务线自身情况，尽量将每个环节都包含在内，如图 2－9 至图 2－12 所示。

	举措描述	价值链环节
经营策略	• ……	产品规划
	• ……	研发
	• ……	采购
	• ……	制造
	• ……	物流
	• ……	……

图 2－9　缩小价值链上各个环节能力差距的举措

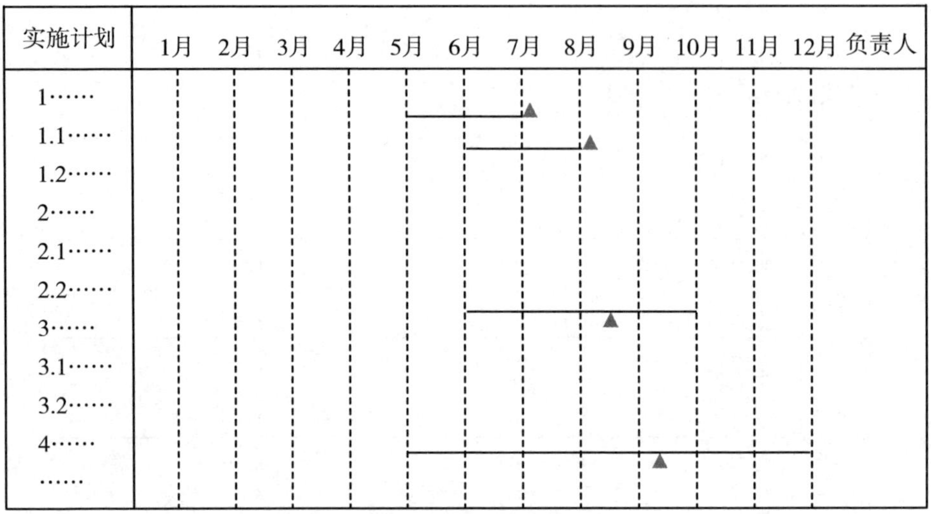

图 2－10　各个举措的实施计划

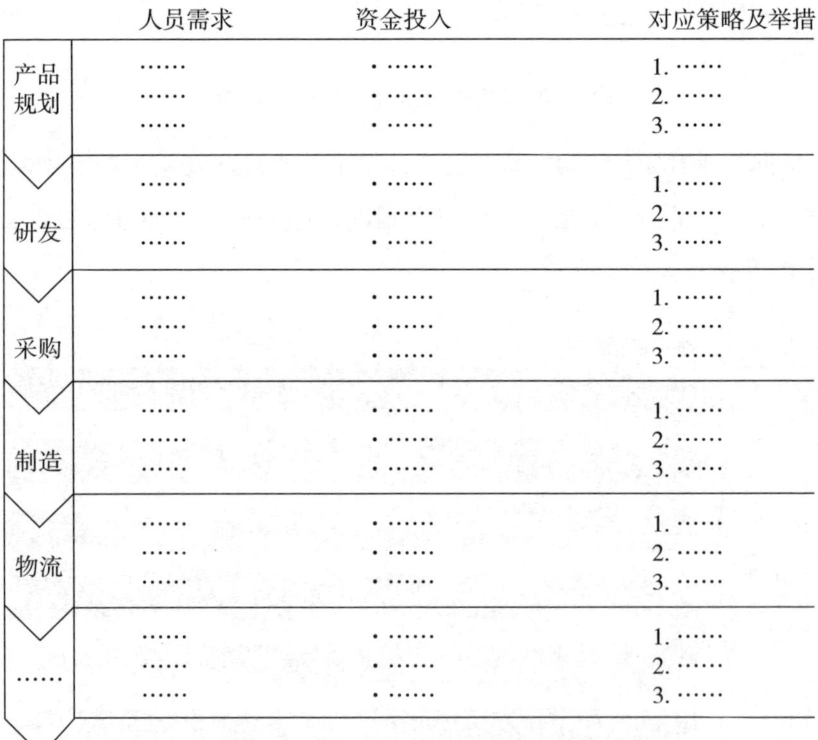

图 2－11　各个举措所需资源情况

	具体描述	对应解决方案	侧重点
缺失的流程	缺失的流程1：……	对应解决方案1：……	……
	缺失的流程2：……	对应解决方案2：……	
	缺失的流程3：……	对应解决方案3：……	
不匹配的流程	不匹配的流程1：……	对应解决方案1：……	……
	不匹配的流程2：……	对应解决方案2：……	
	不匹配的流程3：……	对应解决方案3：……	

图 2－12　提升能力举措相匹配的流程

根据各子业务的发展战略、所需举措和能力差距，审视现有流程框架的适应性。

7. 战略管理体系

企业的“十四五”规划制定之后，关键的战略规划实施主要落实在“业务计划与预算流程”中。年度经营目标确定的基础来自五年战略规划；而考核及控制主要落实在“业绩考核流程”中，通过关键业绩指标来体现。同时，通过每月或每季度的战略议题报告来跟踪及修正战略规划的实施。

（1）预算控制体系。

战略层次的预算控制是以长期发展战略为前提的。在保证长期战略目标得以实现的基础上，各预算单位根据自身的战略角色编制不同的单位预算。而企业集团预算是基于集团整体战略目标的。集团战略规划、目标方针、年度经营计划与预算控制的关系如图 2－13 所示。

预算控制体系的三个内容包括现金预算、损益预算、权益预算，如图 2－14 至图 2－16 所示。

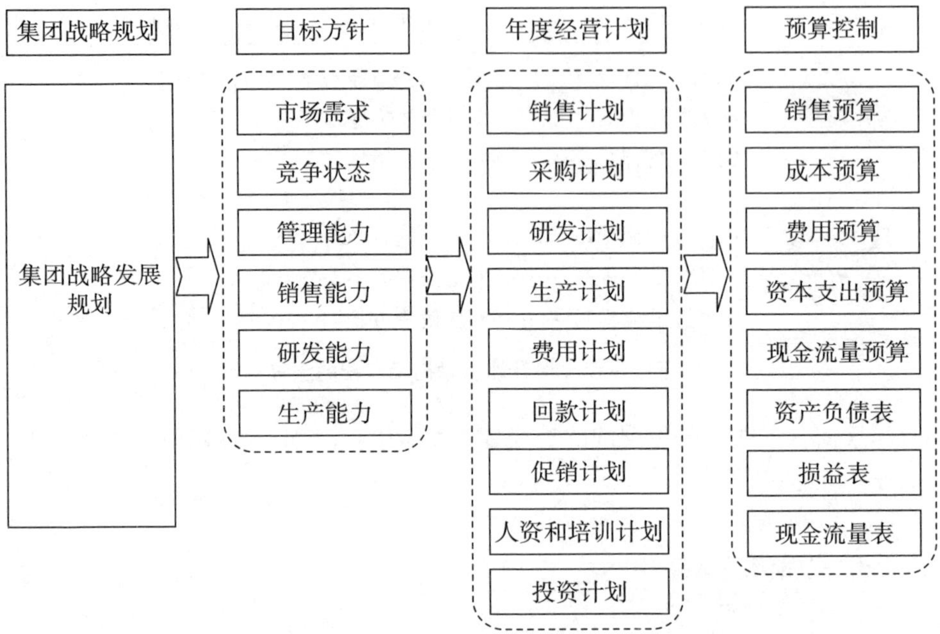

图 2－13　集团战略规划、目标方针、年度经营计划与预算控制的关系

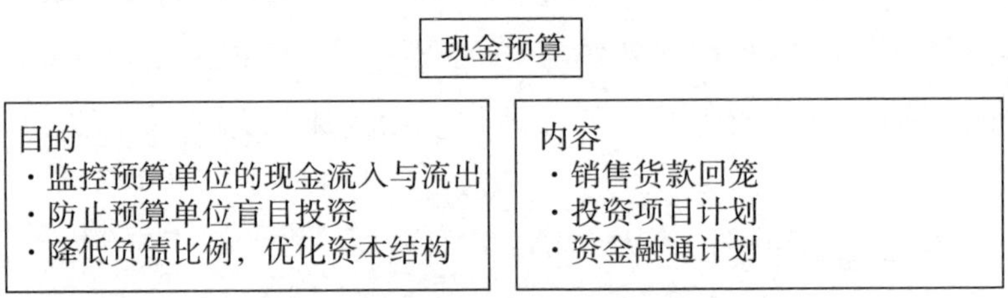

图 2－14　预算控制体系的现金预算

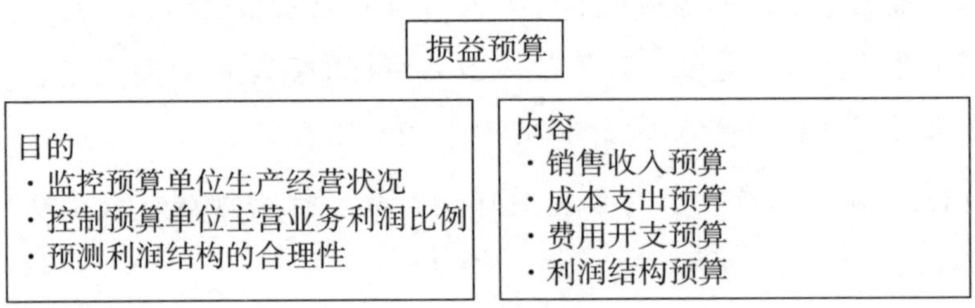

图 2－15　预算控制体系的损益预算

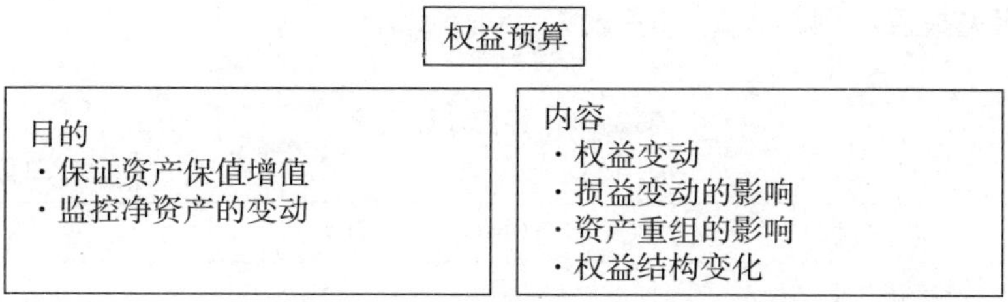

图 2－16　预算控制体系的权益预算

预算控制的报表体系如图 2－17 所示。

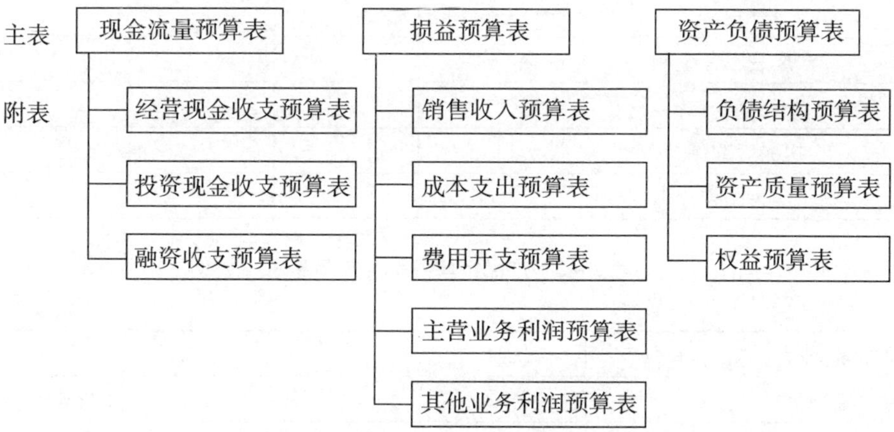

图 2－17　预算控制的报表体系

预算控制体系流程如图 2－18 所示。

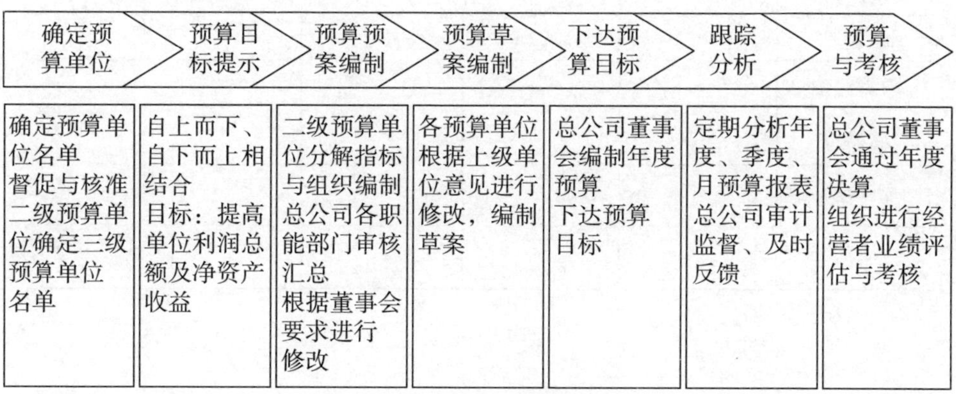

图 2－18　预算控制体系流程

相关报表示例如表 2-1 ~ 表 2-5 所示。

表 2-1　经营预算报表

单位：

财务数据	一月	二月	……	合计
产品销售收入				
销售贡献率				
净利润				
净现金流量				
货币资金				
产成品库存金额				
应收账款				
担保货款额度				
其中：对集团外担保额度				

表 2-2　产品销售费用月度预算表

单位：

品种	一月	二月	……	十二月	合计
工资					
福利费					
工会经费					
办公费					
差旅费					
修理费					
销售佣金					
运输费					
广告费					
……					

表 2－3　管理费用年度预算表

单位：

品种		部门 A	部门 B	……	合计
可控费用	工资				
	福利费				
	工会经费				
	税金				
	……				
不可控费用	办公费				
	交通费				
	……				
合计					

表 2－4　资产负债预算表

资产	附注	实际发生额	预算数	误差百分比	去年同期数
流动资产					
货币资金					
短期投资					
应付账款项目					
待摊费用					
一年内到期的长期投资					
流动资产合计					
……					
在建工程					
资产总计					
……					
其他					
合计					

表 2-5　经营预算报表

重要财务数据	实际发生数		预算数		偏差百分比		去年同期数	
	本月数	累计数	本月数	累计数	本月数	累计数	本月数	累计数
销售贡献率								
净利润								
净现金流量								
货币资金								
产成品库存金额								
担保货款额度								
其中：对集团外担保额度								
1. 解决的方法与对策								
2. 未来的发展预测及建议								

（2）信息管理体系。

信息管理体系的战略规划一般既包含 3～5 年的长期规划，也包含 1～2 年的短期规划。

企业战略规划与信息管理体系规划的关系是：企业战略规划是制定信息管理体系规划的主要依据，信息管理体系战略规划应服从于企业战略规划，为企业战略规划的实现提供支撑，信息管理体系战略规划把企业战略规划中的组织目标转化成开发动机，结合企业内外部条件和环境因素制订可行的开发策略。

① 信息管理体系战略规划所包括的内容。信息管理体系战略规划包括以下内容：

一是制订信息管理体系的发展战略。包括制订信息管理体系的目标和约束机制；分析当前的能力状况；对影响计划的信息技术的发展进行预测。

二是制订信息管理体系的总体方案，安排项目开发计划。在调查分析企业信息需求的基础上提出信息管理体系的总体结构方案，根据发展战略和总体结构方案，确定体系和应用项目开发次序及时间安排。

三是制订信息管理体系建设的资源分配计划，合理分配开发资源。组织内各部分信息管理体系建设的需求与条件是不平衡的，应该针对这些应用项目的顺序或重要程度对有限的开发资源给予合理分配。这是战略规划在资源分配阶段的主要任务。

② 信息管理体系战略规划的构成要素。信息管理体系战略规划的构成要素包括以下三个方面：

一是方向和目标。明确信息管理体系建设的目标，使得信息管理体系的建设目标更加适合企业的总体目标。

二是约束和政策。明确建立信息管理体系的相关政策和约束条件。

三是计划与指标。确定信息管理体系建设的详细计划和指标要求。

③ 制订信息管理体系战略规划的任务可用的方法如图 2－19 所示。

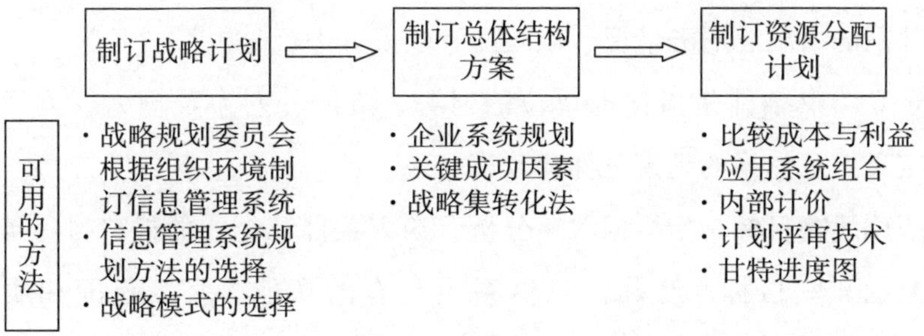

图 2－19　制订信息管理体系战略规划的任务可用的方法

④ 信息管理体系战略规划的编制步骤。信息管理体系战略规划的编制步骤如图 2－20 所示。

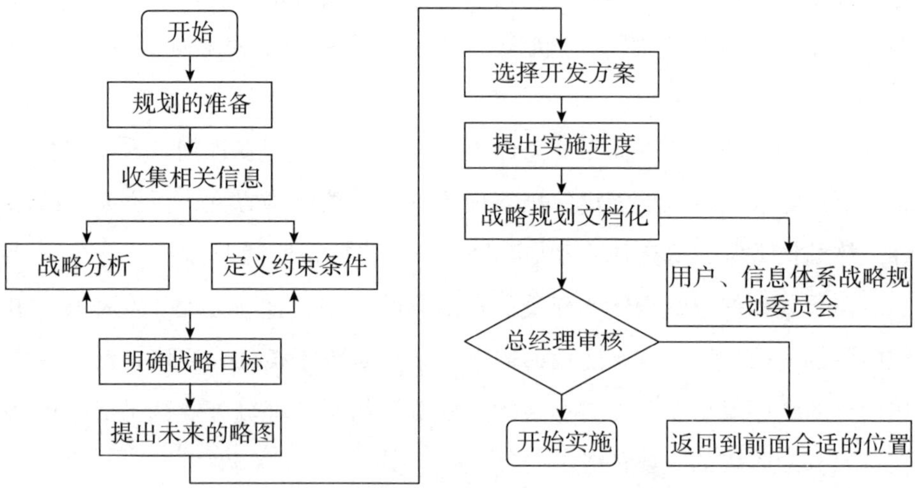

图 2－20　信息管理体系战略规划的编制步骤

规划的准备包括确定规划的年限、方法；成立规划小组；落实规划工作环境；启动规划等工作。

收集相关信息是指调查了解企业发展战略、企业产品、市场定位、企业技术、设备和生产能力、企业综合实力、组织结构和管理水平、企业员工素质、企业面临的机遇和挑战、企业现行信息管理体系建设水平等。

战略分析是指对信息体系的目标、开发方法、功能结构、计划活动、信息部门的情况、财务情况、风险度和政策等进行分析。

定义约束条件是指根据单位的财务、资源、人力及物力等方面的限制，定义信息体系的约束条件和政策。

明确战略目标是指根据战略分析、约束条件和企业的战略目标确定信息体系的开发目标，明确信息体系应具有的功能、服务范围和质量标准等。

提出未来的略图是指制定出信息体系总体框架、信息体系总体技术路线、信息体系建设路线，以及各子系统的划分等。

选择开发方案是指根据信息体系总体框架，确定信息体系优先开发的项目、开发顺序、开发策略和开发方法。

提出实施进度是指估计项目成本和人员需求，并依此编制项目的实施进度计划。

战略规划文档化是指将战略规划书写成文，在此过程中，还要不断与用户、信息体系工作人员及信息体系战略规划委员会的领导交换意见。

信息管理体系规划的关键问题是：核心信息管理体系战略与组织发展战略一致；业务流程的改革与创新是基础；解决问题的有效性是关键；应变能力是重要指标；人、管理、技术应协调发展。

（3）绩效评价体系。

企业在编制“十四五”规划时，应该将绩效评价体系融入战略管理体系中，以考核评价企业未来战略规划的实施效果，从而达到监督和控制战略执行的目的。企业要依据组织结构，制订一套可行的绩效评价指标，以对组织中的每一个单元和个人进行考评。

绩效评价的最终目的是实现企业的战略目标，如果没有以战略目标为基础，那么绩效考核体系就没有了依托，绩效考核指标的设置也就无法确保科学合理性，无法发挥绩效考核体系应有的效用了。

企业战略目标分解一般是按照层级进行的。企业是由组织内的各个职能部门组成的，通过分析组织的战略目标，明确各部门需要达成的使命，根据使命确定各部门的绩效目标；然后对部门内部的岗位进行层级划分，并针对不同层级岗位的工作职责确定需要完成的战略目标。然后针对不同层级岗位的特性，结合工作职责确定绩效目标，使绩效目标层层相扣、互相结合，达到岗位目标与部门目标的有机结合，发挥最大效能。

部门绩效目标是衡量部门完成企业任务和目标的指标。具体而言，一般可以使用达到企业的使命要向外部客户提供一定的产品或者服务数量、质量、时间和成本这样具体的绩效指标。例如，部门年销售环比增长速度、市场占有率、生产成本指标等部门宏观指标。

员工绩效目标主要体现为怎样促使员工努力工作以达到其工作岗位的要求。因此，在员工层级的绩效目标制订过程中，需要明确对岗位评价的指标维度有哪些，例如，员工业绩、工作能力、工作态度等，再基于工作职责制订员工考核指标。

工作流程绩效目标倾向于考察组织工作流程中哪里出现了问题或什么地方需要改进，通过优化工作流程来满足企业的战略要求。

绩效评价体系指标设计的注意事项如下：

一是战略目标分解必须是从上往下逐级进行的。但是，很多企业从下往上逐级制订绩效考核指标，这样的考核指标倾向于保护自身利益，设置不合理。

二是绩效考核指标的制订需要各部门的积极参与和配合，不能仅仅是人力资源部的事情。

三是在根据战略目标的分解制订绩效目标的过程中，沟通非常重要。

四是绩效考核指标不是一成不变的，需要根据实际情况进行调整。部门、个人的绩效考核指标的设定都必须能支撑企业战略目标的达成，而市场环境、技术发展等因素也必将影响企业的发展和管理，这就要求绩效管理体系也随之进行调整，避免出现个人绩效很高，而部门或企业的业绩很差的现象。

（4）组织管理体系。

企业组织管理所涉及的问题纷繁复杂，对其分析应选择适当的方法与角度。一般可以从以下几个角度入手：

一是从分析职务体系入手，看管理岗位设置、人员配备及其素质对完成职能管理的保证程度。

二是从分析职能管理体系的分工入手，看有无通过专业职能管理体系的合理化来改善组织管理的可能性。

三是从分析人员素质入手，通过聘任制和建立职务手册来改善组织管理。

四是从分析管理体制入手，以便发现组织中权力分配是否有改善的余地。

五是从分析组织机构入手，分析现有组织机构是否适应现行战略的实施。

六是从分析管理层次和管理幅度入手，看是否可以新增或合并管理职能部门。

企业组织是以工作为中心的人际组织。人在组织中都有一定的职位，任何职位都有特定的职务、职责、职权，这是企业成为有机整体的纽带。评价企业组织管理体系的合理性，应按职务、职责、职权三者对等的要求，进行以下分析和评价：

各有关上级把工作向下属委派时，是否授予其相应的权限，下属有没有足够的权限来完成职责。

各职位上的管理者是否明确自己的职责、对谁负责、从哪里得到权力、拥有什么权限。

各管理职位的责任制度中，是否包括该职位业务管理性质的管理和对其下属人员的管理、任务分配、培养帮助、激励等方面的责任。明确责任是一个组织提高效率和管理有效性的基础。

在企业组织管理中，职务、职责、职权能否形成体系。在职务体系中，能否自下而上层层负责。在职权体系中，能否自上而下层层授权。在任何职位上，职责和职权是否一致、对等。

（三）“十四五”规划的编制内容

1. 制订战略规划的方法

（1）如何制订企业的愿景和战略目标。

1）如何制订企业的愿景。

企业战略是企业有可实现性、可操作性的愿景。在对相关者愿景、企业资源及能力、行业竞争状况、其他环境因素进行综合判断的基础上，确定企业的战略方向并明确企业的愿景。

制订企业愿景的方法如下：

① 分析企业经营意志。制订企业愿景，首先要分析企业经营意志。企业经营意志是指企业所追求的核心理念，是企业内部成员在工作中产生的和企业同命运的共识观念、认同意识、激励机制及回报社会、服务公众的态度等的总和。只有正确分析企业经营意志，企业才有可能制订正确的并能得以贯彻执行的企业愿景。

② 明确企业的战略方向，制订相应的经营战略。因为企业愿景是企业确定未来的使命并逐步实现这一使命的过程，所以企业愿景的实现必须有相应的企业战略方向的保证，即企业必须根据企业经营意志、自身状况及客观条件明确自身的战略方向。

③ 分解经营战略。企业应及时将经营战略在企业内部进行分解。只有分解后的战略才更易使企业中全体人员形成共识，才更易给企业中的每位员工界定行动标准，从而完成企业目标的分解。

④ 形成全体人员的企业愿景共识。经过经营战略在企业内部分解这一过程后，企业愿景就由虚变实了，但这依然只是企业的章程、文件上的规定。只有把这些东西与员工真正结合起来，才能使企业存在的价值得以持续提升。只有被企业同化的企业愿景，才是真正的企业愿景。

⑤ 落实具体的企业愿景。企业愿景的落实可分为三个阶段。一是建立健全经营体制和组织评价体系。企业要想完成自身的使命，必须有一个能自律经营和易于考评的经营体制。前者使企业不至于偏离经营方向，后者使发生的偏离易于被企业察觉到。二是不断革新。为了使企业愿景得以实现，企业应通过激励、实验、学习等方法有意识地培养能延续企业核心价值的人才，加速革新。三是确保经营活动的整合和持续。所谓整合是指将企业的理念、制度、员工及各项活动置于统一思想之下进行融合、改造，使其具有同构性及共同的目标，即将企业愿景充分反映到企业理念、战略方式、组织评价体系、人力资源开发体制和领导行为之中。所谓持续是指

企业无论遇到何种困难，均不放弃追求企业愿景的行为。

2）如何制订企业的战略目标。

战略目标包括的内容分为规模方面、能力方面、地位方面及法人治理方面。

规模方面包括：销售收入的规模、利润的规模、资产的规模、净资产的规模、市值的规模、人力资源的规模（三支队伍：高级经营管理团队、市场营销团队、专业技术技工团队）。

能力方面包括：毛利率、净利率、成本利润率、质量合格率、市场占有率、新产品开发率、核心竞争力，在并购中输出战略的能力，在整合中输出激励机制的能力，尽职调查的能力，收购谈判的能力，整合计划的能力，快速实现整合效益的能力，全面预算管理的能力。

地位方面包括：净资产收益率、每股收益、市盈率在中国上市公司中的地位；销售收入和净利润在中国和全球同行业中的地位。

法人治理方面包括：投资管理体系、战略管理体系、经营分析体系、考核激励体系、全面预算管理体系、董事会议事规则、高管人员行为规则、流程制度的执行率。

① 公司总部战略目标应包括的内容。

A. 公司总部未来五年业务重组目标。

——放弃哪些产业。

——进入哪些新行业。

——明确各业务单元的发展侧重点。

B. 主要战略举措。

——关、停、并、转。

——合资、兼并。

C. 公司总部未来五年将在哪些市场竞争。

——地理市场。

——产品定位。

——业务模型。

D. 主要竞争手段。

E. 主要战略举措。

——市场扩张。

——新客户的开发、新渠道的建立。

② 业务单元战略目标应包括的内容。

A. 重要发展战略的目标。

——市场竞争目标，如市场份额、价格等。

——运作目标，如产能效率、员工生产力等。

——管理人员能力开发目标。

B. 本业务单元今后五年将在哪些市场竞争。

——地理市场。

——产品定位。

——业务模型。

C. 如何竞争，即主要竞争手段有哪些。

D. 主要战略举措。

——市场扩张。

——新客户的开发、新渠道的建立。

E. 这些战略目标加总后是否能达成公司总部战略目标？

F. 这些目标是否具有足够的挑战性？能帮助企业取得何种市场定位？

③ 公司总部战略目标与各业务单元战略目标应保持一致。

A. 由上至下。

——公司总部首先制订整个公司的未来战略方向及长远目标。

——公司总部将整体战略目标根据战略优先顺序分解到各个经营中心。

——公司将分解目标传达给各经营中心，各经营中心根据规划制订经营中心的战略目标。

——经营中心将战略目标分解到各业务单元，各业务单元制订本单元的战略规划。

B. 由下至上。

——各业务单元将业务单元规划输入经营中心的整体战略规划中，并接受经营中心的审核。

——各个经营中心将自身的中心规划向最高领导层汇报，接受指导和审查。

——最高领导层根据公司总体战略目标审核各个经营中心的战略目标，确保各个经营中心的战略目标与公司总体战略目标一致。

④ 企业制订战略目标的步骤。

A. 行业竞争状况分析。

行业竞争状况分析是对行业整体的市场成长潜力、竞争状况的分析，是公司决定战略目标的重要依据。

——主要竞争对手市场份额分析。

——未来五年市场成长率预测。

——未来五年市场容量预测。

——未来五年市场销售额预测。

B. 企业现状分析。

——市场机会、威胁分析。

——公司内部优势、劣势分析。

——BCG 矩阵（现状）。

——BCG 矩阵预测。

C. 未来五年战略或财务目标的设定。

——主要资源需求预测。

——企业财务目标预测。

——未来五年战略目标设定。

——业务重组。

——主要战略举措。

D. 向各个经营中心或业务单元下达较明确的战略目标。

——每年的收入及利润增长率。

——市场份额。

——投资资本回报率、利润空间。

——净现金流增长率。

（2）如何进行商业模式选择、产业选择和价值链选择。

1）商业模式选择。

企业经营有“道、法、术、器”四个层面。其中，商业模式属于“道”的层面，是商道的最高境界。如果说盈利模式能使企业找到利润的来源，那么，商业模式则是推动企业获得利润的引擎。企业在制订战略规划时，必然要对商业模式进行选择。那么，什么是商业模式呢？简单来说，商业模式就是企业通过什么途径或方式来赚钱。饮料企业通过卖饮料来赚钱；快递企业通过送快递来赚钱等。只要涉及赚钱方式，就有商业模式存在。

如果要严谨地下定义，商业模式就是为实现客户价值最大化，把能使企业运行的内外各要素整合起来，形成一个完整的、高效的、具有独特核心竞争力的运行系统，并通过最优实现形式满足客户需求、实现客户价值，同时使系统达成持续盈利目标的整体解决方案。商业模式主要包括三种模式：销售模式、运营模式和资本模式。商业模式的核心就是资源的有效整合。

销售模式指的是产品或服务的销售方式。这是商业模式的最基本体现，是商业模式的实现通道。缺乏有效的销售模式，看起来再好的商业模式也没用。例如，麦当劳的连锁销售模式、安利的无店铺直销模式、微软的客户捆绑销售模式、携程的网络销售模式等，都是比较典型的成功销售模式。

运营模式特指企业内部人、财、物、信息等各要素的结合方式。这是商业模式的核心。企业如果缺乏合理有效的运营模式，即使拥有高效的销售模式也会由于缺乏持续而优质的产品服务供应而枯萎。例如，微软的产品更新换代模式、麦当劳的房地产零售模式、安利的开发与生产结合模式等，都是比较富有特色的运营模式。

资本模式主要指企业获得资本的方式及资本运行的方式。这是商业模式的支撑体系。缺乏有效的资本模式，前两种模式都可能会因为遇到资金危机而导致整个商业模式的崩溃，如美国的安然公司、中国的德隆公司及港湾网络有限公司等。

以上三种模式的有效结合使内外资源获得有效整合，形成强大的竞争力。如果结合不到位，仅仅重视其中的一两个模式，资源就很难获得高效整合，甚至会导致企业的失败。如中国的德隆公司，过分重视资本模式而忽略了销售模式和运营模式，最终低效的销售模式、无序的运营模式和过于冒险的资本模式导致了企业的崩塌。

商业模式的选择，是企业战略规划的一部分，起着极其重要的作用。企业如果总是沉湎在“法、术、器”里找出路的话，就会像爬山一样，总在山脚、山腰处打转，很难达到山巅；企业只有从商业模式——“商道”的角度，从上往下看时，才会豁然发现，通往山巅的路随处可见。企业的出路在于认知的高度。高度决定思路，思路决定出路。

对于企业来说，选择一种恰当的商业模式，就是选择了一种盈利模式，是企业战略规划中极为重要的环节。商业模式的成功，造就了许多伟大的企业，比如推行 C2C（个人与个人之间的电子商务）免费平台的淘宝网，再如只做直销的 Dell（戴尔），又如依靠标准化和加盟起家的肯德基与麦当劳，等等。与其说它们的成功来自战略的选择，不如说来自商业模式的选择。

随着经济的发展，企业间的竞争日益激烈，企业要想有生存空间并能持续盈利，必须依靠系统的安排、整体的力量，即商业模式的选择和创新。未来企业的竞争，将是商业模式的竞争，而商业模式的竞争也将是企业最高形态的竞争。

选择了什么样的商业模式，就注定了企业将以怎样的方式盈利，这是一道选择题，也是企业的一道战略难题。

2）产业选择。

哈佛大学商学院著名教授迈克尔·波特说：制订战略很重要的一步是企业家必须花心思好好界定企业所经营的产业。资源战略学派的重将、哈佛商学院教授戴维·J. 科利斯指出：产业选择对于企业战略获得长期成功来说是至关重要的。公司绩效的最好预报器就是公司赖以展开竞争的产业的获利能力……公司赖以展开竞争的产业的基本经济状况在公司绩效中扮演着十分重要的工具性角色。

核心产业的选择，是企业战略规划的基础。对于一个企业来说，选择一个恰当的产业，无论是在初创、发展、转型中，还是在多元化过程中，都起着至关重要的作用。一个企业能否成功，与它所在或所选择的产业的情况好坏紧密相关。

企业要追求长远的发展，就需要选择适合的产业。在国民经济中处于不同领域和环节，应对通货膨胀上升和本币币值走强的能力显著不同。上游产业在通货膨胀上升过程中处于相对有利地位，而中下游产业则明显处于弱势。在产业选择的过程中，既需要关注宏观调控政策，还需要参照以下六个方面：

第一，产业的规模。著名的跨国公司都是在一个有一定规模的产业之中成功的。例如，现在的三一集团董事长梁稳根，在 20 世纪 90 年代初和其他人创业时，创办的涟源茅塘焊接材料厂年收入过亿元，利润上千万元。这足以令出身于贫苦农民家庭的其他创业者感到满足，但梁稳根始终在琢磨，涟源茅塘焊接材料厂和同在湖南的远大空调几乎同时起步，为什么对方短短几年就做到 20 多亿元，自己的焊接材料厂却始终在 1 亿元左右踏步。他觉得根本问题在于市场的容量，在于行业的选择，做这个行业（焊接材料）所花的精力太多，回报太少。于是，1993 年，梁稳根开始研究混凝土输送泵等工程建筑机械产品，进入向来只有国有企业涉足的行业——重型机械产品制造领域。截至2016年，三一集团已经是全球较大的混凝土机械制造基地之一，混凝土泵车占有50%多的国内市场份额，在重工机械制造领域这个大产业中找到了成功之路。

第二，产业的组织结构。产业的组织结构是指相同产业或市场内企业之间的结构和关系，既包括企业规模和规模结构，即大中小型企业各自的比重和市场竞争关系；又包括生产经营同类产品的企业间相互分工和协作的关系。一些企业家有时会犯常识性错误——选择产业时只选择成长性很好的产业。但事实证明：高成长性产业并不意味着产业中的厂商生活得都很好，而一个长期没有成长的产业里却有许多做得好的公司，比如可口可乐和麦当劳。而中国的旅游业，改革开放以来一直保持20%以上的成长速度，未来发展前景也一定更好，但中国旅游业中的企业却少有赚钱的。这是由这个产业内部的竞争结构造成的，无序竞争的局面根本不适合大公司生存。

第三，产业有没有现实的盈利模式。这个产业的利基总量到底有多少？在这样的总量中，需要投入多少？用什么样的商业模式，才能达到一定的市场份额？能赚取多少利润？例如，在互联网行业中，上海盛大网络发展有限公司（简称盛大）很早就实现了盈利。它的投资主要是获得游戏授权或者开发游戏，游戏如果受欢迎，增加用户的边际成本几乎就是零，随着几分钱几分钱的积累，盛大几乎从组建以来就一直盈利。

第四，产业的资源和资产是如何分布的。如果想进入一个行业，一定要先研究这个行业的资源和资产是如何分布的，如果没有相应的资源就不要进入这个行业。例如，庄吉集团在服装经营过程中，积累了国际贸易经验，看到全球贸易带动了远洋运输业的快速发展，船舶需求量巨大。于是，2006年9月起，庄吉集团先后收购、兼并了乐清市凯泽船业有限公司、上海鑫煌船舶工程有限公司、远东国际船舶代理有限公司三家船业公司，斥资8亿元进军船业。庄吉集团现与中国机械工业集团等船舶公司合作，承接了来自巴拿马、希腊的精品船订单。2006年，庄吉服饰年生产能力为100万套（件）男装（2007年产值18.5亿元）；全部完工后的庄吉船业，年生产能力为30万载重吨（按每万载重吨8000万元计，年产值约为二三十亿元）。

第五，产业的管制情况如何。政府的产业政策会影响产业的结构规模和利润。此外，不能只看这个产业现有的地位，还要看在产业结构变迁中该产业处于什么位置，是处于变革中的领导地位，还是被淘汰的地位。例如，对监管政策极其敏感的电信行业，监管政策的一个微小改变，通常就可引起百亿元甚至千亿元的流向改变和重新分配，也可能决定不同技术、公司的兴衰。

第六，产业的技术走势。这个产业的核心技术掌握在谁的手里，如果进入这个产业，能不能通过并购等方式拥有这个产业的核心技术，或者未来的核心技术，这些也是选择产业前必须考虑的。例如，路明集团的一项核心技术是发光芯片，这项技术就是从美国并购得来的，通过消化吸收再创新，路明集团成功集成了发光芯片的核心技术，一举使中国半导体照明产业的核心技术进入世界前列。①

此外，在进入一个产业之前，还必须研究目标产业和现在产业之间的协同和呼应。发挥产业协同效应就是整合企业的各种资源，形成完整的产品链和服务链，是企业内部资源的优势互补。人们消费越来越理性，品牌消费观念越来越强，从卖产品到卖生活方式，由大品牌来提供一站式解决方案受到大部分消费者的认同。例如，吉事多在中国制造基地已拥有制造规模与技术成熟的五金厂、浴室柜、橱柜等整体配套的家居用品系列，而且拥有独立的吉事多生活馆，从产品到服务，提供一站式解决方案。

---

① 小迷糊说财经的博客．如何进行商业模式选择、产业选择和价值链选择？［EB/OL］．（2018-08-13）［2019-02-08］．http：//blog. sina. com. cn/s/blog_ 14c4627f80102yb6t. html.（有改动）

3）价值链选择。

战略管理大师迈克尔·波特最先提出价值链的概念。他认为，企业从投产经营到产出及售后服务所经历的一系列环节和活动中，既有各项投入，又同时显示出价值的增加，从而使这一系列环节联结成一条活动成本链。企业创造价值的过程分解为一系列互不相同但相互联系的经营活动，构成了创造价值的一个动态过程，这就是企业的价值链。

在产品从原料到设计、生产、物流、分销，直至零售给消费者的整个产业价值链上，生存着无数的企业。然而，在这条产业价值链上，有的环节是高利润区，有的环节则是低利润区甚至是无利润区。任何一个企业或企业的某一业务单元都对应着一个相关行业，而每一个行业则存在于某一价值链中。企业的盈利能力取决于上下游行业间的博弈能力和自身在该产业价值链中的定位。

价值链理论认为，企业的经营活动中，并不是每个经营环节都创造价值或者具有比较优势。企业所创造的价值和具有的比较优势，实际上来自企业价值链上某些特定环节的价值活动。这些真正创造价值的、具有比较优势的经营活动，是有价值的战略环节。企业的竞争优势。或者说核心竞争力，实质上就是企业在价值链上某一特定的战略环节上所具有的优势。这些战略环节是企业核心竞争力的源泉。

企业在竞争中的核心优势，尤其是能够长期保持的竞争性优势，说到底是企业在价值链上某些特定的战略性环节上的优势，抓住了这些战略性环节，也就抓住了整个价值链。这些决定企业经营成功和业绩增长的战略性环节可以是技术研究与开发、新产品开发、工艺设计创新，也可以是市场营销、信息技术应用或者服务等，视不同的行业而有所差异。

在服装业，美特斯邦威选择了自主设计、经营品牌，而将生产和渠道开发外包出去的发展战略。美特斯邦威将生产外包给成衣制造商，在渠道上吸引加盟店，自己掌握高附加值的设计环节，并且大力推广品牌形象，获得了成功。至2016年，美特斯邦威在上游拥有200多家成衣制造商，其中战略性的合作伙伴占20多家，核心的成衣制造商有几十家。在下游的渠道开发上，美特斯邦威已经在全国将近1000个城市开设了1900多家专卖店，其中80%多是加盟店。在美特斯邦威的示范带动下，森马、生活秀、林中鸟等许多知名服装企业，通过把生产、销售等环节外包出去，获得了快速的发展。

企业要保持在行业内的核心竞争优势，关键之一就是要保持价值链的竞争优势，尤其是价值链的战略性环节的竞争优势。所以，企业只有清楚认识到自己所在行业的特点、利润增长空间及特殊的经营模式，根据自身的资源和能力的比较优势，进行价值链的合理定位，才能提高企业的核心竞争力或价值创造能力。于是，企业战略规划的另一重要任务就是对价值链关键环节的选择和优化，从而将资源集中在价值链的核心价值环节上。

（3）如何进行目标客户定位、产品和服务定位及提供产品和服务的方式的定位。（略）

（4）如何进行时间布局、地域布局和股权布局。

1）时间布局。

竞争优势源于独一无二的技能的发展，这种技能通过资源的不断积累而形成。有五个因素促成了这种资源的积累，使技能更难以模仿，使这些能力更有助于持续竞争优势的形成，其中一个很重要的因素就是时间。

时间布局是企业的一项极为重要的战略。时间与学习的程度直接相关。一个企业通过多年的连续投资和学习获得了某种资源或技能，它就比竞争者拥有明显的优势。企业通过时间布局赢得的经验或学习优势，是其他竞争对手在短时间内通过大规模投资模仿技能所无法企及的。美国西南航空公司就是一个很好的例子。多年来，美国西南航空公司寻求以在机场快速往返的方式来提高飞机的利用率。这样，乘客上飞机、在飞机上享受服务、下飞机等都更为迅速。美国西南航空公司的努力如此有成效，所以公司的飞机每天能往返10次或更多次。发现美国西南航空公司的成功归因于有效的设备利用后，其他几家航空公司也都开始学习如何提高飞机的往返次数。不尽如人意的是，美国西南航空公司的竞争者们不能与之媲美。先前投入的时间不仅给予了美国西南航空公司去学习如何提高效率的机会，而且给予了它去修改有关条款的时间，包括员工工作守则等。

2）地域布局。

地域布局对企业竞争优势的获取起着重要的作用。在全球经济一体化的大潮下，全球的产业受地域优势的吸引，正发生大规模的全球化产业转移和重组。某一特定的产业，由于地域和其他方面因素的影响，在经营上体现出了独特的优势。

迈克尔·波特在《国家竞争优势》中提出了产业集聚的“钻石模型”，如图2－21所示。他认为，生产要素、需求情况、相关的支持性产业、企业的战略和竞争环境构成了产业地域优势的四个维度。

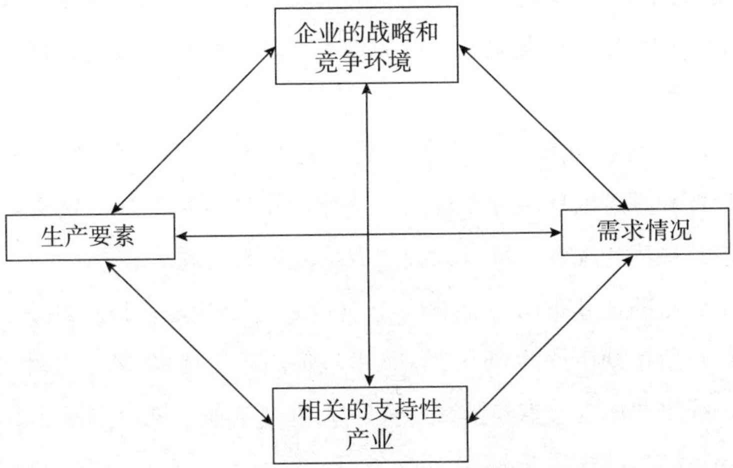

图2－21 迈克尔·波特的“钻石模型”

维度一：生产要素。生产要素是指该地域是否聚集了高素质、职业化的员工，高质量的科研机构，完善的基础设施，透明而高效的行政管理及充足的自然资源等。当地政府和科研及教育机构对这一要素起着极为重要的作用。据斯坦福大学专家罗文的研究，美国硅谷之所以能够成为创业企业的“栖息地”，有八大特殊优势，包括有利的游戏规则、高知识密集度、员工的高素质和高流动性、鼓励冒险和宽容失败的氛围、开放的经营环境、与工业界密切相关的研究型大学、高质量的生活和专业化的商业基础设施。

维度二：需求情况。一个地域的需求情况包括当地的市场规模、产品标准的合理性和该地域顾客的成熟程度。大容量的本地化市场规模使得企业通过本地化经营可消化大量的固定成本和巨大的研发支出，为进一步扩张到另一市场提供坚定的业务基础。

维度三：企业的战略和竞争环境。这一要素包括法律、法规及激励机制、产业规范等。尤其是鼓励投资、知识产权保护、开放市场、打破垄断、预防企业联盟的形成等方面的政策，都会大大改善地域的投资环境和增强地域竞争力。

维度四：相关的支持性产业。相关的支持性产业的成熟度、规模、整体活力，都对地域的产业竞争力造成影响。产业集聚可以大大提高企业的运作效率、推动技术创新。

合理的地域布局给企业带来的是巨大的运营成本的节约。根据原材料、供应商和顾客的地域分布性，对企业的生产制造基地、物流系统和渠道网络进行最优化配置，可以大大节省物流环节的成本。

一个成熟的地域布局，能够为企业带来竞争优势。以中粮集团为例，为了取得在色拉油市场的霸主地位，中粮集团斥巨资20亿元为福临门品牌在沿海一线由北向南重点布防，建立五大生产基地，充分显示了其精准的战略布局。沿海的这五家油脂工业公司，可实行一次性采购、沿途卸货，大大降低了原料成本。

3）股权布局。

通过时间和地域布局，企业构建起了自己的全价值链。企业可以通过兼并收购的股权布局，实现多元化扩张并迅速成长为巨型企业。

从本质上来说，并购其实就是实现战略布局的一种手段。战略性并购是以战略为导向的并购，即将并购行为作为企业实现战略的有机组成部分来看待，企业并购的目的不是实现投机性的收益，而是通过并购来获得或者强化企业的核心能力。

战略性并购可分为以下三大类型：

第一，产业整合型并购战略。这类并购以扩大某市场或细分市场的市场份额为目标，常见于处于强势地位的企业借此来提升对市场的控制能力和消灭或减少竞争对手。惠普公司与康柏公司的合并便是两个同一业务类型的公司的合并。这种合并活动在商界越来越频繁，如联想集团收购 IBM（国际商业机器公司）的 PC（个人计算机）业务，阿里巴巴收购雅虎中国等。

第二，产业扩张型并购战略。此类并购以整合产品链或高度相关的产业群为目标，通常分为前向一体化和后向一体化并购。前向一体化有助于企业实现对成本和质量的控制；后向一体化则可使企业加强对销售渠道和终端市场的控制。

第三，新产业构建型并购战略。此类并购以获得核心技术并由此发展新的产品或相关产业为目标。但前提是，并购所获得的核心技术或者资源是企业在新产业中建立竞争优势所必需具备的内容。

不论是产业整合型、产业扩张型还是新产业构建型并购战略，如果不能够产生协同效应，就没有完全实现其战略价值。协同，正是股权布局的意义所在。

以高盛集团（简称高盛）为例，报道称，2008 年下半年高盛斥资 2 亿~3 亿美元，在中国生猪养殖重点地区湖南、福建一口气全资收购了 10 余家专业养猪场。高盛为什么要养猪？难道中国没有更具投资价值的公司了？其实，早在 2004 年，高盛就开始布局中国农业市场。高盛在双汇最大的竞争对手雨润食品集团有限公司（简称雨润）持有 13% 的股权，并在雨润上市后持有股权 52.86%，处于绝对控股地位。随着中国养殖规模化、专业化的大举推进，已抓住了加工环节的高盛当然不会放弃向对市场和价格更有影响力的产业链的上游推进，这就不难解释高盛为什么会养猪了。

单从投资的角度来看，高盛落子生猪养殖业，不仅可以分散投资风险，还可以完善在中国的农业产业链上的投资，谋求更高的市场收益。由于国内生猪养殖业的集中度并不高，提前布局不仅可以降低进入成本，还有助于形成规模扩张的先发优势。更重要的是，农副产品的竞争已然是整条产业链的竞争，高盛推进上下游一体化的布局符合产业发展趋势。高盛投资生猪养殖业，是一种战略上的股权布局。

2. 集团总体战略规划

编制集团总体战略规划时，应对行业及其竞争态势，以及集团自身的竞争优劣势进行充分、翔实的分析，而且必须对与此战略相应的财务目标及资源需求做出尽量符合实际的预测。

（1）集团发展宏图及五年战略目标。

根据宏观环境和市场状况，依据现有信息进行分析和判断，并做出预估，然后结合企业文化及企业使命，做出未来五年的集团发展宏图和战略目标。

（2）宏观经济环境及行业发展分析及其对集团的影响。

1）今后五年集团所处行业的发展展望。

根据对宏观经济环境和经济发展速度的预测，对今后五年集团所处行业的发展状况进行预测。

① 市场需求和增长模式。对未来五年市场对集团产品的需求趋势及增长路径的预测。

② 原材料价格与产品价格趋势预测。对未来五年，原材料的价格趋势和公司产品的价格趋势进行预测。

③ 潜在技术革新及其影响。预测未来五年是否有可能出现技术革新，如果出现，其会对集团业务造成什么影响。

④ 潜在替代产品。预测未来五年是否会出现对集团产品造成威胁的替代产品。如果出现，会对集团业务造成什么影响。

2）宏观经济环境和行业发展将对集团造成的影响。

① 主要发展机会。宏观经济环境和行业发展为集团带来哪些潜在的发展机会？这些机会的价值有多大？

② 主要威胁。宏观经济环境和行业发展为集团带来哪些威胁？这些威胁对集团的影响有多大？

（3）集团现状分析。

集团现状分析主要是指对目前各个业务单元的基本情况进行细致的分析，同时要搞清楚各个业务单元在各自所处行业中的地位，即优势有哪些，劣势有哪些。也就是说，集团现状分析主要包括以下两个方面的内容：

① 各个业务单元的基本情况，如员工数量、生产规模及利润率等。

② 各个业务单元在所处行业内的地位及优势、劣势。将各个业务单元放在整个行业中去比较，看各个业务单元处在行业的什么位置。

（4）集团未来五年的战略目标。

集团未来五年的战略目标主要是指对集团未来五年的业务进行怎样的安排，要达到什么样的目标，而要实现这样的目标，需要通过哪些手段。

1）集团未来五年的业务重组。

① 放弃哪些产业。就是说，未来五年集团将从哪些产业中退出。

② 进入哪些新产业。在可行性分析的基础上，集团决定进入哪些新产业。

③ 各个业务单元的发展侧重点。未来五年，集团决定继续发展的各个业务单元的侧重点在哪里。

2）主要战略举措。

① 关、停、并、转时。在放弃哪些产业的选择中，采取什么样的战略举措？关、停、并、转时，使用哪些手段？

② 合资、兼并。采取什么样的方式进入新产业，是合资还是兼并？

（5）集团财务目标预测。

对于集团未来的财务状况，在综合各个业务单元的基础上，要做简单的财务目标预测。

① 总销售额预测。预测集团各个业务单元销售额的总和。

② 预测投资资本回报率（ROIC）。预测未来五年每年的投资资本回报率是多少，与同期其他行业的投资资本回报率相比，情况如何。

③ 敏感性分析。对于总销售额和投资资本回报率的预测，是在很多假设条件的基础上做出的。敏感性分析就是分析这些假设条件的变动会对总销售额和 ROIC 造成多大的影响。

（6）主要资源需求预测。

① 资本投资需求预测。根据未来五年集团业务的发展情况，预测需要多少资金，并拟通过什么方式进行融资。

② 人才需求预测。人力资源部门根据未来五年集团业务的发展情况，做出人才需求的预测。

3. 业务单元战略规划

（1）业务单元的发展宏图及五年战略目标。

1）业务单元的发展宏图。

集团的业务发展是企业的生命力所在。一旦集团业务停止发展，意味着其前途堪忧，在市场经济机制下尤其如此。市场竞争的法则是适者生存。市场需求的不断变化经常对企业提出新的要求，企业只有顺应市场的要求，不断开发新产品或提供新的服务，满足市场的需求，才能生存下去。因此，从某种意义上来说，集团要谋求发展，就必须认真研究市场，了解市场的需求及其发展变化趋势，从而确定企业的发展方向、目标和任务，制订企业的发展战略，为企业的持续发展奠定基础。同时，对于国家及地方性法规、政策也要有深入了解，从而规划出业务单元的发展宏图。这需要做好以下两个方面的工作：

一是做好对未来业务单元所处的运作空间中政府法规、竞争及经济环境的展望。这是指要分析清楚集团所经营的业务所处的活动空间的软环境因素。软环境因素包括市场因素和政府因素。

二是了解业务单元将参与的业务及其所涉及的地理范围。这是指集团业务单元编制发展宏图时要了解所经营业务所处的活动空间的硬环境，也就是说，业务活动所涉及的区域大小等地理环境。

在规划业务单元发展宏图时，信息来源主要包括以下三个方面：

第一，集团战略规划。这是指具体的业务单位发展规划必须服从于集团总的战略规划。当然，集团战略规划的制订也是在对集团业务把握的基础上做出的。

第二，业务单元战略规划。这是指整合各个业务单元的发展规划，在此基础上形成总的业务单元发展宏图。

第三，业务单元领导群访谈。业务单元领导群的访谈是规划业务单元发展宏图时的重要原始材料之一。

2）业务单元为实现发展宏图所制订的战略举措。

为了实现业务发展宏图，业务单元必须制订以下两个方面的战略举措：

一是自身的发展举措。业务单元发展宏图对每个业务单元都有相应的规定，因此每个业务单元都应有实现各自业务发展目标的举措。

二是相互之间的竞争举措。这是指各个业务单元相互之间的竞争举措，这些举措有助于各个业务单元有活力、有动力地发展起来，从而实现总的业务单元发展宏图。

在制订业务单位战略举措时，主要的信息来源有以下两个方面：

第一，业务单元领导群访谈。业务单元领导群的访谈是主要的信息来源。

第二，行业协会。他山之石，可以攻玉。来自行业协会的信息能够使集团业务单元发展宏图的战略举措博采众长，同时，行业协会也能够提供很多关于市场状况的有价值的信息，而这些正是制定战略举措的重要信息。

（2）宏观经济环境及行业发展分析及其对本业务单元的影响评估。

1）宏观经济环境发展变化趋势分析。

对宏观经济环境的分析主要包含以下四个方面的内容：

① 未来五年经济发展速度和水平对行业发展的影响及对本业务单元的影响。

② 本业务单元产品的市场需求预测。

③ 本业务单元产品的需求结构分析。

④ 未来五年内可能的技术变革及其对本业务单元的影响。

2）未来五年行业发展分析。

行业发展分析主要从以下几个方面进行：

第一，行业特征分析。

① 行业内市场参与者数量及各自的市场占有率。本业务单元所处的行业内市场参与者的数量、各自的规模及市场占有率。

② 产品库存量和生产量趋势。目前该产品的库存量以及生产量的走向。

③ 未来五年内的生产能力预测。

④ 进口产品威胁。进口产品对本业务单元所处市场的影响。

第二，行业平衡预测。

① 行业内生产能力利用情况预测。

② 未来五年可能产生的行业突变及其可能对本业务单元产生的影响。

第三，行业业绩预测。

① 行业的整体发展情况。行业的总体业绩与平均利润水平。

② 行业利润率的分布状况。行业内各企业的利润率分布状况，如最大值、最小值与中值等。

3）宏观经济环境和行业发展将对本业务单元造成的影响。

未来五年，宏观经济环境和行业的发展将会对本业务单元造成以下影响：

第一，创造的主要机会。

① 潜在的正向及逆向整合机会。宏观经济环境和行业的发展可能使集团本业务单元的规模通过整合扩大。

② 这些机会创造价值的潜力。这些机会能够创造的价值，主要包括财务价值、市场美誉度价值、市场控制力价值等有形或无形的价值。

第二，造成的主要威胁。

① 投资需求。宏观经济环境和行业的发展可能对本业务单元的投资需求产生影响。

② 政府政策控制。政府政策可能出现的变动对本业务单元造成影响。

③ 区域基础设施造成的进入壁垒。

(3) 本业务单元的现状分析。

1) 本业务单元近年业绩分析。

① 技术水平分析。

A. 研究开发投入分析。包括分析本业务单元的研究开发投入绝对值及其占销售额的比例。

B. 与竞争对手技术水平的比较分析。包括与国内外竞争对手进行技术水平的全方位比较。

② 政策影响力分析。

A. 对政府行业政策的影响力分析。分析本业务单元对政府行业政策是否会产生影响力及影响力的大小。

B. 与当地政府的合作关系分析。分析本业务单元与业务所涉及区域的地方政府的合作关系是否良好。

③ 市场渗透开拓能力分析。

A. 市场占有率分析。分析本业务单元市场占有率的大小。

B. 市场的营销网络分析。分析本业务单元的营销网络是否完善，规模大小是否合适。

C. 与客户的关系评估。分析本业务单元与客户的关系及客户的忠诚度。

④ 生产水平分析。

A. 目前的生产效率分析。分析本业务单元的生产效率的绝对值，以及本业务单元与行业竞争者的生产效率的对比分析。

B. 生产成本优势的分析。分析本业务单元在生产成本方面是否具有优势。

⑤ 综合能力评估。

A. 融资能力评估。评估本业务单元对业务的开发及拓展的融资能力。

B. 领导能力评估。评估本业务单元在行业内的领导能力。

C. 资产组合的管理水平评估。评估本业务单元对业务单元内的各资产组合是否能有效管理。

2）本业务单元的主要竞争情况分析。

① 行业成功关键因素分析。

A. 行业成功的关键因素及本业务单元进入该行业后的相对优劣势分析。

B. 现有主要参与者在这些成功关键因素上的优劣势分析。

C. 联盟及合资的必要性分析。

② 本业务单元进入行业后的竞争力分析。

A. 本业务单元的成本竞争力分析。

B. 本业务单元对付竞争对手的报复性措施的能力分析。

（4）本业务单元面临的主要竞争对手分析。

1）和本业务单元相比，竞争对手近几年的业绩表现如何。了解行业中最主要的竞争对手近三年的业绩表现，竞争对手的规模、利润率和增长情况，并将其业绩与本业务单元的进行比较。

2）竞争对手在未来五年可能采取的战略举措。根据现有的各种信息进行分析，明确主要的竞争对手未来五年可能会采取哪些战略举措，并列出各种战略举措的可能性。

3）竞争对手可能采取的战略举措对本业务单元的潜在威胁。根据所预测的竞争对手的战略举措，分析这些举措将对本业务单元造成什么样的影响。

（5）本业务单元未来五年的战略规划。

1）本业务单元未来五年将在哪些市场参与竞争。

① 地理位置。明确在哪些区域开展业务。

② 产品定位。明确本业务单元的产品定位是什么。

③ 业务模型。明确本业务单元最主要的业务的盈利模式是什么。

2）本业务单元如何竞争：主要竞争手段。

① 主要战略举措。未来五年，本业务单元面对市场竞争者的主要战略举措。

② 市场扩张规划。本业务单元的市场扩张战略是什么？是否扩张？怎样扩张？

③ 新客户的获得、新渠道的建立。新客户的获得、新渠道的建立的规划。

（6）本业务单元未来五年的经营及财务目标预测。

① 主要增长点预测。主要增长点的预测包括对区域市场增长点的预测和对产品增长点的预测。

② 未来五年总销售额的预测。

③ 未来五年市场占有份额走势的预测。

④ 未来五年投资资本回报率的预测。

⑤ 敏感性分析。总销售额、市场占有份额、投资资本回报率的预测都是在一定的假设条件基础上进行的，需要考虑假设条件的变动对这些财务指标的影响。

（7）实现业务单元战略规划目标的主要资源需求预测。

1）资本投资需求预测。

① 固定资产投资资金需求预测。

② 预测的融资计划及成本。

③ 各种融资渠道及方案的吸引力评价。

④ 揭示可能导致资本需求变化的情形及条件。

⑤ 投资计划实施的时间建议。

2）人才及其他资源需求预测。

① 技术需求及研发计划。

② 人力资源需求预测。

③ 其他资源，如外部咨询、集团管理层时间、项目领导人才及行政支持等方面的需求预测。

④ 其他资源的成本预测。

案例6：《某公司“十三五”发展规划》①

前　言

“十三五”时期（2016—2020 年）是公司实现管理提升、改革创新、转型升级的重点发展时期，准确把握“十三五”时期的国内外政治、经济形势和行业发展趋势，对统筹规划今后五年的工作任务意义重大。本规划深入贯彻落实了党的十八大和十八届三中、四中、五中全会及集团公司“十三五”战略规划的精神和要求，明确了企业“十三五”时期方向性、整体性、全局性的战略定位、发展思路、发展目标、保障措施等内容，是“十三五”时期公司发展的纲领性文件。

第一章　发展基础

“十二五”时期，是企业快速转型壮大并实现跨越发展的关键阶段和重要时期。公司紧紧围绕股份公司发展战略、“十二五”发展规划及集团公司制定的“三步走”战略部署，深入推进产业结构、业务结构调整，细

① 百度文库．公司“十三五”发展规划［EB/OL］．（2017－11－06）［2018－03－06］．https：//wenku. baidu. com/view/d57b9367366baf1ffc4ffe4733687e21ae45ff47. html.（为保护企业数据，隐去了部分关键信息，略有改动）

化管理责任机制，加快科技创新前进步伐，坚持三个市场齐头并进，实现产业链无缝对接，公司社会影响力、竞争力得以大幅提升。

1. 经济指标稳增长

2015 年各项任务目标的胜利完成，为实现企业“十二五”发展目标画上圆满句号。五年来，累计新签合同额 15.5 亿元，实现营业收入 12.6 亿元，年平均增长率分别达到 42.30% 和 30.67%。公司总资产、净货币资金存量分别由期初的 4.11 亿元和 9255.20 万元增长到 6.40 亿元和 1.13 亿元，年平均增长率分别达到 9.27% 和 3.86%。“十二五”期末和期初相比，各项经济指标实现大幅增长，一年一个小台阶，五年实现大跨越。

2. 战略布局促发展

“十二五”期间，公司以科学发展观为指导，紧密结合集团公司制定的“三步走”战略部署，以及《集团公司“十二五”发展规划》战略纲要，坚持“稳中求进”的总基调和“求好、求快、求实”的总要求，以改革创新为动力，以做强做大为重点，以求真务实为抓手，着力处理开拓经营与防范风险、做强优势与补好短板、立足当前与谋划长远的关系，深度转型升级，加快培育长期竞争优势。按照战略布局，积极推进各项工作，不断取得新进展、新成绩，培育了以高速××零部件产品、××为核心产品的制造业务，发展了××零部件产品设计、检验检测业务；大力实施“走出去”战略，拓展海外业务；稳步推进××、××产品的研发，扩大市场份额；策划承接外部试验业务，逐步构建试验业务报价体系。

3. 自主创新上台阶

近年来，公司持续加强与中国铁道科学研究院（简称铁科院）、国家铁路产品质量监督检验中心、北京有色金属研究院等相关科研院所进行产学研合作，积极引进和采用先进技术和标准，不断提升科研开发能力，缩短与国际先进技术水平的差距，占领技术制高点。公司先后被认定为“国家高新技术企业”“省工程技术研究中心”“江苏省研究生企业工作站”。近年来，公司加大了研发投入，不断进行产品创新和工艺创新，将技术优势转变为经济优势、竞争优势。目前，公司共获得专利54项，其中40项为实用新型专利，14项为外观专利。近三年，公司累计研发项目达6项，其中成功研制开发的产品被认定为市高新技术产品，各项技术参数都符合或超过了用户的使用要求，得到了用户的充分肯定。公司注重先进技术的运用、消化和吸收，攻克××、××市场准入壁垒，解决多项关键技术难题，形成了具有公司自身特色的技术路线，奠定了企业在××零部件产品生产制造行业的地位。

4. 市场开拓创新高

牢固树立大营销理念，进一步强化经营工作的龙头地位，积极构建区域经营网络，深入实施深度经营、滚动经营，大力加速国际化进程，努力开拓高速××、城市轨道交通等新领域、新市场，市场经营工作成效显著。五年来，公司抓住大规模××建设历史机遇，为京石武、宁杭等一大批××、客运专线项目供应优质产品，这标志着公司已经在高速××市场方面，全面打响了品牌、树立了口碑；抢抓城市轨道交通建设机遇，相继进入武汉××等市场，实现了××市场零突破，为公司大举进军××市场打开局面；顺利取得埃塞俄比亚、吉布提国外项目，产品走出了国门，走向了世界。至此，公司在海外市场全面开花，产业链实现无缝对接，公司社会影响力、竞争力得以大幅提升。

5. 管理水平显成效

公司秉承以人为本、创新发展的企业管理方针，积极探索制度化、科学化的管理方法，运用先进的办公自动化系统、专业的ERP（企业资源计划）管理系统，降成本、提效率，大大减少资金、物料、产品周转周期，持续不断地推动企业健康、快速、和谐发展。自2012年导入卓越绩效模式以来，公司经过长期的探索与实践，不断借鉴国内外先进管理经验、方法和理论，按照标准化、规模化、产业化的发展要求，在产业园建立起一整套适应工厂运转的现代化企业运行管理机制，理顺了“经营是龙头、质量是生命、技术是核心、资金是血液、服务是保障、质量是根本、效益是源泉”的管理逻辑，建立了“经营销售、合同评审、生产供货、资金回收、售后服务”一条龙的管理链条，职责分明，运转顺畅，保障有力。公司在基础建设、队伍建设、科技创新、精益化管理、风险管控等方面显著加强，核心竞争力明显提升，思想政治工作、党群工作、企业文化建设围绕中心，服务大局，凝聚人心，公司充满生机和活力。

6. 存在的不足

“十二五”的成绩来之不易，公司在探索中前进：从厂房规划建设、设备安装调试、技术引进吸收到产品跨出国门、走向海外市场；从产品结构单一到多元化产品；从自动化生产到智能化生产，年生产量高达1000余万套（件）。公司的发展思路和建设方向得到了一步步验证，各项举措得到了有效推行，管理团队和职工队伍经受了严峻考验。

当前，我国经济发展进入新常态，既为企业改革发展提供了新动力和新机遇，也给企业带来了新困难和新问题。产业市场竞争依旧激烈，产业结构调整对企业发展的影响更加明显，机遇与挑战并存。面对内外部环境的不断变化，公司还存在以下不足：

（1）体制机制改革不彻底。

2011年6月，公司经过股权调整，实现了集团公司生产经营全面管理，从此管理体制和经营机制发生了很大变化，极大地激发了公司活力和竞争力，经过五年的努力，在市场开拓、内部管控、稳定产能和提升品质等方面取得了长足发展。由于目前公司仍是合资公司，股东之间经营思路、管理理念不同，分歧较大，形不成合力，许多问题未能得到及时有效解决，影响了公司可持续发展，需要进一步解决体制、机制和历史遗留问题。

（2）产业结构布局不均衡。

公司产品市场主要集中在高速××零部件上，在城市轨道交通产品及××市场、对外技术检测试验服务方面业务量较少，市场占有率低，产业链条不够完善，布局不均衡制约产业发展质量和发展速度。

（3）企业转型升级需推进。

当前，公司以生产制造为主，在研发设计、产品服务等价值链高端环节的发展较为滞后，总体上处于价值链中低端，属于典型的生产型制造，迫切需要通过发展服务型制造来促进产业转型升级，增加产品附加值。

（4）市场业务拓展需加快。

国内经济形势日益严峻，××市场面临巨大的不确定性，公司发展对局内××项目依赖度偏高，局外项目及海外市场占有率偏低。公司进入××市场较晚，业务覆盖不全，严重影响招投标工作。面对大好的城市轨道交通发展态势，××产品供货业绩的局限性越来越明显，这就导致公司在新一轮的市场竞争中，存在较大的短板，需要加快拓展市场业务。

（5）自主创新能力需提高。

一是技术创新能力不够。新品研发进度较慢，产品更新换代滞后。前期，公司已经针对××市场开展了多项新品研发试制，并取得了一定的成绩；但是，产品系列在短时间内还是无法快速完善。二是营销创新能力欠缺。目前，如何掌握二次经营能力，是取得更多经营业绩的必要手段。还须进一步通过规划研究、设计源头、在建项目等领域来引领经营，通过产业链协同来推进经营，通过联合投标来扩大经营。

（6）成本管控能力不够强。

一是由于前期合资公司管理不善等问题，各项管理成本、财务成本均偏高，在一定程度上提高了产品成本，盈利水平与同行业企业相比不够高。因此，公司要加强成本控制意识，加强成本管控力度，继续降低成本，提高市场竞争力。二是项目成本管控有待进一步深化。指标不明确、措施不完善、责任不落实等现象仍然存在，各项目横向比较差异较大：部分项目由于项目全过程筹划、协调、汇报得当，项目进展较为顺利；而部分项目却存在批量更改已下订单以及退货现象，给公司造成了较大的经济损失。三是质量成本控制还须大力加强，公司有较为完善的质量管控制度，但执行过程中仍有偏差，过去的时间里，发生了多起质量事故，各级管理人员应不断反思并在今后的工作中努力加以规避。

（7）专业人才储备不充足。

公司正处于转型升级的过渡时期，高端专业技术人员、科研人员、管理人员和一线高技能员工的数量尚不能满足公司的发展需要。现有高级人才队伍不够稳定，流动性较大。近两年，公司引进了一批大学毕业生，并进行了有针对性地培训和培养，然而因为各方面的因素，当前的人才队伍仍然处于动荡期，在一定程度上仍然存在流动频繁的现象。中心研发人员、业务人员平均工作时间为两三年，经验不足，这在一定程度上制约了公司的发展。

第二章　发展环境分析

1. 市场环境分析

当前，在国际方面，我国政府在全球范围内力推的以××为代表的高端装备走出去战略和“一带一路”倡议，以及全球各大经济体普遍推行的投资拉动策略，成为我们走出国门、搏击海外大市场的绝佳时机。在国内方面，合理调整投资方向、多元引入投资主体、适度加大投资规模，保持投资对经济发展的牵引作用，仍是推动国内经济发展的基本方针。新型城镇化建设、区域经济一体化建设、自由贸易区建设、完善城市功能建设等都将产生巨大投资需求，××、城市轨道交通等领域的投资仍将保持高位。××方面，未来五年将有 100 多个项目 8000 多千米线路建成投产、60 多个项目 1 万亿元投资开工建设。城市轨道建设方面，各一线城市建设不断增加，其他城市如石家庄、徐州等多个城市都将全面展开××的建设。面对这些发展的大好形势，公司必须抓住机遇，深化改革谋新局，强化管理促发展。

（1）××市场分析。

“十三五”期间，××投资将继续保持增长势头，新建××不低于 2.3 万千米，总投资不低于 2.8 万亿元，××市场仍大有可为。

（2）城市轨道交通建设市场分析。

“十三五”期间，城市轨道交通需求大增。轨道交通建设作为提振地方经济的重要手段，“十三五”时期计划每年完成 500 千米的建设任务，到 2020 年将有 50 个城市运营轨道交通，并且主要市场集中在集团公司的优势区域，投资规模大。

（3）海外市场分析。

“十三五”期间，海外市场机遇难得、机会凸显。“一带一路”倡议将深入实施，泰国、柬埔寨及东南亚地区的××项目将逐步启动，“走出去”时机已经成熟，市场前景广阔。

（4）关联业务分析。

“十三五”期间，电信网络、信息化、互联网、大数据干线通道等升级扩容，××智能化应用系统的普及、新能源技术的创新与推广等关联业务快速发展。公司要抓住机遇，快速取得代理产品业务资质，扩大企业经营业务范围，形成新的盈利增长点。

2. 同行业对标分析

当前，国内能生产××零部件的厂家主要有以下几家，它们是公司的主要竞争对手：

（1）××有限公司。

××有限公司地处国家级高新技术产业开发区，是隶属××集团的国有中型企业。1996年进入城市××领域，累计供应了占总需求量90%以上的供电金具。产品曾批量出口中国香港地区及伊朗、乌兹别克斯坦等国家。产品涵盖常速、高速及客运专线××零部件、钢柱、电力金具、变电器材和施工工具，以及××交通用供电金具、钢铝复合轨、汇流排、感应板、避雷器等，共计2000多个品种，5000多种规格。年生产能力可满足4000千米××和300千米××交通所需的全套××器材和供电金具。

（2）××器材有限公司。

该公司成立于2007年2月8日，坐落在北京亦庄经济技术开发区，企业注册资金5000万元，是由××器材有限责任公司、日本三和铁轨株式会社、中国土木工程集团有限公司三家大型企业共同出资设立的中外合资企业。

目前，宝鸡保德利电气设备有限责任公司（简称宝鸡保德利公司）、汉和飞轮（北京）电气化器材有限公司（简称汉和飞轮公司）拥有高寒地带、沿海大风区段日系结构××零部件的全套运行业绩。按照目前的客运专线市场占有率来看，宝鸡保德利公司约占50%的市场份额，汉和飞轮公司约占10%的市场份额，本公司约占40%的市场份额。

3. 核心竞争力分析

（1）政策优势。

作为集团控股组建的合资公司，凭借集团雄厚的××系统集成能力，公司具有其他同类企业无法比拟的政策优势，具有更好的发展平台。在海外经营、城市轨道等市场领域，股份公司下属公司，能给我们提供大量支持和帮助。在资质办理、产品认定等方面，××各级主管部门也体现出了信任和关心。同时，地方政府也对公司十分关注、关心，省市各级领导经常来公司参观调研，优惠政策向公司倾斜，把公司作为区域内××产业重点企业加以宣传推广，为公司在当地营造了宽松的发展环境。

（2）品牌优势。

由于产品质量优、性价比合理、售后服务好，公司与客户建立了良好的合作关系，各××公司和业内单位对公司的产品几乎都给予了高度认可，送国家铁路产品质量监督检验中心的抽样产品合格率达 100%。

（3）规模优势。

公司占地面积××平方米，总建筑面积××平方米，是生产高速××零部件、轨道交通器材、××的专业企业，是长三角地区，乃至华东地区规模最大、产品规格最全、最富有竞争力的企业之一。工艺成熟、技术先进，具有较强的产品开发创新、生产制造能力。公司实验室配备专业的检测人员，具有较完善的产品检测能力。公司注重生产全过程的控制，建立了从原材料入厂到生产过程的半成品再到成品的合格检验完整体系，确保产品出厂合格率达 100%。公司主要产品均被国家××局认定为合格产品，且获得了产品检验合格报告和使用许可证书及 CRCC（铁路产品认证管理委员会暨中铁铁路产品认证中心）认证证书。公司产品通过了三体系认证，多次在省同行业质量评比中被评为优质产品，荣获××省质量技术监督局颁发的“产品质量合格证书”，至今保持××省、市两级政府授予的“守合同，重信用”的荣誉称号，并被列为“重点保护企业”。

（4）技术优势。

从技术能力方面分析，公司引进了××公司的整套生产制造技术，××公司引进的是德国 BB 公司的技术和日本三和铁轨株式会社的技术，原型技术水平相当。公司通过技术的消化吸收和再创新，产品通过了国家××局质量监督检测中心的各项试验，并通过了××公司按照德国标准进行的各项试验。

从目前的工艺装备水平来看，公司装备了锻造生产线、铸造生产线、金加工生产线、模具生产线及配套钢结构生产线，建成了专业化试验室，装备了光谱试验室、机械性能试验室、疲劳试验台、三坐标测量试验室、振动试验场、电性能试验室，其测试能力涵盖了××零部件产品的各项测试要求，试验室取得了国家级试验室认证，满足对外开展检验检测要求。

第三章　战略规划与发展目标

1. 指导思想

坚持科学发展观，主动适应经济发展新常态，坚持以稳中求进为总基调，以提质增效为第一要务，抢抓新机遇、谋求新发展，强化执行、狠抓落实，大力推进管理提升，创造新的增长点，增强企业活力；坚持改革创新，坚持转型升级，坚持依法治企。

2. 发展思路

公司以科学发展观为指导，紧密结合集团公司“十三五”企业发展指导思想，加快城市轨道交通、产品检验检测市场的开发，整合优势资源，争取政策扶持，增加科研投入，强化市场主导地位，快速提升企业科技创新能力和市场竞争能力，构建以产业为主导、企业为主体、市场为龙头、集团公司为依托、产学研相结合的现代化企业。

未来五年，公司要抓住“三个市场”，即××市场、××路外市场和海外市场。重点抓好××市场，深度开发××路外市场，大力开拓海外市场。做好“四个业务”，即××产品生产业务、××产品研发业务、产品检验检测业务、产品代理销售业务。

3. 发展目标

（1）主要经济指标。

主要经济指标如表2－6所示。

表 2－6　主要经济指标

年份	新签合同（亿元）	营业收入（亿元）	净利润（亿元）
2016			
2017			
2018			
2019			
2020			
合计			

（2）产业发展方向。

针对公司市场经营情况及未来的发展，公司的产品市场定位为以××产品市场为主；加快开发××路外市场产品；逐步打开对外产品检验检测市场；取得产品代理资质开展代理业务。未来，路内市场××建设速度放缓风险加大，公司在注重××市场的同时，也要重视普通铁路市场。路外市场以××为主，开发××产品。积极发展对外产品检验检测和产品代理业务，为公司发展营造新的增长点，确保 2016 年实现检验检测市场突破，2017 年取得产品代理资质。

（3）新产品研发。

在技术创新方面，积极研发新材料、研究产品新性能。与各大设计院沟通，开展技术经营，从设计源头开始，让受众接受公司的产品和设计。

针对××市场，加强技术力量投入，尽快研制出适用范围广、真正适合国内××等领域的产品。

（4）实验室建设。

加快建设计量室，尽快取得认证，使之成为能与国家级实验室配套的计量机构，提高公司的对外实验能力和创效能力。

第四章　保障措施

1. 抢占市场

作为××生产企业，稳固路内市场永远是重中之重，公司要充分依托优势资源，深入经营，建立完善的产品营销网络和跟踪承揽责任体系，明确各级营销人员的责任分工和奖惩机制。全面开发××产品市场，以局内市场为基础，大力开发路内市场；以国家××建设为契机，开发路外市场；以××为起点，开发海外市场。未来五年，逐步形成完善的市场营销网络，提高产品的市场占有率。在与同类公司博弈的同时，积极学习、吸收对方的优势，缩小差距，增强自身竞争能力。在××市场，提高公司知名度，确保中标率。要有针对性地制订相应的营销策略，确保市场占有率达到××以上。局内市场，在保证供货的前提下，尽全力保证目标中标率。海外市场，依托股份公司、集团公司的海外市场优势，借助××公司的海外影响力，结合××项目经验与业绩，尽快将产品推出国门、推向世界。

2. 增加产能

不断优化管理、提高生产能力，坚持质量保障措施，加快技术改进、优化、创效能力。大力开发优秀的外协厂商，努力将别人的优势资源，最大限度地转化为自身的生产能力，从根本上提高现有的生产能力，适应公司的健康快速可持续发展的要求。

3. 储备人才

公司仍然缺乏高级专业技术人才。为了适应健康快速发展的要求，必须引进、培养各类专业人才。既要实现既定的生产经营目标，也要将高级人才数量发展到一定规模。要加强培训力度，使现有人员尽快适应公司的前进步伐。通过内部培训与培训委外相结合的方式，持续不断地组织各类培训，提高人员素质，满足发展需求。在培训的基础上，结合公司情况，与各大专业院校保持良好的合作关系，持续引进专业对口、可塑性强的大学毕业生，为公司发展不断输入新鲜血液。通过集团公司、当地政府和各种社会关系，引进一部分××专业技术过硬的技术、营销、管理人才，来充实公司的队伍。通过以上方式，最终实现老中青互相配合、高中低有效协作的可持续发展目标。

4. 科技创新

把技术创新作为核心竞争力，进一步对研发机构的组织结构、研发项目的设置程序、项目过程的规范管理、项目经费的合理使用、项目人员的选拔培养、科研成果的转移转化、科研工作的考核考评及激励机制的建立完善等多方面内容进行规范和创新，通过科学的、制度化的管理，提高管理层次和效率，形成完善的、有利于技术创新和科技成果迅速转化的运行机制。加快××试验室、××的建设，不断开展高新科技企业申报工作，组织申报各级科技创新奖项，加大专利产品的申报力度，增加××产品的发明专利。用科技推动发展、用创新创造效益。

5. 狠抓成本

要统一思想，提高认识，狠抓成本管理工作的落实。高度重视责任成本管理工作，从广度、深度上加以开展责任成本管理。在广度上，所有部门都必须纳入成本管理范畴。在深度上，成本管理必须分解到位，形成成本终极负责制，同时加大考核奖罚力度，将责任人的绩效与分解的任务完成情况挂钩，充分调动员工的成本管理积极性。各生产相关职能人员责任明确，实行归口控制。

6. 确保安全、质量

安全工作要形成常态化、精细化管理。在生产安全、人身安全、设备安全、资产安全等一系列工作上形成全方位、立体式的管理模式。及时排查、有效清理，将可能发生的安全隐患及时掌握在可控范围之内，时刻做到“未雨绸缪、防患未然”。

质量管理要形成“四化”，即产品检测科学化、工艺流程标准化、员工培训制度化、全面管理常态化，严格把控原材料进货关、工艺工法关、出厂检验关、客户回馈关。确保在紧张的生产工作中，杜绝安全事故、质量事故的发生，为公司的健康和谐发展提供强有力的保障。

7. 文化建设

企业文化建设是一项系统工程，是企业发展必不可少的法宝。公司在今后的发展中，要从管理思想、管理方式、管理理论、群体意识等方面构建文化风格，并将企业的价值观、企业精神、生产经营理念和行为规范渗透到各个领域。用文化凝聚员工，用文化形成企业竞争力，用文化打造品牌。切实聚焦以××零部件为主打产品的发展战略，集中优势资源，做精做专，做强做优，树立起品牌效应，保证在激烈的市场竞争中立于不败之地。

8. 加强党建工作

加快党工团组织的建设步伐，在完善组织机构的同时，充分发挥党工团的组织作用，坚持发挥以职工代表大会（简称职代会）、企务公开发布会为重点的职工民主管理、民主监督作用。以维护员工利益为出发点，做好员工民主管理权益工作，做好得人心、暖人心、稳人心的工作。积极开展思想教育，统一思想，提高员工思想认识，引导广大员工，尤其是青年员工树立正确的人生观、价值观，增强主人翁意识，培养爱岗敬业、拼搏奉献精神，共同推动公司又好又快发展。

“十三五”时期，是国家发展战略和经济全球化深入发展的重要机遇期。研判形势，展望未来，谋篇规划，公司经营管理的各项目标任务已经确定，实现这些目标，是一个解放思想、更新观念的过程，也是一个锐意进取、团结拼搏的过程，更是一个破解难题、争创一流的过程。要实现这些目标，需要振奋精神，需要凝聚力量，更需要所有员工同舟共济，在集团公司的领导下，在公司总发展战略与"十三五"规划的指导下，以高度的历史责任感、强烈的事业心和紧迫感，抓住机遇，迎接挑战，立足于新起点，开创新局面，再创新辉煌！

下　篇

地区及企业“十四五”规划编制工作安排

一、地区“十四五”规划的编制工作安排

（一）时间安排

地区“十四五”规划的编制工作大体分为以下四个阶段：

第一阶段：准备和前期调研阶段。

这一阶段需要完成三个方面的前期工作。一是重大课题研究。通过多方案选择筛选，完成一批“十四五”重大前期研究课题，在此基础上研究提出“十四五”规划的基本思路。二是规划程序和方法的确定。根据国家和省市等上级的总体部署，起草并出台《××地区“十四五”规划编制工作方案》，为“十四五”规划编制工作建章立制。三是“十四五”规划编制培训工作。聘请规划编制相关领导和相关领域的专家讲课，组织规划编制相关单位开座谈会。

第二阶段：总体思路和基本框架形成阶段。

通过前期的调研工作，并根据规划编制相关领导与相关领域专家的意见，进一步厘清“十四五”规划的基本思路，明确重点领域。策划重大项目，筹备建立“十四五”重大项目库。研究提出“十四五”总体规划、专项规划和区域规划的基本思路，征求各部门对规划基本思路的意见和建议，组织专家对基本思路进行论证，完善基本思路，听取人大代表和政协委员对总体规划思路的意见和建议，形成纲要征求意见稿。

第三阶段：规划建议和纲要框架起草阶段。

完成各专项规划和区域规划的起草和编制工作。在形成“十四五”规划基本思路的基础上，配合“十四五”规划建议起草小组做好调研工作，集中研究起草“十四五”规划纲要基本框架，并形成规划草案，同时征求

社会各界意见，做好各类规划之间的衔接工作。

第四阶段：规划纲要（草案）形成与通过阶段。

在地区人民政府的领导下，按照关于“十四五”规划编制工作的建议，完成“十四五”规划纲要（草案）的编制起草工作，并组织各方进行咨询论证，经地区人民政府审查后，提交地区人民代表大会批准，通过后向社会正式公布。同时完成专项规划、区域规划的编制，报地区人民政府审定公布。

（二）组织保障

1. “十四五”规划编制领导小组

领导小组全面负责领导规划的制定与推动工作；定期听取规划起草工作小组的汇报，提出意见建议；对规划制定中的重大问题进行讨论、决策，领导并推进各项任务的完成。

2. “十四五”规划工作小组

总体规划、专项规划责任部门和相关单位分别成立规划编制工作小组，全面负责规划的起草工作；广泛征集社会各界人士对规划起草工作的意见和建议并组织进行论证；及时发现并向领导小组汇报起草过程中遇到的困难和问题。各单位、各部门要根据“十四五”规划编制工作的总体安排，密切配合、积极参与相关专题的深入研究并提供资料。

工作小组下设办公室，负责处理规划编制的日常工作。

3. 专家咨询组

专家咨询组由相关领导与相关领域的专业人士组成，为规划编制提供咨询与指导，负责规划的全面论证。

（三）主要任务

1. 开展重大问题研究

加强发展环境分析，充分吸收近年来国家、省（市）出台的一系列重大决策和形成的研究成果，重点围绕“十四五”时期本地区的发展环境、思路和目标、结构调整优化、产业培育和布局、城乡统筹发展、基础设施建设、生态文明建设、社会事业发展、民计民生改善、重点领域改革等重大问题开展前瞻性研究，为规划编制提供支撑。此项工作由国家、省（市）发改委统筹安排，各研究课题责任单位按照任务安排认真做好相关工作。

2. 起草“十四五”规划纲要草案

“十四五”发展规划纲要是综合性、纲领性和战略性的规划，是编制专项规划、区域规划及制订各项经济发展措施和年度计划的依据。地区“十四五”规划纲要草案由市政府提出、市人大审议批准。起草工作由国家、省（市）发改委牵头，有关部门参与。

3. 编制专项规划

专项规划是指以国民经济和社会发展的特定领域为对象编制的规划，是指导该领域发展改革及审批、核准重大项目和安排政府投资、引导社会资本投向的依据。此项工作由市发改委统筹安排，市有关部门具体承担相关专项规划编制工作。

4. 编制区域规划

区域规划是以跨行政区划的特定区域的国民经济和社会发展为对象编制的规划，是总体规划在特定区域的细化和落实。各区域总体规划由各区管理委员会（简称管委会）提出，由市发改委组织专家审议，转报市政府审批。各开发区（园区）发展规划的编制，要符合市“十四五”规划的总体要求，并与全市重点专项规划等相关规划相衔接。

5. 编制县（市、区）“十四五”规划

各县（市、区）“十四五”规划由各县（市、区）政府提出，同级人大审议批准，报市发改委备案。各县（市、区）规划要符合全市“十四五”规划的总体要求，并与重点专项等规划相衔接。各县（市、区）发展改革部门要在规划经本级政府审定前，就相关支柱产业、跨地区重大基础设施建设项目和布局、重要资源开发项目及其他对全市经济社会发展有重要影响的规划内容，与市发改委及有关行业主管部门进行座谈。开展“多规合一”试点的县（市、区）应按照相关要求全面做好规划编制工作。

6. 重大支撑项目谋划衔接

高度重视项目在落实“十四五”规划中的根本支撑作用，做好重大项目的超前谋划和衔接工作。密切跟踪省政府政策导向，深入研究领域、行业发展趋势，认真谋划重大项目，为规划的编制和实施提供有力支撑。进一步加强与省政府相关部门的联系和对接，争取将更多的项目纳入全省层面的规划范围内。建议各县（市、区）、开发区（园区）、市相关部门积极引导、帮助骨干及重点培育企业编制“十四五”发展规划，明确发展思路，延伸产业链条，加快产业转型升级。

（四）主要职责

1. 领导小组职责

（1）统筹协调“十四五”规划和各专项规划编制的前期研究工作。

（2）明确各成员单位的职责分工，督促检查各成员单位的工作推进情况。

（3）不定期召开会议，对地区“十四五”规划编制的前期研究工作进行安排部署，协调解决前期研究衔接过程中的重大问题。

2. 领导小组办公室职责

（1）组织开展“十四五”规划编制的前期调查研究工作。

（2）负责领导小组有关会议的筹备及各成员单位的日常协调、统筹工作。

（3）协调由县一级权力机关直接管辖的部门（简称县直部门），加强与省市的衔接联系，及时掌握国家和省市的政策导向和工作动态。

（4）及时通报前期研究进展情况及阶段性成果，发现重大问题后及时报请领导小组研究解决。

（5）协调落实规划编制智库专家和研究团队的专题调研、咨询评审等工作。

（6）协调落实领导小组交办的其他工作。

（五）机制保障

1. 加强领导，精心组织

成立高规格“十四五”规划编制领导小组，领导小组具体负责规划编制工作的组织协调与督导。组建规划编制工作小组，并从相关单位抽调精兵强将，组建专门的工作班子，加快形成牵头部门统筹协调、参与部门密切配合的工作机制。下属相关单位要尽快建立相应的工作机构，切实加强对规划编制工作的领导。各单位的主要领导要全面统筹，狠抓落实，及时了解编制工作的进展情况，解决编制工作中遇到的困难与问题，确保整个编制工作有序推进。

2. 加强衔接，协同推进

各部门要从大局出发，全力支持、参与“十四五”规划编制工作。牵头部门要切实承担起规划编制的协调、组织、督查职责，与上级部门做好衔接，并加强对各部门在政策信息、发展布局上的指导。其他部门要按照分工要求，找准工作定位，发挥自身优势，积极做好本行业、本领域的编制工作。要认真抓好重大研究课题和部门专项规划的落实，确保规划编制工作有序进行。

3. 加强沟通，集思广益

要紧紧抓住规划编制的重点领域和关键环节，坚持科学引领，强化规划深度，规范编制程序，切实提高编制工作的科学性、前瞻性和可操作性。各部门要高度重视提高"十四五"规划编制工作的透明度和社会参与度。有关经济部门上报重要数据时，一定要树立超前意识，把情况摸准，把数字测算得更科学、更充分。要加强与省、市政府及相关部门的衔接，有的项目还要加强与国家发改委及相关部门的衔接。

（六）资金保障

在资金保障方面，应该借鉴"十三五"规划的资金使用情况，合理确定预算金额，从而为规划工作提供资金保障。

地区财政要通过预算列支或专项补助等形式确定"十四五"各项规划的所需经费，确保规划编制工作顺利开展。

案例7:《成都市"十三五"文化产业发展规划》[①]

根据中共成都市委《关于制定国民经济和社会发展第十三个五年规划的建议》精神和成都市十六届人大第四次会议通过的《成都市国民经济和

① 四川师范大学文化艺术产业中心．成都市"十三五"文化产业发展规划［EB/OL］．(2017－11－24)［2017－11－26］．http：//wczx.sicnu.edu.cn/p/0/？stid＝st_ app_ news_ i_ x636471314456527303.（文中所涉数据均为当时条件下统计，引用时文中用词略有改动）

社会发展第十三个五年规划纲要》相关内容，特编制《成都市文化产业发展“十三五”规划》。本规划领域是指以创作、创造、创新为根本手段，以文化内容、创意成果和知识产权为核心价值，以高新技术为重要支撑，为社会公众提供文化产品和服务，引领文化产业发展和文化消费潮流的新兴产业。本规划范围为成都市，区域面积14332平方千米，户籍人口1360万人，常住人口1600万人。规划期为2016—2020年。规划对于指引成都市做大做强文化产业，建设现代文创产业体系，提升文化产业竞争力，提升与国家中心城市相适应的软实力，推进社会主义文化大发展大繁荣，满足人民群众精神文化需求；助推成都建设国家中心城市，加快建设西部经济中心、西部科技中心、西部金融中心、西部文创中心、西部对外交往中心和西部综合交通通信枢纽，高标准全面建成小康社会，将起到十分重要的作用。

一、规划背景

“十二五”时期，成都加快文化产业发展，全力打造中西部最具影响力、全国一流和国际知名的“文化之都”，取得了积极的成就。

（一）发展现状

1. 产业基础不断加强

“十二五”时期，成都市依托武侯祠博物馆、杜甫草堂博物馆、成都博物馆、金沙博物馆、四川省博物院等资源，策划实施了“金沙太阳节”“诗圣文化节”“中秋听琴”“成都大庙会”“武侯夜话”“夜游武侯”等品牌活动。建成国际非物质文化遗产博览园，连续成功举办国际非物质文化遗产节，建成“安仁中国博物馆小镇”和“民国风情街”，并正式对外开放。进一步提升洛带、街子、黄龙溪、平乐、西来、五凤等天府古镇品牌影响力。顺利推进宽窄巷子、大慈寺历史文化街区等重大项目建设。成都艺术品原创业发展形成新局面。“天府画派”影响力不断提升。东郊记忆、浓园国际艺术村、西村创意产业园等园区聚集绘画、书法、雕塑等艺术家工作室和各类艺术机构400余个；蓝顶艺术区聚集艺术家300多人，连续成功举办蓝顶艺术节。成都成为中国当代艺术的新地标之一。2015年，全市文化产业增值497.5亿元，占全市当年GDP的4.61%，GDP占比在8个国家中心城市中排第5位，在15个副省级城市中排第8位。

2. 行业平台逐步建立

成都市举办的中国（成都）国际非物质文化遗产节、中国网络视听大会、中国国际版权博览会、成都创意设计周等重要文化展（节）会，为文化创意领域成功搭建了展示、交流、合作平台。创意设计业优势明显，工业设计、室内设计均占中国西部较大市场份额。动漫游戏业快速发展，文化软件服务、互联网信息服务、数字电视、数字音乐发展势头良好，吸引了腾讯、盛大等一批知名领军企业，汇聚了大批文化创意人才。搭建了文化旅游、高端印刷、新闻出版、广播影视、文化会展等行业平台，吸引众多国内外知名企业落户成都。

3. 重点文化业态凸显

成都被誉为“全国动漫游戏第四城”，相关从业人员超过10万人，聚集相关产业企业近1400家，涌现出数字天空、尼毕鲁、迅游科技等众多本土动漫游戏企业，营业收入年均增长超过30%，吸引了育碧软件、盛大网络、金山软件、腾讯网络等众多优秀企业落户成都。在移动游戏领域与全球几乎同时起步，我国有8家游戏公司进入Apple（苹果）iOS（苹果公司开发的移动操作系统）收入前100名，其中2家为成都本土企业。工业设计业发展初具规模，成都已有工业设计专业公司100余家，各级工业设计中心32家，形成以西部智谷为聚集区的多层次、多方位发展格局。2015年，成都市共有国家级文化产业示范园区（基地）8家、省级文化产业示范园区（基地）21家、市级文化产业示范园区（基地）15家，初步形成以园区化、楼宇化为载体，以重大产业项目为带动，以骨干企业为支撑，影视传媒、文博旅游、创意设计、演艺娱乐、文学与艺术品原创、动漫游戏和出版发行等行业加快发展的文化产业新格局。

4. 发展模式不断创新

成都文化产业采用行业集聚、空间集中的发展策略，培育建设了一批文化产业重点项目。充分发挥成都中国西部高科技城市、旅游城市的特色优势，深度挖掘、整合、联动相关产业资源，形成了“文化＋科技”“文化＋旅游”等产业发展新模式。以高新技术创新文化生产方式的“文化＋科技”模式，为文化产业创新升级，实现跨越发展提供了强大的技术保障；以文化创意产业园区（基地）、古镇、特色街区为依托的“文化＋旅游”模式，有效延伸和完善了文化产业链。

（二）存在的问题

虽然成都文化产业在“十二五”期间取得了长足的发展，但是在我国经济进入新常态和成都城市经济发展步入“万亿级”的新形势下，成都文化产业发展也面临着一些问题和困难，表现在以下几个方面：

一是总量不足，大型骨干企业不多。2015 年，成都文化产业发展总量和 GDP 占比，同上海、深圳、杭州等东部沿海城市相比，都存在不小的差距。大型骨干企业，仅出现在出版传媒、文化旅游等领域，其他领域还缺乏具有全国影响力和行业整合能力的骨干企业。

二是原创动力较弱，产业集聚效应不强。产业原创能力和关键技术研发能力需要进一步提升，具有全国影响力的文化产业园区（基地）不多，区域性的特色文化产业集群有待形成，重大项目的规模效应和品牌效应还不够明显。

三是顶层设计不足，市场机制不完善。文化产业涉及部门多行业广，资源分散，合力不强。市场机制不完善，发育不充分，缺乏专门的文化企业融资平台和相应的人才激励机制。国有文化企业的引领作用有待加强，小微文化企业发展不足。这些问题都有待在发展中加以解决。

（三）发展机遇

1. 国家战略带来的新机遇

党中央、国务院对西部、对四川、对成都寄予厚望，在实施大开发、“一带一路”、长江经济带建设的战略后，又做出建设国家中心城市、把天府新区上升为国家级新区、高新区建设国家自主创新示范区、系统推进全面创新改革试验、建设成渝城市群、建设内陆自由贸易试验区、建设天府国际机场等一系列重大战略部署。成都当前和今后一个时期的发展目标是建设国家中心城市，增强西部经济中心、科技中心、金融中心、文创中心、对外交往中心和综合交通通信枢纽功能。成都文化资源丰富，金融科技文化人才集中，新兴文化产业动力强劲，具有加速发展文化产业得天独厚的优势。国家中心城市和成渝城市群为国际级城市群的定位，“五中心一枢纽”建设为成都文化产业发展跃上新平台、拓展新空间、增强新动力，构建现代文创产业体系带来了新机遇。

2. 四川推动文化产业发展带来的新机遇

加快发展文化产业是党中央立足于经济社会发展全局，着眼于科学发展，转变经济发展方式，推动社会主义文化大发展大繁荣，实现全面建设小康社会目标所作的重大战略部署。四川省人民政府发布《四川省人民关于加快推进文化产业发展的意见》（川府发〔2012〕14 号），要求把成都建设成全省文化产业核心发展区，充分发挥成都对全省文化产业发展的辐射带动引领作用。中共四川省委十届八次全会做出要求成都对标高端、辐射带动，加快建设国家中心城市、现代化国际化大都市和具有国际影响力的区域创新创业中心的决定，为成都加快发展文化产业、构建现代文创产业体系提供了有力的保障，并带来了新的发展机遇。

3. 成都推进绿色发展带来的新机遇

成都市作为美丽中国典范城市，对城市形象、产业结构、人文素质等方面提出了新的要求，对产业发展的资源节约性、环境友好性要求也在不断提高。成都市全面贯彻党中央绿色发展精神，建设美丽中国典范城市。市委通过《中共成都市委关于推进绿色发展 建设美丽中国典范城市的实施意见》，给成都大力发展文化产业、构建现代文创产业体系带来了新机遇。文化产业作为新兴的智慧型产业，具有高附加值、低能耗、低排放、低碳绿色、生态环保的独特优势，是加快转变经济发展方式、推进经济结构战略性调整的重要抓手。同时，文化产业在满足人民群众精神文化需求，提升市民文化素质和品位，构建成都城市文化品牌，塑造成都城市文化精神等方面具有不可替代的特殊意义。

二、总体思路

（一）指导思想

高举中国特色社会主义伟大旗帜，全面贯彻党的十八大和十八届三中、四中、五中、六中全会精神，以马列主义、毛泽东思想、邓小平理论、“三个代表”重要思想、科学发展观为指导，深入贯彻习近平总书记系列重要讲话精神和治国理政新理念新思想新战略，统筹推进“五位一体”总体布局和协调推进“四个全面”战略布局，全面落实省委“三大发展战略”和对成都的总体要求，按照成都市第十三次党代会精神，围绕建设国家中心城市目标任务，以传承巴蜀文明，发展天府文化为使命，抓好创新驱动、融入“一带一路”，以加强供给侧结构性改革为主线，以提高发展质量和效益为中心，以推进文化产业转型升级、融合发展为重点，提升与国家中心城市相适应的文化软实力、文化产业实力和文化品牌国际影响力，为确保高标准全面建成小康社会、加快建设西部文创中心和培育世界文化名城奠定基础。

（二）基本原则

——坚持思想引领。坚持把社会效益放在首位，实现社会效益与经济效益相统一。以社会主义核心价值观为基础导向，积极发展“创新创造、优雅时尚、乐观包容、友善公益”的天府文化，推进文化体制改革，推动公共文化服务与文化产业融合发展。以民为本，充分发挥文化人在实践“和谐创业”中的引领作用，激发市民群众的文化创造活力，推动生活与创业、文化与经济的有机结合，着力提升人民生活品质，满足人民群众健康向上的精神文化需求。

——坚持融合发展。坚持以文化事业与文化产业协调发展为基础，以促进和扩大城乡文化消费为取向，以提升文化产品附加值为导向，提供更加丰富多样的文化形式与文化创意产品。在传统产业中融入文化和创意元素，促进科技、旅游、金融、贸易等行业与文化产业协调融合发展，促进第一、第二、第三产业联动发展，推动文化产业跨行业、跨部门渗透融合，形成融合型的新业态和产业链。

——坚持集约发展。扶持推动时尚、设计等对传统文化带动性强的产业，巩固提升传媒艺术、咨询服务等优势产业，培育壮大网络信息服务、新媒体等新兴产业；整合及利用文化资源，加快文化产业集聚区建设，完善特色布局和服务功能，发挥文化产业的品牌效益和辐射效应。促进文化产业的技术进步，加强现代化管理，提高文化产业生产要素的质量和效益。

—— 坚持改革创新。坚持理念创新，思路创新，机制创新。以理念创新推动思路变化，以机制创新推进工作规范，以项目为抓手，提高文化产业的原创能力，着力打造一批重点文化品牌与重点文化园区，以点带面，形成特色鲜明、布局科学的文化产业发展格局，提升文化产业综合竞争力。

——坚持开放合作。突破“西部宿命”和“盆地桎梏”，扩大文化产业的市场开放，加快发展文化服务贸易，充分利用各种会议、论坛的契机，提升文化产业要素、活动、服务的国际化水平。打造文化产业开放合作“软硬”环境，培育文化高端产业，创新“文化走出去”的模式路径，增强文化产业融入全球经济、吸纳外部优质要素的能力，提升文化产业开放合作竞争力，在更宽领域、更高层次参与全球文化资源整合与竞争。

（三）发展定位

以建设国家中心城市目标为指引，构建现代文创产业体系，全面提升天府文化的影响力和文化产业的竞争力，为西部文创中心和世界文化名城建设提供产业支撑。

（四）发展目标

文化产业增加值占 GDP 比重超过 5%，文化产业成为成都市国民经济新兴支柱产业，构建现代文创产业体系。加快供给侧结构性改革，以“互联网 +”“文化 +”为依托，促进文化产业与其他产业融合发展，实现文化产业整体实力大幅提升，文化品牌效应显著增加，文化产品和市场的辐射作用更加有力，对其他相关行业的拉动作用明显增强。

三、优化发展空间布局

根据成都市各区域产业发展基础与资源优势，突出重点、适度交叉、协调推进、错位发展，形成各具特色的功能区域，实现文化产业合理布局、集约发展、融合发展。按照成都市优化和拓展城市发展空间的任务，全域统筹、区域协调、城乡一体的要求，“十三五”时期，成都市文化产业发展的空间布局为“双核、两带”。

（一）双核

“双核”，即分别以成都中心城区和天府新区为“核心”。

1. 中心城区

依托高新区部分区域、锦江区、青羊区、金牛区、武侯区、成华区等中心城区的文化底蕴，打造特色文化产业核心区。持续推进东村项目，建设成都东村文化产业集中发展区。推进音乐、演艺、影视、文博、文化艺术等特色产业发展，打造高端文化产业集聚区和展示区，逐步形成以音乐为主导，动漫游戏与电子竞技、艺术与休闲融合的特色文化创意产业，提升文化产业的综合竞争力。

2. 天府新区

抓住天府新区上升为国家新区并加快开发的机遇，择定城市主题文化，整合文化资源，加快科技创新，盯准“高起点、高标准、高效益”，大力发展创意设计、数字媒体、数字出版、动漫游戏、影音演艺等文化业态，形成符合时代新潮流并具有天府新区特色的“经营、生产、服务、运作”模式，加快形成具有国际化大都市特色的现代文化创意产业。

（二）两带

“两带”，即龙门山文化产业带和龙泉山文化产业带。

1. 龙门山文化产业带

龙门山文化产业带主要依托西北部的龙门山脉、邛崃山脉的特色，在彭州市、邛崃市、蒲江县以及都江堰部分地区，大邑县和崇州市的西部地区，充分利用大熊猫文化、古蜀文化、道教文化、佛教文化、都江堰水利文化、南丝绸之路文化等文化资源，打造具有天府文化特征的国际旅游目的地。

2. 龙泉山文化产业带

龙泉山文化产业带主要利用龙泉山脉及其周边的优势资源，突出天府文化特色，在青白江区、金堂县、龙泉驿区、简阳市和天府新区的部分区域，培育和开发山地运动休闲、水上运动休闲、客家文化、现代创意设计、现代动漫游戏、现代都市观光农业、乡村休闲生态旅游等文创旅游产业和现代文创产业新区。

四、加快发展优势文化产业

“十三五”时期，加快发展信息产业、传媒产业、会展产业、创意设计产业等优势文化产业。

（一）信息产业

——信息服务。鼓励企业面向重点行业、重点领域，加快自主创新软件产品研发。大力引导和支持“创新、创业”的企业或个体，集中力量研发面向社会保障、医疗卫生、电子政务、智能交通、教育文化、社区、灾害预警、灾害防控、应急指挥、公共安全、社会治理、农业发展等重点领域的完整软件产品，打造一批具有行业特色和专业特点的工业软件。鼓励企业开展增值网络服务、数据库服务、咨询服务、维修培训、电子出版、展览等方面的业务。吸引世界500强、中国软件100强、国家规划布局内重点软件企业、上市软件企业等来蓉投资落户，以信息资源开发利用带动公共信息、社会信息以及其他领域信息资源的开发利用。

——咨询服务。重点发展各类智库、商务咨询、科技咨询、社会科学咨询等咨询服务，探索建立中国西部咨询策划产业合作信息平台。到2020年，力争将成都建设成国际一流、中国西部第一的咨询策划服务中心。充分发挥各类社科研究机构的咨询服务功能。大力发展证券分析咨询、社会经济咨询、保险辅助服务、市场调查等商务咨询服务，建立和培育一批竞争力强、知名度高、公信力强的商务咨询服务品牌机构，基本形成与国际惯例接轨、与宏观管理协调、资源配置合理、配套服务优良、市场竞争有序的商务咨询业发展格局。逐步形成专业化、社会化、网络化的科技咨询服务体系，将成都打造成中国科技咨询服务中心。

——网络游戏。进一步丰富和完善网络游戏产业链，引进网络游戏领军企业和人才，提高游戏产品的文化内涵。巩固提升成都在网络游戏领域的优势，使成都成为中国网络游戏资源的集聚地。重点鼓励研发体现天府文化特色、四川藏羌彝文化特色、中国传统文化特色、具有自主知识产权的网络游戏。大力发展手机游戏，支持原创民族网络游戏产品出口。

——动漫动画。充分利用成都高速发展的现代科技和现代人才集聚资源，推动优秀动漫创作生产。鼓励创作、制作和开发“动画、漫画、游戏、动漫舞台剧、衍生产品”和相关软硬件。加快科技创新成果转化，不断提升企业的技术装备水平与研发能力，增强全市动漫产业的核心竞争力。支持三维动画电影技术的研发和运用，加强对基于移动通信平台的手机动漫产品的研发。推进动漫衍生产品的研发和生产，完善和拓展动漫产业链。办好系列动漫节会，打造动漫节品牌。加强动漫产业的服务外包，加快推进动漫产业的国际化步伐。

——电子竞技。推动以“电竞＋数字创意内容”“电竞＋电竞赛事馆群与电竞人才培养”“电竞＋文化旅游”“电竞＋版权交易”“电竞＋双创平台”“电竞＋装备制造与衍生品研制”等为核心的电竞产业链的“电竞＋”模式，同时打造有区域优势的电竞产业链，构建成都市电竞产业格局，将成都建设成具有国际影响力的国际电竞之都和中国电竞第一城。积极引入世界级的知名电子竞技赛事，鼓励打造具有成都特色的电子竞技赛事品牌、节庆活动。整合电子竞技数字文化产业链各级资源，不断强化电竞产业的内容生产，建立完整的内容制作产业链。到 2020 年，完成“一中心、六大核心功能区”建设，电子竞技收入达 50 亿元，电竞产业产值突破 260 亿元。

（二）传媒产业

——广播影视。全面深化广电文化体制改革，组建成都广播影视集团，推进各级广播电视机构转型升级。推进电视播出的高清化和“三网融合”，发展移动多媒体广播电视、高清电视、网络广播电视等新媒体，拓展跨区域数字内容产业空间，构建虚拟消费市场格局，推动 VR（虚拟现实）在影视、游戏、旅游、社交、传媒等方面的利用。重视对智能电视产业链、3D 及 4D（思维）电视和激光电视等新技术的应用研发。制定鼓励电影电视剧发展的政策，鼓励各种所有制主体积极参与广播、电视、电影节目生产，形成影视产业新生态。发挥峨眉电影集团影视基地作用，凝聚各种所有制企业合力，打造电影“川军”品牌。加快发展数字放映影院和银幕数量，增加电影及电视院线的票房收入。推进重点镇多功能数字影院建设。

——新闻媒体。以成都传媒集团为“龙头”，推进以纸质文本为代表的传统媒体传播方式、传播内容、传播渠道等方面的改革和创新，巩固和提升传统媒体与新媒体的传播优势，推进传统媒体与新兴媒体深度融合，传媒业与高新科技深度融合、传媒业与文化地产等优势产业融合发展，开创传媒业发展新路子，不断扩大成都传媒业的对外传播力和影响力。加快投资结构、产品结构、技术结构调整，合理利用资源，支持并推动传媒产业与教育、演艺、音乐、旅游、会展、体育、影视、网游、电竞等传媒关联产业的融合发展，构建以传媒为核心的全产业链传播体系。

——数字出版。促进传统出版企业向数字出版转型，促进民营数字出版企业做大做强。重点支持研发数字出版原创内容产品，鼓励创新数字出版经营模式，推动建立大型数字出版数据库，建立完整的电子书产业链。整合优化成都市传统新闻出版领域的资源，提高骨干新闻出版机构对优秀数字版权资源的获取和使用能力，建设数字出版发行平台，积极探索数字出版产业商业模式。打造中国西部文化产业园（中国西部文化城项目）数字出版基地，依托数字出版技术，促进传统印刷复制企业升级转型，向"高、精、专、特、分众服务"方向发展。

（三）会展产业

依托中国西部国际博览会、中国网络视听大会、成都创意设计周、中国博物馆及相关产品与技术博览会、中国（成都）国际非物质文化遗产节等平台，重点提升成都在专业会议、展览会与博览会、大型节事赛事活动等领域的服务水平和服务能级，推进成都会展业向国际化、专业化、品牌化、信息化发展。鼓励申办知名国际会展活动，争取更多知名国际会展项目落户成都。统筹区（市）县会展资源，努力形成全市布局合理、各区（市）县优势互补、错位发展的格局，培育一批本市品牌会展项目。到2020年，把成都建设成全国名列前茅的国际会展中心城市之一。

（四）创意设计产业

——工业设计。加强工业设计相关材料、技术等领域的研究和应用，加快将文化元素融入制造业研发、设计等价值链高端环节，支持基于新技术、新工艺、新装备、新材料、新需求的设计应用研究，推动工业设计服务领域延伸和服务模式升级。综合利用工业设计、品牌策划、营销推广等文化创意手段，提升制造业的文化附加值，加快高端装备制造业产品的外观、结构和功能设计，实现"成都制造"向"成都创造"转变。提高消费品工业的产品设计水准，提升消费品文化内涵和附加价值。鼓励大型企业集团建立工业设计中心，鼓励各类企业的设计服务外包，促进专业设计企业发展壮大。

——城市规划及建筑设计。重点发展房屋建设工程设计和道路、隧道、桥梁等工程设计，扩大国内国际市场份额。聚焦锦江两侧、景观及环境规划，注重绿化、居民小区、现代商业街区、商业中心、市政工程规划设计等重点领域，大力发展城市规划咨询服务等行业。在机场、地铁站点、公共绿地等城市公共空间打造和市政工程建设中，鼓励加大对城市规划设计服务的政府采购力度。赋予传统文化新活力，融特色文化创意于建筑设计之中，在建筑物上展示成都特色文化符号，凸显成都独具魅力的城市文化形象。重点发展与室内空间设计相关的建筑、装饰、家居用品等产业，促进低碳、健康、环保、时尚的室内软装饰系列设计产业联动发展。

五、突出发展特色文化产业

突出发展音乐产业、艺术品原创及演艺产业、非物质文化遗产生产性保护、广告产业以及文化设备用品及服务产业等特色文化产业。

（一）音乐产业

——打造国家音乐产业高地。高标准建成城市音乐厅等演艺剧场，打造特色鲜明的成都音乐坊音乐消费区；加快推进国家音乐产业基地建设，形成具有全国性引领作用的产业优势；培育一批根植成都、覆盖全国、辐射国际的音乐人才和音乐企业，到2020年，年产值超过500亿元。逐步培育出一批引领全国音乐产业发展的产业园区和领军企业，成为领先全国的音乐生产地、乐器及音乐设施设备集散地、版权交易地、演出聚集地，形成高端优势显著的现代音乐体系，加速把成都建设成中国音乐之都和具有国际影响力的音乐城市。

——培育音乐领军企业。大力引进国内外的音乐领军企业到成都注册区域总部，促进"中国原创音乐发展基金""中国数字音乐科技孵化园""中国数字音乐版权认证和交易中心"落地东郊记忆；重点发展原创音乐、数字音乐、音乐演出、音乐产品交易等业态，推动音乐与旅游、体育、动漫游戏、影视等产业融合发展，积极推进凤凰山音乐艺术公园、森林音乐公园、白鹿音乐小镇建设，建成音乐产业领军城市和中国音乐之都。着力聚集国内外音乐人才，培养音乐创作、演唱、制作、研发、经纪、传播等方面的本土音乐人才和音乐创客，支持音乐"双创"，培养和引进音乐领军企业、音乐工作室和独立音乐人。

——完善音乐产业链。加强与国内外音乐版权机构、权利人、使用者之间的合作，探索建立渗透全音乐产业链的版权保护、评估、质押、投融资、孵化和交易机制，培养付费消费习惯，发展音乐版权交易；发展实体音乐产业，支持唱片和音乐图书出版，发展乐器、专业音乐设备和数字视听设备生产，支持川派古琴生产，着力发展乐器和音乐设施设备专业市场；支持开发衍生品，促进音乐与旅游、体育、动漫游戏、影视等融合发展，促进音乐消费，以东郊记忆为重点发展音乐创作生产和数字音乐制作传播，打造城市音乐产业发展核心区，以成都演艺中心、省级文化艺术中心、成都天府新区文化艺术中心为载体重点发展高端音乐演出，依托非物质文化遗产博览会重点发展室外大型音乐会，依托欢乐谷重点发展音乐游乐活动；将音乐教育融入学校素质教育，加强音乐社会培训和职业培训。

（二）艺术品原创及演艺产业

——艺术品原创。重点鼓励和支持原创作品，打造优秀文艺作品的重要原创基地。支持和引导有影响力的文学网站健康发展。引导和激励在蓉作家以及外地作家创作具有天府文化特色的文学艺术作品，鼓励文学评论与文学创作相互促进。支持“天府画派”创作并产业化发展，支持大熊猫相关主题的文艺创作，不断扩大国内外影响力。发挥国有和民营各类文化创意园区、画廊和艺术品经营、美术会展等市场主体对原创美术的推动作用。发挥文化艺术对当代生活的渗透作用，推进“农家乐”向“艺家乐”转型升级。

——演艺产业。加大对市级重点院团的扶持力度，鼓励各类国有、民营文艺院团或企业开发有成都特色的舞台艺术原创作品，争取形成一批具有“市场效益、长演不衰”的原创剧目。进一步挖掘和发扬光大具有四川文化特色的表演艺术，培养和造就一批具有四川文化特色的表演艺术“领军人物”，积极振兴川剧。支持在蓉各类具有民族特色、地方特点的文艺院团或企业利用成都的艺术资源优势，不断创新开发适应城市特点和需求的原创舞台艺术作品。积极吸引国内乃至国际知名的演艺企业在成都新建、改建、收购或租用剧场，使国内外优秀演出剧目汇聚成都，推动成都成为中国西部的演艺交流中心。

（三）非物质文化遗产生产性保护

推动对非物质文化遗产的合理利用和产业化发展，打造国际非物质文化遗产产品贸易集散中心。实施非物质文化遗产产品创意创新孵化工程，推动非物质文化遗产传承与创意设计、金融投资、市场营销等要素的创新融合。引导和支持非物质文化遗产产业化发展，培育非物质文化遗产创意产业集聚区，孵化一批非物质文化遗产产业重点项目、培育非物质文化遗产龙头骨干企业。办好中国（成都）国际非物质文化遗产节，搭建非物质文化遗产展示交流平台，组织、支持和鼓励非物质文化遗产代表性传承人和企业“走出去”，开展国际文化交流和国际贸易。推动非物质文化遗产与旅游产业融合发展，加强非物质文化遗产展示展演和产品展销，彰显地域文化特色。

——艺术品展卖。鼓励和吸引国内外知名艺术家在成都展销作品，继续活跃和规范艺术品二级市场，培育壮大艺术品拍卖机构和文化产权创新交易平台，扩大与境外著名艺术品拍卖机构的合作，促进艺术品拍卖市场的健康繁荣发展，形成一流、高端艺术品展示及拍卖的集聚效应，繁荣成都艺术品交易市场。加强工艺美术品，园林、陈设艺术品及其他陶瓷制品的制造和销售。鼓励文物文化单位研发、销售在国际国内具有市场竞争力的系列文化创意艺术产品。

（四）广告产业

大力发展广告创意策划、广告延伸服务，拓展培育基于移动通信、数字视频、互联网的新型广告发布媒介。拓宽广告企业融资渠道，探索形成以广告合约、创意作品、时段版面进行质押融资等新型金融产品。加快广告行业的结构调整升级，优化发展户外楼宇广告、公交地铁广告、新媒体广告，构筑以强势媒体集团、高水平高效益广告公司为主力的行业中坚，打造一批具有全国影响力的新媒体广告企业。推进国家级广告产业园区和行业信用管理体系建设，将成都建设成西部地区的广告创意设计中心、广告延伸服务中心、广告科技创新高地和广告企业总部基地。

（五）文化设备用品及服务产业

加强产业结构调整，瞄准产业高端，促进印刷专用设备、广播电视电影专用设备以及其他文化专用设备的制造；积极拓展市场，扩大广播电视电影专用设备的批发、舞台照明设备的批发；瞄准做优做特，推进办公用品的制造、乐器的制造、玩具的制造、游艺器材及娱乐用品的制造、视听设备的制造；大力发展文化领域的生产性服务业，加强知识产权的版权服务、印刷复制服务、文化经纪代理服务、文化贸易代理与拍卖服务、文化出租服务。

六、促进文化产业融合发展

“十三五”时期，成都利用现代信息技术，创建“互联网+文化创意”产业发展新模式及新业态，推动文化与科技、文化与金融、文化与旅游等产业融合发展。

（一）“文化+科技”

——提升文化企业的科技创新能力。深入实施国家文化科技创新工程，推动成都国家级文化和科技融合示范基地建设，促进传统文化产业的优化和升级，推动新兴文化产业的培育和发展。支持企业建设产学研联合实验室、工程技术研究中心等研发机构，开发具有自主知识产权的共性关键技术。在文化产业领域建设一批众创空间、创业苗圃、孵化器等创新创业载体，推动文化科技企业聚集发展。推动文化出口重点企业、重点项目和产品数据库建设，在文化产业领域培育一批高新技术企业、创新型企业。

——推动科技成果在文化领域的转化应用。推动创意设计与科技的融合，加快高新技术成果在文化领域的转化应用。推进互联网、物联网、云计算、大数据、数字虚拟等新一代信息技术在传媒、文博旅游、创意设计、影音娱乐、动漫游戏等文化产业领域的应用。支持企业开发拥有自主知识产权或技术标准、技术上有创新性和独创性、市场潜力巨大的文化科技创新产品。推动先进适用技术在文化产业领域的应用示范，提升文化产品的创作力、传播力、保护力。

（二）“文化＋金融”

——推动文化与金融合作。进一步转变和创新财政资金对文化产业的投入方式，鼓励设立文化产业专项引导基金，扩大社会资本对文化产业的投资。创新成都市文化投资、融资平台建设。鼓励文化企业开展无形资产评估，支持金融机构探索适合文化贸易特点的信贷产品和贷款模式，开展供应链融资、海外并购融资、应收账款质押贷款、仓单质押贷款、融资租赁、银团贷款、联保联贷等业务，建立文化产业创投基金和银行融资风险资金池。探索设立文化专门支行，为中小文化企业提供专业化的金融服务。创建包括股权投资、融资担保、文化贷款、企业孵化等在内的全产业链及文化投融资服务体系。支持文化创意企业在股份转让系统等挂牌交易。探索利用新兴互联网金融模式，拓宽融资渠道，探索构建市级文化投资平台。

——培育和完善文化消费金融服务。大力培育成都市消费信贷市场，创新消费金融产品，提升金融对文化消费的保障服务能力，满足产业多层次的文化消费信贷需求。鼓励第三方支付机构发挥贴近市场、支付便利的优势，提升文化消费便利水平。加强网上银行业务推广，提高网络支付应用水平，改善演艺娱乐、文化旅游、艺术品交易等行业的银行卡刷卡消费环境。鼓励移动互联网创新型支付业务的推广应用，促进文化消费市场繁荣发展。

（三）“文化 + 旅游”

——文化与旅游景区景点融合。推进文化旅游度假聚集区建设，支持温江、简阳、都江堰、大邑、蒲江等有条件的区（市）县实施文化创意旅游全域发展。推进天府文化与旅游景区景点融合，利用文化创意提炼与展示天府文化内涵，满足较高层次的文化旅游消费需求，提高旅游品质。发挥市场配置资源的决定性作用，把金沙、三国、大熊猫、芙蓉花、中医药等旅游资源“创意”成为特殊文化符号，打造具有鲜明“文化和文化符号”的创意旅游衍生产品。植入区域文化特色元素，推进音乐坊、动漫、禅茶文化、“国医汇”等特色商业街区和特色古镇、特色村落、特色文化园区（基地）建设，开发旅游文化互动体验式特色产品，探索都市旅游文化发展新路子。

——延长文化与旅游融合产业链。推动文化与旅游核心层、外围层、相关层和上中下游产业链有机结合，推动文化与三次产业相融合，推动产业向价值链的高端发展，形成整体发展的良性态势。支持文博单位文化资源与旅游业跨界融合，提升文化旅游产品和服务的设计水平，开发具有成都特色、讲好成都故事的旅游商品和纪念品。创建国家级旅游度假区，打造城市文化旅游新名片，延长文化旅游产业链。

七、拓展对外文化贸易

“十三五”时期，成都以建设对外交往中心为目标，引导和鼓励企业“走出去”，积极开展国际文化合作交流和对外文化贸易。

（一）加强国际文化合作交流

加快发展文化服务贸易，扩大对外文化传播，建设西部对外文化交流中心。积极开展跨国生产合作，学习先进技术，通过推进实施“成都创意设计周、三国文化创意、大熊猫品牌营销”等重点文化项目，突出成都特色，打造知名品牌，开发具有国际竞争力的名牌文化产品。拓展与国际创意城市、国家和地区间在产业对接等方面的合作交流，吸引国外知名企业和机构来蓉研发文化创意产业，鼓励成都文化创意企业不断开拓海外市场。支持成都各类有条件的文化创意企业参加国际会展、开拓国际巡演、生产具有国际竞争力的外销重点文化创意产品，扩大成都文化创意产品和服务在国际市场的竞争力。

（二）搭建对外文化贸易平台

积极利用自贸区政策，加快文化保税区建设，争取国家对外文化贸易基地落户成都。建设具有成都特色的文化创意产品出口平台，鼓励和引导境内外具有国际影响力和行业带动性的外向型文化企业和机构入驻成都。稳步推进服务外包文化企业发展，加快促进文化企业自主创业、自主创新，研发核心科技产品，打造特色优势品牌。加强知识产权维权援助平台建设，及时提供海内外知识产权法律咨询服务。鼓励文化企业积极参与相关国际技术标准的制定。

（三）推动文化企业“走出去”

支持信息服务出口企业继续做优做强。鼓励文化企业通过新设、兼并、收购、合作等方式，在境外收购文化企业、演出剧场和文化项目实体。支持文化企业投资兴办海外文化出口贸易基地，建立境外文化产品和服务营销网点，推广和创设具有中国元素和成都风格的自主文化品牌，逐步形成多渠道、多层次的国际市场营销网络。支持文化企业参加境内外国际性知名展会和对接洽谈活动。实施成都优秀文化产品和服务对外推广工程，推动川剧、川菜、川酒、川茶，当代艺术品、工艺美术品等文化产品走出国门，参与国际市场竞争。

八、发展措施与政策保障

“十三五”时期，成都通过采取“推进体制机制创新、推动产业转型升级、打造文化产业品牌、强化人才队伍建设、推进规划组织实施”等举措，促进文化产业发展。

（一）推进体制机制创新

——推进文化体制改革。贯彻落实中共中央办公厅、国务院办公厅《关于推动国有文化企业把社会效益放在首位、实现社会效益和经济效益相统一的指导意见》精神，建立完善“管人、管事、管资产、管导向”四统一的国有文化资产管理体制。推进国有文化企业分类改革，加快国有文化企业特殊管理股和股权激励试点。推进供给侧结构性改革，进一步放宽市场准入，实行负面清单管理，降低行业准入门槛，简化准入程序。进一步深化文化市场综合执法改革，推动现代文化市场体系建设。围绕培育龙头文化企业，研究制定有针对性的配套政策。支持行业协会、产业联盟等建设，发挥社会组织推动产业发展的积极作用。建立文化产业公共服务平台。进一步加强文化产业统计工作，建立文化创意产业统计体系。

——建立现代企业制度。推动国有文化企业建立现代企业制度，实行股份制改造，增强核心竞争力。建立与企业发展业绩紧密挂钩的薪酬体系制度，实施职业经理人制度，增强经营者责任意识，激发工作潜能，提升国有文化企业经营活力。注重梳理及整合国资管理体系内的文化、旅游等相关行业资源，大力整合同行业不同平台的资源要素，缩短层级管理，发挥平台优势，避免重复投资建设。

——培育市场主体。充分发挥市场配置资源的决定性作用，鼓励文化产业集聚发展、培育壮大文化市场主体。加快培育大中型骨干文化企业，大力推进“大众创业，万众创新”，积极培育、壮大小微文化企业。引导各类社会资本进入国家政策规定开放的文化产业领域，壮大产业队伍，扩大产业规模，支持民营企业发展。建立健全结构合理、机制灵活、技术先进、优势明显的文化创意产业体系。

（二）推动产业转型升级

——加快结构调整。充分发挥文化产业逆经济周期发展增长的特点，用好用活国家支持文化产业发展的政策。抓紧推动符合条件的文化创意企业上市融资，支持处于成熟期、经营较为稳定的文化创意企业在主板市场上市，支持处于成长期、发展前景广阔的中小文化创意企业在创业板、中小板上市。强化文化创意企业对商标、品牌的管理、培育意识，评选、推介、保护、扶持本市文化领域著名商标和知名品牌，打造成都文化产业领域市场主体的品牌形象。推动成都市广播电视台、成都传媒集团等市级重点文化产业集团资产重组整合及转型发展，着力打造成都文化领军企业，拓展文化发展空间。

——加快园区建设。加强对全市文化产业园区及创意产业集聚区的规划建设，促进园区深化内涵、提升功能、做强产业。支持在文化产业园区、创意产业集聚区内建设发展一批提供技术研发、信息咨询、投融资、知识产权、人才培训、展示交易、成果转化、合作交流的公共服务平台和企业孵化器，积极提升园区对文化创意企业的服务能力。定期评定一批基础条件好、产业集聚特色鲜明、产业发展水平高、辐射能力强的示范园区、集聚区，并在媒体宣传、产业扶持等方面优先给予扶持，形成激励和示范机制，引领带动全市文化产业园区、创意产业集聚区良性发展。

（三）打造文化产业品牌

——打造文化品牌。建设“非遗之都”“音乐之都”“设计之都”和

"会展之都"，彰显天府文化时代风采。深化"大熊猫文化""金沙文化""青城山－都江堰"三大国际文化品牌，厚化"三国文化""南丝路文化""诗歌文化""芙蓉文化""博物馆文化""酒文化"等特色文化为产业品牌，培育成都原创动漫游戏等新兴品牌；推进文化地标建设，加快"成都中心"、城市音乐厅、杜甫千诗碑、川剧艺术中心（三期）等重大文化项目建设，着力打造3～5个国内外知名的文化企业品牌；建设面向西部历史文化发掘的创新传播中心、面向国际市场"一带一路"跨国合作的西部文化创意贸易中心、面向产业融合发展的西部原创设计中心。积极申办和举办具有国际影响力的文化赛事，培育打造1～3个具有国际影响力的自主品牌赛事；鼓励和支持品牌企业参加国际间音乐、动漫、数字化文化创意产品的展销活动，扶持品牌项目进入海外主流市场。

——保护知识产权。创新知识产权保护和服务体系，完善知识产权评估体系，鼓励知识产权评估机构发展，建立健全知识产权信用保证机制。鼓励文化创意企业自主创新形成的成果及时申请、注册知识产权。鼓励版权交易，支持现代著作权保护技术的开发和应用，促进版权授权体系发展。设立数字著作权登记中心，鼓励文化创意企业登记著作权。指导和鼓励文化产业园区和创意产业集聚区、基地结合自身特点，建立知识产权保护组织。加大知识产权保护宣传力度，保护和推广本市文化产业著名商标，定期编制和发布全市文化产业著名商标名录，营造有利于推进文化产业知识产权保护的舆论环境。

（四）强化人才队伍建设

——培养领军型人才。发挥市级文化产业发展专项资金的引领作用，引进文化产业高端人才，培育文化产业领军人才。建设文化创意产业专家信息库，重点掌握联系一批文化创意产业专家。通过专业研修、组织考察、资助专著出版、举行作品研讨、举办成果展示等措施，不断提升文化产业领军人才创意创新能力和团队组织能力，推动领军型人才参加海外培训和考察，建立以项目为导向的培养、资助机制。重点加快文化创意策划、文化经营管理、文化创意金融、文化艺术人才等文化产业人才的培养，积极推动产业中介等营造产业环境的人才培养，提升政府产业管理人才的水平，从而适应文化产业发展新情况、新需求。畅通有利于文化创意人才来蓉发展的绿色通道，完善引进高层次文化创意人才的配套政策，健全海外高层次文化创意人才引进工作体系，不断优化文化创意人才引进机制。

——培养创新型人才。深化产学研合作的文化创意人才培养模式。鼓励高等院校及科研单位加强文化产业学科建设和理论研究，提升学科建设为文化产业实践服务的能力，促进专业人才培养与文化产业发展紧密结合。积极探索文化创意与信息、技术、管理相结合的教育培养模式，重点加快创新型、复合型、外向型、科技型文化产业人才培养，实现多样化文化创意人才供给。

——培养实用型人才。鼓励文化企业、园区建立专业人才实训平台，加强大专院校、科研单位教育基地与专业实训基地在人才培养上的对接，为毕业学生及青年从业者提供实践途径和机会，充分发挥实训平台吸纳和储备文化创意人才队伍的重要作用。加强各类文化创意专业培训机构建设，加强实践培养环节，不断提升培训质量，鼓励文化创意企业完善内部培训体制，为文化产业从业者提供多样化的培训课程和实践机会，不断深化文化产业的社会化培训机制。充分发挥行业管理机构、行业协会和有关专业机构的作用，建立行业人才信息库，促进文化创意人才的有序流动和健康发展。

（五）推进规划组织实施

——强化整体联动。各级政府及相关部门应把推进文化产业发展列入重要议事日程，提高全市对文化产业发展的认识，强化文化产业推进工作机制的建设。加强市、区联动，积极引导区（市）县形成有利于文化产业发展的推进责任机制。充分发挥文化产业领域相关行业协会、产业联盟、社会团体在整合行业资源、协调行业利益、加强行业自律等方面的重要作用，共同促进文化产业的健康快速发展。

——强化评估考核。各部门、各区（市）县要加强人员培训，提高认识，压实责任，结合各自的职责分工，制订工作计划，做好与本规划相衔接及重大任务的分解和落实，建立健全推进本规划落实的目标分解、考核评价和奖惩机制。本规划在实施过程中将进行中期评估，根据形势变化适时修订，并按规定审批后组织实施。本规划是统领成都市文化产业发展的纲领性文件。在市委、市政府领导下，通过市文化体制改革和文化产业发展领导小组建立协调沟通机制，共同研究解决重大问题，统筹资源，形成合力，确保本规划有序推进落实。

案例8：《攀枝花市工业发展“十三五”规划》[①]

“十三五”时期是攀枝花在全省率先全面建成小康社会的决胜阶段，是实现创新驱动转型发展的攻坚阶段，也是推动经济迈向中高端水平的关键阶段。为适应国内外新形势、新变化，按照《攀枝花市国民经济和社会发展第十三个五年规划纲要》和“四个加快建设”战略部署要求编制本规划。规划期为2016—2020年。

一、“十二五”工业发展回顾

“十二五”时期，在市委、市政府的正确领导下，全市工业按照“稳定增势、高位求进、加快发展”的工作基调，积极应对宏观经济下滑、主导产业疲软和突发事故的影响，工业总量快速增长，工业结构不断优化，工业运行质量显著提高。

---

① 攀枝花市人民政府．攀枝花市人民政府办公室 关于印发《攀枝花市工业发展“十三五”规划》的通知[EB/OL].（2017－08－17）[2017－11－26]. http://www.panzhihua.gov.cn/uploadfiles/201708/18/2017081817173690245112.pdf.（文中所涉数据均为当时条件下统计，引用时略有改动）

（一）“十二五”工业发展取得的成绩

（1）工业保持平稳较快增长。

“十二五”期间，全市工业仍然保持了平稳较快增长。全市全部工业增加值从2010年的364.63亿元增长到2015年的633.21亿元，平均增速13.0%，高于同期地区生产总值（GDP）平均增速1.5个百分点。

（2）产业结构调整卓有成效。

“十二五”期间，按照“6+2”特色产业①发展战略要求，重点发展钒钛、机械制造、太阳能利用、生物医药等新兴产业。到“十二五”末，已建成全国最大的钛白、钛渣、钛精矿和海绵钛生产基地，钒钛产业产值从2010年的57亿元增长到2014年的135亿元。机械制造业产值从2010年的50.8亿元增长到2015年的195亿元，太阳能发电装机达10.23万千瓦，太阳能电池组件、真空管太阳能热水器、蓝钛膜平板太阳能热水器等产品正在产业化。

（3）园区产业集聚能力显著提升。

“十二五”期间，园区基础设施建设力度加大，园区建设开发、投融资、货运物流、技术研发、创业园孵化、信息管理等公共服务平台建设不断完善，园区承载能力进一步提升。园区工业占全市工业比重从40%左右提高到了60%以上，产业集聚能力显著提升。

（4）企业竞争能力持续增强。

2015年，全市规模以上工业企业达到341户，攀钢集团（攀枝花本部）实现销售收入达347亿元，钢城集团（攀枝花本部）实现销售收入达148亿元。销售收入达10亿~50亿元的企业有19户，较2010年多15户，销售收入达1亿~10亿元的企业有159户，较2010年多54户。全市共完成技术改造投资1063亿元，是“十一五”的2.65倍。全市新增省级企业

① “6+2”特色产业指矿业、钢铁、钒钛、能源、机械制造、太阳能、生物产业。

技术中心 10 家，到“十二五”末共建成国家级企业技术中心 1 家、省级企业技术中心 18 家，企业技术创新能力和竞争能力不断增强。

（5）要素保障能力不断提升。

“十二五”期间，通过政府推动、企业主导建立煤炭储备机制，积极探索利用价调基金进行市场调节，年外调煤炭 1200 万吨。500kV（千伏）攀枝花Ⅱ站和米易站、110kV 西区龙洞变电站顺利建成。建立健全成品油保供工作机制，成品油的保障能力显著提升。

（6）非公有制经济蓬勃发展。

“十二五”期间，攀枝花市非公有制经济保持平稳健康发展态势，非公有制经济完成增加值 450.37 亿元，非公有制经济增加值占 GDP 比重为 48.7%，成为经济增长的重要力量、地方税收的重要来源和吸纳就业的重要渠道。

（7）节能降耗工作扎实有力。

“十二五”期间，我市坚持绿色发展理念，积极推进以重点行业、重点企业、重点节能工程为主的工业节能降耗工作，单位工业增加值能耗下降 43.86%，被工业和信息化部列为全国首批“固体废弃物综合利用示范基地”建设试点城市和全国“区域工业绿色转型发展”试点城市。

（二）存在的问题

主要表现在以下三个方面：

一是产业发展要素需求与供给不均衡。

二是重大工业项目突破不多，产业配套能力弱，园区功能尚不完善。

三是部分企业规模较小，自主创新意识和创新能力不强。

二、“十三五”时期攀枝花工业发展环境分析

（一）面临的机遇

从国际上看，世界经济在深度调整中曲折复苏，新一轮科技革命和产

业变革加快，新一代信息技术、“互联网 +”与产业的深度融合，正深刻地改变生产方式、组织形态、商业模式，产业链、价值链不断深度重组，为世界经济和中国经济发展带来曙光。

从国内来看，“十三五”时期，“一带一路”、长江经济带、全面创新改革试验、“中国制造 2025”“互联网 +”等重大战略进入全面落实期和成效转化期，工业经济稳定向好的基本面没有改变，制造业作为立国之本、兴国之器、强国之基，地位和作用更加突出，发展前景十分广阔，必将为攀枝花工业发展带来机遇。

从省市来看，四川省加快实施“三大战略”、实现“两个跨越”、建设攀西城市群以及攀枝花市实施“四个加快建设”等一系列重大战略，与成都区域合作协议的顺利签署，将使攀枝花从开放的末梢变为开放的前沿，将有力推动攀枝花工业的发展。

（二）面临的挑战

从国际上看，国际经济进入金融危机以来的深度调整期，发达国家“再工业化”和发展中国家制造业“中低端分流”，对我国制造业发展产生双重挤压。

从国内来看，国内经济发展步入新常态，需求侧增速放缓，供给侧结构性矛盾较为突出，经济发展从高速增长转向中高速增长，发展方式从规模速度型粗放增长转向质量效率型集约增长，经济结构从增量扩能为主转向调整存量、做优增量并存的深度调整。

从省市来看，沿边、沿海地区的发展如火如荼，成都、滇中城市经济圈迅速壮大，省会中心城市的吸聚效应导致稀缺要素的流失，各地级市加快转变经济发展方式，对市场和要素的争夺更加激烈，对我市工业发展形成明显挤压。

综上所述，“十三五”时期，尽管国际经济复杂多变，国内经济发展步入新常态，工业发展面临许多挑战，但仍将是攀枝花推进工业转型升级、大有可为的战略机遇期。

三、总体要求

（一）指导思想

深入贯彻习近平总书记系列重要讲话精神，紧紧围绕“四个全面”战略布局，牢固树立“新发展理念”，抢抓“一带一路”“长江经济带”“中国制造2025”“互联网+”等战略机遇，以建设攀西战略资源创新开发试验区和国家级高新技术产业园区为统领，以推进创新发展和供给侧结构性改革为动力，以提升工业经济发展的质量和效益为中心，深入实施“五个一工程”，加快“五大产业”的发展，拉高标杆，精准发力，补齐制约攀枝花工业发展的根本性、关键性短板，加快实现原材料基地向中后端产品基地转变、高耗能粗放发展向绿色低碳集约发展转变。

“攀枝花制造”向“攀枝花智造”转变，实现全方位转型升级，着力把攀枝花建设成国家重要的战略资源基地和清洁能源基地，世界级钒钛材料、产品研发和生产基地，全国工业转型升级的试点示范区。

（二）发展目标

到2020年，攀枝花工业经济努力实现以下目标：

（1）工业总量不断壮大。

工业产值达到2450亿元，规模以上工业企业增加值年均增长7%，全部工业增加值总量达到800亿元。

（2）产业结构更加合理。

钢铁、钒钛、机械制造等优势产业增加值占工业增加值的比重达到50%，战略新兴产业增加值比重达到20%，高端成长性产业集群初步形成。

（3）企业实力明显增强。

在矿业、钢铁、机械制造、钒钛、新能源、石墨等产业培育两三家龙头企业，培育产值达500亿元的企业2家，100亿元的企业5家，50亿元的企业20家以上，高新技术企业60家。

（4）工业投资稳中有升。

工业投资保持平稳增长，“十三五”期间，累计完成工业投资1000亿元以上。

（5）非公有制经济持续发展。

民营企业增加值占工业增加值的比重达到50%。

（6）节能减排及资源利用水平明显提高。

万元工业增加值能耗降低20%，固体废弃物综合利用率达70%。

四、产业重点

把握国内外产业发展趋势，抓住产业发展新机遇，立足全市产业基础，充分发挥自身比较优势，按照“优势互补、错位发展”的理念，分层推进产业梯次发展，突出打造绿色矿业、先进材料、高端装备制造、新能源、生物医药与健康五大产业，形成“布局合理、特色鲜明、链条完备、结构优良、效益明显”的工业体系。

（一）突出发展高端装备制造产业

（1）汽车零部件。

加强产业园区建设和机械加工配套设施建设，加强与成都、重庆及国内其他汽车制造基地的合作。大力发展汽车零部件制造产业，积极发展整车制造，打造攀西汽车零部件制造中心。到2020年，汽车零部件制造产业产值达到120亿元。

（2）矿山及工程机械装备。

着力突破一批关键共性技术难关，推动企业技术创新和智能化改造，加快工程机械产品从中低端向中高端转变，加强产业配套能力建设。到2020年，矿山及工程机械装备产业产值达到300亿元。

（3）高端耐磨材料及铸件。

利用钒能提高强度、抗疲劳性能和耐磨性的优势，重点发展含钒球墨铸铁（VADI）、含钒碳化球墨铸铁（VCADI）等新型耐磨材料，以及汽车模具钢、汽车板簧钢、履带板钢、破碎机锤头钢、齿轮钢、轴承钢、螺栓钢等硬质合金钢材料，并利用耐磨材料发展磨球、球磨机衬板、渣浆泵、输送弯管高端耐磨铸件。到 2020 年，高端耐磨材料及铸件产业产值达到 100 亿元，打造高端耐磨铸件生产基地。

（4）钛制石油化工及船舶零部件。

大力发展钛合金材料冶炼产业，同时，以产品精细化、高档化为方向，不断拓展新的应用领域，加强产业配套建设，积极向产业高端延伸。以石油化工及船舶用钛及钛合金零部件为重点，建设拥有海绵钛、钛及钛合金加工材、锆材、精密铸造、装备设计制造及金属 3D 打印材料等深加工生产系统。利用钛及钛合金具有耐腐蚀的特点，发展钛管及配件、电解槽、反应器、浓缩器、分离器、热交换器、冷却器、吸收塔、连接配管、泵和阀门等石油化工及船舶零部件。到 2020 年年末，钛制石油化工及船舶零部件深加工产业产值达到 50 亿元。

（5）新能源装备。

利用攀枝花特色钢材和现有产业基础，发展太阳能热水器、太阳能灶和太阳能干燥装置、提钒尾渣太阳能平板集热器、薄膜太阳能电池等新能源装备制造业。到 2020 年，新能源装备制造产业产值达到 50 亿元，打造新能源装备制造基地。

（6）节能环保设备。

把握国内节能环保产业发展趋势，以强化“三高”、实现“两低”为目标，围绕本地产业发展，立足促进园区节能降耗、培育新产品、延伸产业链，引进节能环保龙头企业，重点发展环保、节能技术及装备研发，建设节能环保设备生产与应用基地。到 2020 年，产业产值达到 50 亿元。

（二）加快发展先进材料产业

（1）特色高端钢铁材料。

支持钢铁企业加大科技创新投入力度，优化产品结构，重点发展钒钛合金钢、重轨等战略性高端产品；充分利用含钒钛资源优势，形成自己的特色产业和优势产品；走专业化道路，利用现有产业基础，为高（地）铁、机械、造船、家电、建筑、能源乃至国防装备制造业提供优质原材料；围绕高速动车、城市轨道车辆、重载及快捷货运列车、铁路工程养护机械、信号及控制系统关键零部件等领域，加强与国际国内企业及科研院所的交流与合作，大力发展重轨、养路机械设备、轨道交通关键零部件制造业，做大钢铁下游产业，使钢铁产业向纵深发展；加快扩大产业规模，将攀枝花建成全球最大、国际领先的钒钛钢材研发和生产基地。到 2020 年，钢铁产业产值达到 350 亿元。

（2）钒钛高端材料。

按照“高端化、品牌化、集群化、生态化”要求，推动科技和政策创新，加快延伸产业链，发展下游高端产品；引导行业内资源整合和企业重组，增强企业竞争能力；加强产业配套、循环型产业体系建设。到 2020 年，钒钛产业产值达到 200 亿元，打造世界级钒钛材料及产品研发制造基地。

（3）石墨及石墨烯材料。

加快推进石墨原材料生产基地建设，培育壮大龙头企业，大力发展高技术含量、高附加值的石墨新材料及制品，促进石墨深加工产业链规模化、高端化发展。到 2020 年，石墨产业产值达到 50 亿元。

（4）稀贵金属材料。

加快从废酸等废弃资源中提取钪、镓、铬、镍、钴、铟、锗等稀贵金属的产业化步伐，做大稀贵金属材料产业，打造国内重要的新材料生产和深加工基地。到 2020 年，铬回收达到万吨级水平，钴、镍、铜回收达到千吨级水平，钪、镓回收达到百吨级水平，产业产值达到50亿元。

（5）先进储能材料。

围绕太阳能光伏利用产业，以晶体硅太阳能电池组件为基础，加大薄膜太阳能电池新材料的开发，在薄膜太阳能电池领域实现技术突破和规模化生产，打造配套和特色产业基地。以钛酸锂电池、钒储能电池、磷酸锂电池为突破口，引进储能设备制造、清洁能源电池、新能源汽车等项目建设。到2020年，产业产值达到100亿元。

（三）有序发展新能源产业

有序推进光电、风电等新能源开发。加快研制生产光伏、风能电站建设和应用类产品，结合分布式能源建设，利用大型公共区域和设施、农业区域建设一批示范应用工程。建立新能源项目第三方维护机制，培育本地专业化的新能源项目维护企业。到2020年，新能源产业产值达到50亿元，打造新能源应用示范基地。

（四）积极培育生物医药与健康产业

推动阳光康养与工业深度融合。推动医疗、康复辅助器具产业化，发展高档体育器材、高端医疗器械等康养装备及产品，大力发展生物制造、中药材深加工、农产品深加工及新型养生保健品。积极引导企业加快新品研发、兼并重组、技术改造、品牌塑造、资本上市，不断壮大规模，提高企业核心竞争能力，把攀枝花建设成生物技术和医药先进、康养医疗装备知名、产业集群省内领先的康养产业强市。到2020年，产业产值达到100亿元。

（五）优先发展绿色矿业

本规划中的矿业指钒钛磁铁矿采选业。

（1）采选业。

加大资源整合力度，推动企业兼并重组，组建大型矿业集团。加大支持力度，推动企业技术创新，改进生产工艺，提高产品收率。积极推进重大采选项目实施，大力提高表外矿、风化矿、排土围岩等低品位矿、极低品位矿的利用水平，适当扩大铁精矿和钛精矿产能。高度重视矿山治理和环境恢复重建，实现对资源和环境的保护，打造绿色矿业，促进产业可持续发展。到2020年，产业产值达到350亿元。

（2）废弃物综合利用产业。

大幅提高资源综合利用水平。坚持绿色发展和创新发展理念，充分依托攀枝花现有资源利用基础，发挥政府和市场机制的作用，组织国际国内科技力量进行低品位钒钛磁铁矿、选矿尾矿、高炉灰、钒钛副产物等工业废弃物利用的科技攻关，加快推进攀钢高钛型高炉渣综合利用产业化，提高低品位矿、尾矿、冶金渣、钒钛副产物等工业废弃物利用水平。到2020年，资源综合利用产业产值达到100亿元。

五、园区布局

“十三五”时期，按照集中集约集群要求，牢固树立“全域规划、统筹规划”理念，按照《攀枝花市城市利用总体规划》，加快构建“1+5”的工业园区布局体系，高标准建设国家级钒钛高新技术开发区，把打造三区两县特色工业园区建设作为壮大县域经济发展的突破口，实现优化工业空间布局、产业转型升级、企业做大做强“三位一体”目标。进一步优化园区产业规划设计，找准园区发展定位，进一步明确主导产业，实施园区产业补链计划，鼓励发展下游资源利用产业，推动园区产业链延伸和上下游产业协调发展。

（一）国家级钒钛高新技术产业开发区

紧抓国家级高新技术产业开发区转型升级创新发展的契机，围绕“全球领先的钒钛产业基地”总体定位，依托资源优势和产业基础，着力资源精深加工与综合利用，做强做深前端钛白粉、海绵钛等钒钛原料，延伸钒钛新材料产业链条；推进钒钛产业向低成本、清洁化方向发展，推进钒钛产品在航空航天、海洋工程、军工等领域大规模应用；积极跟踪国际国内钒钛产业领域新突破、新前景和新应用，关注钒电池、钒基储氢合金、钛酸锂等重大项目动态，全力推进中试及产业化项目落户园区。到 2020 年，钒钛及新材料产业实现主营业务收入 400 亿元。

（二）三区两县特色工业园区

按照“一县一园区，一园一主业，园区有特色”要求，东区江北园区重点发展钢铁与矿山机械设备制造产业，西区格里坪园区重点发展康养装备及配套产业，仁和区迤资园区重点发展车辆制造和钢铁加工产业，米易县一枝山园区重点发展钛化工及新材料产业，盐边县安宁园区重点发展钛材及加工产业。到 2020 年，五大特色工业园区产业实现主营业务收入 600 亿元。

（三）产业组团和卫星工业园区

按照“优二强三”要求，在城市周边，依托现有园区（工业聚集区），建设一批独立成片、产业清晰、产城相融的工业集中发展区，优化调整工业点，重点发展符合产业布局规划、具有良好产业基础和比较优势的产业，支撑县域经济发展和新型城镇化建设。到 2020 年，工业集中发展区（含工业点）实现主营业务收入 500 亿元。

六、重点任务

（一）打造特色生态园区

（1）加快园区基础设施建设。

加大基础设施建设投入力度，多渠道筹措建设资金，采取“政府主导、企业运作”的开发建设模式，积极运用 PPP（政府和社会资本合作）

方式，鼓励各类资金参与园区开发建设，形成政府资金、银行资金、企业资金、社会资金共同投资基础设施建设的多元筹资机制。加强园区交通基础设施、电力、燃气、给排水及污水处理设施、标准厂房、园区孵化器建设，提升工业载体能力。根据各工业园区产业结构特点，扶持和打造一批为产业集群服务的研发、设计、检测、认证、咨询、物流信息等公共服务平台，提高综合配套服务能力。树立产城一体发展理念，加强园区文体设施、购物场所、金融网点、公交站点等配套功能建设，积极发展商贸（零售）、餐饮住宿、休闲娱乐、社区服务等生活性服务业，完善相关配套设施。

（2）创新园区管理。

创新园区投资和运作模式，采取“政府主导、企业运作”的开发建设模式，把园区作为整体进行运作，由企业投入资金，使基础设施和服务设施全部达到投资者入住的标准。改进招商方式，实施小团组精细化、专业化招商模式，根据自身的特色产业明确产业招商思路，以主导产业为依托，以重点企业为龙头，围绕品牌和主导产品，大力引进高质量的产业资本、先进的技术，大力引进高端制造业、现代服务业的产业项目，大力引进能带动本地发展的基地型、龙头型项目。重视加强对企业的管理服务，建立起为园区企业提供资金融通、技术开发、信息咨询、人才培训等方面的社会化服务体系。

（二）提升科技创新能力

整合各方科技资源，加快建设国家钒钛工程研究中心、国家钒钛资源综合利用重点实验室和国家企业技术中心，争取建立国家级石墨研发中心和省级稀贵金属研究中心。大力扶持创办科技创业服务中心、大学科技园、科研孵化基地、企业孵化器、孵化创业园等各具特色的科技企业孵化器，培育3~5家省级以上孵化器。

提升企业自主创新能力。积极开展科技创新示范工程，支持园区内骨干企业依托专项、试验示范工程，建设一批具有国内先进水平的企业技术中心。引导和推进各重点产业领域中具有自主知识产权、自主品牌和创新引领能力的龙头骨干企业，联合国内外知名高校、科研院所共建一批高水平的科研机构、重点实验室、工程技术研究中心及产业共性技术研发基地，积极参与和承担国家、省级重大科技专项。引导企业开展技术创新，不断提升企业掌控产业核心技术和知识产权的能力，实现由“攀枝花制造”向“攀枝花创造”的跨越。到 2020 年，培育 1 家国家级企业技术中心，新增省级企业技术中心超过 12 家。

推动协同创新。积极推动国家层面建立重大科研项目协调推进机制，成立国家、省、市三级联动的钒钛资源综合利用科技攻关专家组，将试验区内重大科研项目协调推进机制提升到省级或者国家层面。鼓励有条件的大型企业与高校、科研院所联合共建钒钛、新能源组件及设备、石墨资源利用与深加工、智能制造等研发机构。“十三五”期间，在攀枝花建设 5 ~ 10 个协同创新中心。

推进重大科技攻关。争取提高中央财政对攀枝花战略资源技术开发方面的投入力度，将攀枝花钒钛资源综合利用，特别是特种钢冶炼、煤基直接还原大规模产业化、钒电池及电解液、高纯氧化钒、高钛型高炉渣提钛利用、航空航天级钛合金材料、稀贵金属回收利用等关键技术，高端装备智能制造技术，石墨烯产业化生产技术等关键共性技术的研究纳入国家“973”“863”计划项目。同时，组织国内外科研人员开展钒钛资源利用的应用基础、中间试验、工程建设等重大技术攻关或工程项目，推动攀枝花钒钛产业转型升级。“十三五”时期，累计实施 50 项重大共性和关键技术攻关，掌握一批重点领域重大共性关键技术，培育一批国内外知名、具有自主知识产权的高新技术产品。

（三）推动两化深度融合

以“制造业 + 互联网”为主推模式，大力推进智能制造的装备层、应用层、平台层“三位一体”协同发展，加快构建智能制造生态系统。在全市选择基础条件好和需求迫切的骨干企业，推广数字化技术、系统集成技术、关键技术装备、智能制造成套装备，开展新模式试点示范，建设智能车间或工厂，重点培育离散型智能制造、流程型智能制造、网络协同制造、大规模个性化定制、远程运维服务，不断丰富成熟后实现全面推广，持续不断培育、完善和推广智能制造新模式。

实施网络化协同制造工程。大力推广云智造、众包设计研发和网络化制造新模式，加快行业工业云平台和大数据平台建设，实现工业互联网进企业、入车间、连设备、拓市场。加快攀枝花智能制造研究中心建设，为智能制造技术应用和推广增添动力。推动“制造+服务”新模式，培育引进一批以过程优化、远程服务、决策干预、产品定制等增值服务为主的创新服务型企业。

继续推进两化互动发展。每年培养2家信息化应用示范企业，5家信息化应用试点企业，实现信息技术在产品研发设计、生产过程、企业管理、市场营销、人力资源开发、新型业态培育、企业技术改造等环节的覆盖、渗透、融合和集成。加快推进攀枝花市大数据中心建设，依托大数据中心，建设行业信息技术推广中心、装备制造加工中心、供应链管理示范工程、能源监测控制中心等。

（四）积极培育市场主体

培育大企业大集团。综合运用经济、法律和必要的行政手段，引导企业通过兼并重组等方式组建钒钛、煤炭、电力为一体、各类资本参与的跨行业企业集团，进行规模化经营。加大政策引导和支持力度，促使规模较大、管理先进、科技创新能力强和产品市场前景好的企业尽快做强做大，成为行业的龙头企业，形成示范联动效应。加大招商力度，制定针对战略投资者的特别优惠政策，引进钒钛材料深加工、机械制造、石墨深加工等企业集团。支持优势企业进行跨行业、跨区域、跨所有制的行业并购和重组，进一步提高产业集中度和行业话语权。培育专精特新中小企业。按照分级培育的原则，制订专精特新中小企业培育工程规划和行动计划，加快完善以“小升规”“专精特新”为基础，“小巨人－成长型”为引领的中小企业梯度培育扶持体系，助推不同阶段中小企业健康成长。培育更多在细分行业内领先、传统优势产业特色鲜明，市场前景良好，竞争能力突出，能在产品、技术、管理和业态上代表产业发展方向和地域特色的“小而强”“小而优”“专而精”的企业，推动大、中、小企业协同发展。

（五）加强特色品牌建设

加快提升产品质量。强化质量基础建设，鼓励企业采用国际标准或国内外先进标准组织生产，构建与国际接轨的制造业质量、安全、卫生、环保及节能标准体系；支持行业龙头企业参与国际标准、国家标准、行业标准的制订修订。加强精益管理，积极推广精益制造，鼓励企业广泛参与质量控制和质量攻关活动，降低生产成本，提高产品质量。

大力培育自主品牌。实施名品名牌培育工程，打造一批特色鲜明、竞争力强、市场信誉好、代表先进水平的区域品牌，不断增强区域品牌的辐射力、影响力。突出企业品牌建设的主体作用，支持品牌战略明晰、品牌管理体系健全、品牌建设和应用成果显著的企业“走出去”，培育一批能够参与国际竞争的大品牌。加大自主知识产权产品保护力度，营造品牌发展的良好氛围。

（六）促进融合协同发展

推动军民深度融合发展。引导和鼓励民间资本进入国防科技工业建设领域，加速军工和民用技术相互转化。支持企业深度开发广泛应用于军工、航空航天、海洋等领域的含钒耐磨特殊钢、钛合金材料、粉末冶金材料、特种钢材及机械、石墨材料及制品。

促进区域协同发展。牢牢把握成都经开区打造“世界级汽车产业城”

重大机遇，依托汽车整车、零部件加工和工程机械制造等产业优势，充分利用攀枝花钒钛钢铁低微合金钢资源，加强成攀两地在先进制造业方面的交流合作，积极推进汽车整车、零部件和工程机械供销对接和加工项目投资，使攀枝花成为成都重点制造业基地的零部件生产供应地。充分利用成都打造中国西部光谷契机，加强与成都新能源产业对接，积极融入四川省的新能源发展战略，主动承接区域产业分工，采取差异化的发展战略，实现共同发展。加强与国内其他具有产业互补特征的城市和地区的交流与合作，促进产业协同发展。

加强国际交流与合作。大力推进东盟国际商贸城的建设，使其成为攀西地区与东盟之间的贸易产品和生产资源集散地，为东盟各国特色产品搭建一个可以长期展示、交易的商贸服务平台。大力实施“互联网+”行动计划，搭建第三方跨境电子商务服务平台。充分发挥行业协会的纽带作用，支持本地行业协会与外地行业协会之间的合作与交流，为企业合作牵线搭桥。鼓励我市工业企业积极拓展南亚及东南亚国际市场，通过扩大与南亚和东盟国家区域合作，不断融入东盟自由经济贸易圈。

（七）促进工业绿色发展

推进清洁生产。选择有代表性的产品，开展产品生态设计试点示范。在示范的基础上逐步在采矿、煤炭、钢铁、钒钛、建材、化工、生物及农产品深加工等行业推行清洁生产方式。依托技术基础好、创新能力强的科研单位和企业，建设一批清洁生产技术产业化服务中心，加强重大清洁生产技术的产业化应用，推动技术成果转化。

推行节能降耗。加强投资准入控制，严格控制高耗能项目建设。抓好钢铁、钒钛、化工等行业节能降耗工作，加强节能技术改造和能源审计，强化新建项目节能管理，强制淘汰高耗能工艺和设备。推行合同能源管理、电能服务等有效节能模式，切实降低单位生产能耗。落实最严格的水资源管理制度，引导企业节水技术改造和工业用水重复使用，加大节水技术和器具推广力度。

注重矿山生态修复。坚持开发与保护并重，根据矿区资源特点和生态特质，对全市煤矿、钒钛磁铁矿制定采选综合回收利用指标和生态保护、生态修复指标，打击非法采矿、选矿行为，关闭整顿不具备安全生产条件和环保不达标的采选企业。实施矿山生态修复工程，加强对矿区非作业区生态和环境保护，重视对矿区开采后的绿化和生态修复，打造绿色矿业，促进采选业绿色可持续发展。

七、规划实施保障措施

（一）加强规划组织实施

建立工作领导小组，统筹协调各项工作，强化规划实施的力度，各区（市）县开展“十三五”时期工业发展研究和规划，突出规划的科学性、一致性，确保各项工作落实到位，从根本上解决体制性、政策性问题。

（二）明确划分目标责任

本规划提出的发展目标、重大任务和重大项目，进一步分解到各区（市）县和市政府有关部门，并且将主要的任务指标分解到年度，纳入年度工作计划，明确进度要求、指定责任人，确保规划任务分年度、按计划、有步骤地完成。

（三）加强规划监督评估

加强规划实施情况跟踪分析，做好各项工作和政策措施的监督检查，对规划指标、政策措施和重大项目实施情况进行科学评估。注重研究新情况、解决新问题、总结新经验。强化对规划实施的目标责任制考核，重点任务列入政府目标责任制年度考核。

八、环境影响预测评价

根据《中华人民共和国环境影响评价法》《规划环境影响评价条例》的规定，本规划属于引导性规划，只需要编制环境影响篇章，对规划实施后可能造成的环境影响做出分析、预测和评估，提出预防或者减轻不良环境影响的措施。

（一）规划实施对环境可能造成的影响

本规划各产业现有项目的运行不会增加环境的影响强度，新建项目有可能对环境造成一定的影响，因此有必要对各产业规划实施可能产生的环境影响进行预测和分析，为预防和减少对环境的不良影响提供依据。

（1）矿业环境影响分析。

钒钛磁铁矿和石墨矿采选项目建设期污染物主要有：各种燃油动力机械和运输车辆排放的废气、施工工地的扬尘，施工弃土、建筑垃圾、生活垃圾等固体废弃物，机械设备在施工时产生的噪声，施工过程中需要砍伐树木，裸露地表面，造成水土流失和生态问题。污染大气的主要污染物是 NO_2（二氧化氮）、CO（一氧化碳）、SO_2（二氧化硫）、碳氢化合物、粉尘，尤其粉尘污染最为严重。拟建项目的水土保持工程将要种植一定面积的草本植物和各种乔木、灌木，因此，存在生态入侵的生态风险。采矿过程中主要污染物是机械挖掘过程中有扬尘产生，在道路完全干燥的情况下车辆行驶产生的扬尘和尾气，来自推土机、挖掘机、装载机、运输车辆噪声、球磨机和磁选机等产生的噪声，露天采场的开采，产生大量的尾矿，将占用大量的土地，对矿区的原始地形地貌造成破坏。

在规划项目实施过程中，以上污染物如果处理不当有可能对生态环境产生不良影响。项目实施过程中注意运输车辆规划和管理、增加生产除尘环保设施、实行污水零排放、固体废弃物合理处置、二次利用、矿区生态恢复等措施，完全可以预防和减少对环境的不良影响。

（2）钢铁产业环境影响分析。

钢铁行业以铁矿采掘、矿石精选、冶炼加工为主体系，各生产环节都有污染物产生，都有可能对环境造成一定的影响。烧结工序产生的污染物主要有烧结机烟气［含烟尘、SO_2、NO_x（氮氧化物）、CO 等］、原料场及原料储运过程逸散的工业粉尘等；炼铁工序产生的污染物主要有原料、燃料、熔剂等储运、备煤、高炉作业、出铁出渣等逸散的工业粉尘和烟尘，高炉炉顶泄漏和放散的高炉煤气（主要含 CO、烟尘），高炉煤气净化产生的瓦斯灰和炼铁渣等固体废物；炼钢工序产生的污染物包括辅料运输加料、铁水储运、预处理、转炉兑铁水、出钢作业等产生的逸散烟尘和粉尘，转炉冶炼烟气、钢渣等；轧钢工序产生的污染物为热轧加热炉烟气、热轧机组的轧制废气、轧辊冷却水、高压除磷废水等（含悬浮固体、油）、轧制产生的氧化铁皮、废水处理产生的废油和污泥，镀层作业产生的酸、碱雾、废水、废渣等。

规划项目实施中污染物处置不当，可能对环境造成不良影响。项目建设中环保设施配套完善，环保设施运行稳定，烧结、焦化、炼铁、炼钢、轧钢工序除尘效果理想，尾气达标排放，可以避免或减轻空气污染，工业用水通过内部处理再利用，而实现工业用水零排放，可以避免水污染。

（3）钒钛产业环境影响分析。

钒钛产业中对环境可能造成较大影响并具有代表性的行业包括钛白粉、高钛渣、钛金属、钒氧化物和钒电池生产等。钛白粉生产项目在建设和运营过程中可能对环境造成的污染包括施工机械及运输车辆产生的噪声、施工扬尘、施工产生废土及生活垃圾、施工造成生态系统的原貌改变等，以及运营过程中产生的工业“三废”（废气、废水、废渣）和设备噪声。废气主要是酸解废气（含硫酸酸雾和二氧化硫）等。废水主要是钛白装置排出的酸性废水及地坪冲洗水，另有少量办公用水，废渣主要是酸解后的沉降物、稀酸浓缩过滤渣、污水处理石膏渣等。海绵钛项目在生产过程中主要污染为噪声、氯化及精制工序废气、钠电解工序废气（均含氯气、氯化氢有毒有害气体）、电解渣、锅炉渣、酸水站污泥（含全部氯化渣、含氯废气治理产生的含氯化钙的废渣）等固体废物。五氧化二钒项目实施主要污染物包括沉钒废水、焙烧窑排放的废气等。钒电池生产主要污染物包括钒电池组装时会产生的少量碳毡清洗水和隔膜用去离子水等废水，电堆测试过程会产生少量的电解液废水、试验器具及生活废水等。石墨深加工项目实施产生的主要污染物有：粉碎、球磨、分级过程中产生的粉尘，粉碎机、球磨机、引风机产生的噪声，生产过程中产生的烟煤炉渣、沉淀池清淤时产生的石墨泥渣以及生活垃圾等固体废物。

规划项目实施中污染物处置不当，可能对环境造成不良影响。项目建设中环保设施配套完善，环保设施运行稳定，烧结、焦化、炼铁、炼钢、轧钢工序除尘效果理想，尾气达标排放，可以避免或减轻空气污染，工业用水通过内部处理再利用，而实现工业用水零排放，可以避免水污染。

（4）高端装备制造业环境影响分析。

装备制造业制造项目运营过程中产生的污染物主要有生产生活废水、酸洗废水、润滑油污、设备噪声、固体废弃物和少量的工艺废气等。机械制造项目实施对环境的影响较小，如果能够在项目建设和运行过程中科学处理，完全可以避免项目实施对环境的不良影响。

（5）新能源产业环境影响分析。

新能源产业属于绿色产业，除在建设过程中产生微小的施工扬尘和占用一定的土地外，对环境不会造成较大影响。

（6）生物医药与健康产业。

生物医药产业项目产生的污染物包括：项目运行过程中产生大量清洗设备废水、纯化水车间浓缩水、原料溶解及洗涤废水等工业废水和生活废水，生物医药粉尘和一定数量的生活垃圾和工业废物（如：原料包装材料、中药粉尘、污泥、废包装材料等）。如果项目实施过程中处理不当，这些废水、固体废弃物有可能对生态和环境造成一定的影响。在项目建设和实施过程中如果环保设施配套完善，工业用水循环使用和零排放，完全可以避免对环境的不良影响或将不良影响降到最低程度。

（二）预防或减轻不良环境影响的措施

由于工业规划在实施过程中存在对环境和生态可能造成不良影响的风险，因此，规划实施相关部门应采取科学、严格的环境管理和技术措施，以预防或减轻工业规划实施对生态和环境造成的影响。

（1）发展循环经济。

从企业内部、工业区企业之间以及工业区企业与区外企业之间的三个层面建立资源循环利用产业链。固体废物的处置以“无害化”为主，并逐渐向“无害化、资源化”过渡。

（2）大力推行清洁生产。

在区域内严格按照清洁生产的要求，推行工业清洁生产，强化源头控制、总量控制。企业通过选用“无废”“少废”的工艺、技术、设备，进一步加强能源、资源的综合利用。

（3）加强投资项目管理。

本规划中某些项目有潜在的环境影响风险，项目建设前应加强技术论证和环境影响分析、预测，通过采用高水平工艺及装备、使用清洁能源等措施减少环境影响、提高效率。项目引进以推进循环经济为最高原则，逐步从“资源消费—产品—废物排放”的传统经济开放型物质流动模式向“资源消费—产品—再生资源”的循环经济环闭型物质流动模式转变。严格落实建设项目环境影响评价和“三同时”制度。规划中的项目在项目环评时将充分考虑攀枝花土壤环境和承载力实际，根据土壤环境承载力和区域特点，确保项目土地利用方式符合土壤环境质量要求。

（4）完善工业环境基础设施。

区域内建设项目应使用清洁能源。推进园区污水管网、道路及绿化防护带建设。加强区域河道的环境综合整治，努力改善地表水系水质。根据工业污水的产生情况，分别针对污水处理、企业排污、中水回用和面源污染控制等不同方面提出水污染控制方案及管理措施。

（5）加强工业环境日常监管。

建立有效的环境监测体系，落实工业区日常环境监测计划。在规划实施过程中，若实施范围、适用期限、规模、结构和布局等方面进行重大调整或者修订的，应重新进行规划环境影响评价；如不涉及重大调整或修订，应每隔五年进行一次环境影响跟踪评价。

二、企业“十四五”规划的编制工作安排

（一）时间安排

由各级规划编制责任主体自行组织实施。各级规划编制责任主体首先要对“十三五”规划目标任务的完成情况进行有效评估，分析总结规划制定、实施的成功经验与存在的主要问题，为“十四五”规划的编制提供可资借鉴的素材，丰富并拓宽规划思路。要组织开展对重大问题及规划思路的意见收集、调查研究工作。要在前期评估和广泛收集意见的基础上确定重点研究课题，并针对研究课题组织开展多种形式的专题调研，撰写调研报告。

根据规划编制程序，企业各层级“十四五”规划的编制工作大体上分为以下四个阶段：

1. 准备和前期调研阶段

（1）前期准备工作。集团做好前期的组织保障、人员保障、资金保障、时间规划安排表、资料需要等多方面的准备工作，集团上下全体员工为规划编制做好思想准备。

（2）内部发展环境分析。准确把握企业的经营、管理、产品、人力资

源、科技和财务等企业价值链的每个环节的情况，总结企业具有的优势和存在的劣势。

（3）外部发展环境分析。重点调研分析与企业所在行业相关的现有政策、经济、技术、法律、市场需求等外部因素以及整个产业链和生态链的变化对企业未来发展的影响。

2. 总体思路和基本框架形成阶段

（1）形成总体思路。企业根据全面分析、经过多方论证得出企业未来发展的总体思路。各级规划责任主体确定各自的总体思路。

（2）各分（子）公司编写规划的基本框架，经过论证形成初稿，报集团规划编写组审批。

（3）各职能部门编写各自职能范围内的规划的基本框架，经过论证形成初稿，报集团规划编写组审批。

3. 规划纲要形成阶段

各级规划责任主体根据企业发展的指导思想确定各自的指导思想和基本框架，全面启动各级规划的编制工作。

（1）各分（子）公司编制规划纲要，经过论证形成初稿，报集团规划编写组审批。

（2）各职能部门编制各自职能范围内的规划纲要，初稿完成后报集团规划编写组审批。

（3）集团规划编写组根据调研情况及各分（子）公司规划纲要和职能部门规划纲要开展总体规划纲要编制工作，形成总体规划纲要草案。

4. 规划修改完善、上报阶段

（1）集团规划编写组就总体规划纲要草案广泛征求意见并修改，同时邀请有关专家、学者或专业咨询机构进行评估论证，将经评估论证后的总体规划纲要草案提交集团董事会审议。

（2）集团董事会审议通过后，由集团办公室正式印发执行。

（二）组织保障

“十四五”规划编制工作是一项庞大的系统工程，要做好这项工作必须有强有力的组织领导保证，要在企业的统一领导下开展。

要从三个层次做好规划编制工作的组织保障，具体如下：

（1）领导小组。“十四五”规划编制工作的领导小组可以由党组书记、董事长任组长，党组成员、总经理任副组长，企业各职能部门或集团各分（子）公司主要负责人为成员。

（2）编写组。领导小组下设办公室，办公室设立编写组。编写组可以由集团秘书长担任组长，具体负责企业规划编制工作的组织协调，选择骨干人员负责起草和修订规划；各职能部门、集团各分（子）公司要成立相应的规划编制办公室及编写组，负责本部门、本单位的“十四五”规划编制工作。

（3）咨询专家组。企业要成立规划编写咨询专家组，主要负责从企业发展的不同角度，研究讨论，不断提出规划的修改审议意见。

企业应加强统筹协调，明确责任，落实专人，实现上下联动、密切配合，确保规划编制各项工作有序推进。

（三）职责与分工

“十四五”规划编制工作领导小组主要负责“十四五”规划编制工作的审议和决策等领导职能。

办公室负责“十四五”规划编制工作的组织、协调、推进职能。

具体分工如下：

（1）集团编写组主要负责“十四五”规划编制工作的统一协调，对上级汇报，对下属各单位、各职能部门规划编制予以辅导，及对各单位呈报的规划进行初审。

（2）集团编写组根据企业规划总体思路和基本框架审议和修改各单位、各职能部门编制的规划，并据此编制集团“十四五”规划。

（3）集团各分（子）公司编写组根据各分（子）公司的经营范围负责本单位的规划编制工作。

（4）各职能部门的编写组根据各自部门的职责范围负责本部门的规划编制工作。

（四）机制保障

1. 全体动员，思想上要重视，行动上要配合

“十四五”时期，公司面临难得的发展机遇，也面临严峻的挑战。“十四五”规划工作关系到公司未来的长远生存和发展，关系到全体员工的切身利益，各单位在认识上要提高，思想上要端正，工作上要尽职，全力以赴，认真做好发展战略规划编制工作，稳步推进公司持续健康发展。

2. 建立沟通、讨论、汇报反馈机制

编写“十四五”规划是一项系统工程，目标是制定出集团具有竞争力的战略规划，各个职能部门、分（子）公司能够协同发展的战略规划，所以需要多方配合，需要建立沟通、讨论、汇报反馈机制。

（1）会议制度。“十四五”规划的每个专题会议均需要按会议组织程序执行，会前要做好会议讨论议题，并明确参会人员，形成的会议纪要要有专人对执行情况进行跟踪。

（2）汇报反馈制度。“十四五”规划的阶段性工作总结以书面形式向领导汇报，经主要负责人审签并加盖公章后汇报给上级，然后根据上级领导反馈的意见，对阶段性工作进行修改、完善。

3. 完善意见征求机制

为编写“十四五”规划，特建立意见征求机制。意见征求对象应该是全方位的，包括企业内部员工、企业消费群体、企业供应商、企业战略合作伙伴、企业竞争者、专家、社会民众、政府、国际企业等，形式可以多种多样。

（1）发放征求意见问卷。问卷主题是“十四五”规划，涉及各个业务范围、各个职能部门，征求对象范围广泛。

（2）召开征求意见座谈会。围绕如何做好“十四五”规划召开座谈会，征求各方对企业规划的意见和建议。

（3）负责人深入各个层级进行调研。负责人广泛收集各个层级对“十四五”规划的意见和建议。

（4）设立关于“十四五”规划的意见箱。可以是网上意见箱，充分调动企业相关人员的积极性，还可以拓展信息平台，创新形式，广泛征求意见。

4. 强化统筹协调

建立健全规划工作协调机制，加强各分（子）公司或各职能部门之间的协调配合机制，形成联动效应和工作合力。

（五）资金保障

在资金保障上，集团、各个职能部门或分（子）公司的审计部门应该针对此次规划编制工作做出预算，借鉴“十三五”时期的资金使用情况，确定预算金额，从而为制定规划的调研、专家咨询、差旅、出版印刷等活动提供资金保障。

案例9：某集团“十三五”规划的编制工作安排

一、项目背景

某集团是一家跨行业、跨所有制、跨地区、跨国发展的大型企业集团，自成立至今，始终保持着中国建筑业的领先地位，并逐步发展成一家具有国际竞争力的新型企业集团，跻身全球250家最大国际工程承包商、中国500强企业、中国工程承包商10强企业。该集团拥有全资企业、控股企业、参股企业50余家；拥有员工2万余名，其中专业技术人才1.3万余名，高级以上职称专家千余名。“十三五”时期是该集团面临创新转型、明确方向、推动改革发展极为关键的五年。科学审视集团所处的发展阶段，深刻剖析存在的问题，准确把握建筑业相关产业的发展方向，合理布局产业结构，高质量编制好该集团“十三五”规划，关系到集团未来长远的可持续发展，对于该集团在新时期开创科学发展新局面，加速推动集团建设更高阶段的具有国际竞争力的新型企业集团具有重要意义。

二、客户存在的问题

“十三五”时期是该集团调整产业布局、加快形成发展格局的突破时期。随着建筑业市场竞争的加剧、房地产行业发展的持续放缓，该集团在建安施工、房地产开发和物业管理等主业的发展方面面临严峻考验。因此，必须深刻分析未来行业的发展趋势，加速该集团在新兴领域的产业布局，提升传统产业，孵化和培育新兴产业，加快结构调整，突破发展瓶颈，形成集团新的发展格局，实现集团未来五年的跨越式发展。

三、仁达方略解决方案

仁达方略的工作重点在于做好规划间的协调衔接。仁达方略在规划编制中特别注意了以下几个方面的衔接，包括“十三五”规划与“十二五”

规划的衔接，与所在产业发展规划的衔接，与市国资委“十三五”规划的衔接；集团规划与集团各单位规划的衔接，集团规划与职能部门规划的衔接。

该集团“十三五”规划编制的工作安排共分为以下四个阶段进行：

第一阶段，总结和前期研究阶段（从 2014 年 11 月到 2015 年 2 月）。部署规划编制工作，完成集团“十二五”规划的总结和重点课题的初步调研工作。

第二阶段，规划基本思路及基本框架的形成阶段（从 2015 年 3 月到 2015 年 7 月）。明确发展思路，着手规划的起草，完成集团“十三五”规划基本框架。

第三阶段，征求意见及规划编制阶段。2015 年 8 月开始，广泛征求意见，开展研讨，不断修订和完善“十三五”规划，完成规划初稿。

第四阶段，规划完善和审批备案阶段。2015 年 9 月开始，继续完善和修改规划，履行审批程序，使规划具备发布条件，同时做好规划的解读和宣传工作。

四、达到的效果

该集团按照仁达方略精心编制的“十三五”规划的“双主业双培育”业务格局（“双主业”为工程建设、房地产开发和物业管理，“双培育”包括节能环保业务和设计咨询服务）来运行，获得了高质量的发展，迈出了新步伐。该集团形成了一条集“生态评估、城市规划、环境改造、建筑设计、技术研发、投资开发、施工建造、运营服务”于一体的产业链，构建起绿色、智能、协同、高效的集成平台，能够以 PPP 等多种投融资模式运作各种重大项目，致力于为城市提供工程建设和综合服务。

参考文献

［1］仁达方略管理咨询公司．高度［M］．北京：企业管理出版社，2015.

［2］新世纪评级．中国宏观经济分析与展望（2019 年 1 月）［EB/OL］．（2019－01－15）［2019－02－08］．https：//mp. weixin. qq. com/s?biz＝MzA4NTU4MDUyNQ%3D%3D&chksm＝87df427ab0a8cb6ce1ee6fcfe0049f1b918d6fb340a4926b0d6ada804e14ed25995d52db9912&idx＝1&mid＝2650680824&scene＝0&sn＝0f814695c41a151ed7de866ff77ed151&xtrack＝1.

［3］孙欣．年内形成“十四五”规划基本框架［EB/OL］．（2019－01－22）［2019－03－08］．http：//www. dailyqd. com/epaper/html/2019－01/22/content_ 238233. htm.

［4］肖明．国家发改委启动“十四五”规划前期调研［EB/OL］．(2018－12－11)［2019－01－08］．http：//www. sohu. com/a/280970883115124.

［5］百度百科．京津冀都市圈区域规划［EB/OL］．（2010－08－05）［2019－01－08］．https：//baike. baidu. com/item/%E4%BA%AC%E6%B4%A5%E5%86%80%E9%83%BD%E5%B8%82%E5%9C%88%E5%8C%BA%E5%9F%9F%E8%A7%84%E5%88%92/2290828？fr＝aladdin.

［6］MBA 智库．产品定位［EB/OL］．（2010－08－05）［2019－01－08］．http：//wiki. mbalib. com/wiki/%E4%BA%A7%E5%93%81%E5%AE%9A%E4%BD%8D.

［7］百度百科．成本领先战略［EB/OL］．（2018－04－16）［2018－09－03］．http：//baike. baidu. com/view/338111. html.

［8］王吉鹏．战略实论［M］．北京：企业管理出版社，2010.

［9］张远兮．新旧动能转换是什么？企业如何理解，企业如何新旧动能转换落地？［EB/OL］．（2018－04－17）［2018－09－03］．http：//www. sohu. com/a/228349578_ 762200.

［10］余之舰．公文中的"指导思想"怎么写？［EB/OL］．（2017－03－27）［2018－01－08］．https：//mp. weixin. qq. com/s？_ _ biz＝MzA3MDI1OTMxOQ%3D%3D&idx＝1&mid＝2650203554&sn＝42487c885e1705213ecaf133d1bb50e7.

［11］李展．公文中保障措施的撰写［EB/OL］．（2018－09－13）［2019－01－08］．http：//sh. qihoo. com/pc/9c7db9df7c0ee5dd9？cota＝4&tj_ url＝so_ rec&refer_ scene＝so_ 1&sign＝360_ e39369d1.

［12］新华网．中共中央 国务院印发《粤港澳大湾区发展规划纲要》［EB/OL］．（2019－02－18）［2019－03－06］．http：//www. xinhuanet. com//2019－02/18/c_ 1210062234. htm.

［13］搜狐网．《成都市城市总体规划（2016—2035年）》：征集意见稿［EB/OL］．（2018－01－26）［2018－03－06］．https：//www. sohu. com/a/219104391_ 454884.

［14］魏炜，朱武祥．发现商业模式［M］．北京：机械工业出版社，2014.

［15］百度文库．公司"十三五"发展规划［EB/OL］．（2017－11－06）［2018－03－06］．https：//wenku. baidu. com/view/d57b9367366baf1ffc4ffe4733687e21ae45ff47. html.

［16］四川师范大学文化艺术产业中心．成都市"十三五"文化产业发展规划［EB/OL］．（2017－11－24）［2017－11－26］．http://wczx. sicnu. edu. cn/p/0/？stid＝st_app_news_i_x636471314456527303.

［17］攀枝花市人民政府．攀枝花市人民政府办公室关于印发《攀枝花市工业发展"十三五"规划》的通知［EB/OL］．（2017－08－17）［2017－11－26］．http：//www. panzhihua. gov. cn/uploadfiles/201708/18/2017

081817173690245112. pdf.

［18］无锡市人民政府国有资产监督管理委员会. 市属国有企业“十三五”改革与发展规划纲要［EB/OL］.（2017－02－16）［2017－11－26］. http：//gzw. wuxi. gov. cn/doc/2017/04/24/1310399. shtml.

［19］四川省人民政府. 四川省人民政府关于印发四川省“十三五”能源发展规划的通知［EB/OL］.（2017－02－23）［2017－03－08］. http://www. sc. gov. cn/zcwj/xxgk/NewT. aspx?i＝20170301144102－260285－00－000.

［20］中华人民共和国国家发展和改革委员会. 电力发展“十三五”规划（2016—2020 年）：发布稿［EB/OL］.（2017－06－05）［2017－11－12］. http://sousuo. ndrc. gov. cn/s? siteCode＝bm04000007.

［21］仁达方略管理咨询公司. 金融控股集团的管理［M］. 北京：中国财富出版社，2018.

［22］仁达方略管理咨询公司. 国有资本投资运营公司的管理［M］. 北京：中国财富出版社，2019.

附　录

地区规划：《四川省“十三五”能源发展规划》[①]

能源是人类社会赖以生存和发展的重要物质基础，是国民经济的战略性资源和基础产业，是驱动生产力发展和文明进步的动力源泉。“十三五”时期，是四川决胜全面小康、建设经济强省的重要阶段，适应经济新常态，把握发展新趋势，制定未来五年能源发展规划，对于加快把四川建成全国优质清洁能源基地和国家清洁能源示范省，构建清洁低碳、安全高效现代能源体系具有重要意义。

本规划牢固树立并切实践行创新、协调、绿色、开放、共享的发展理念，遵循能源发展“四个革命、一个合作”战略思想，根据《四川省国民经济和社会发展第十三个五年规划纲要》和国家《能源发展战略行动计划(2014—2020年)》编制，是未来五年指导全省能源改革发展和重点能源项目建设的重要依据和行动指南。

本规划以2015年为基期，规划期为2016—2020年。

一、发展基础

(一)“十二五”发展成就

“十二五”时期，全省清洁能源生产能力快速增长，能源结构进一步优化，能源普遍服务水平大幅提升，能源科技创新和体制机制改革取得积

① 四川省人民政府. 四川省人民政府关于印发四川省“十三五”能源发展规划的通知[EB/OL]. (2017-02-23)[2017-03-08]. http://www.sc.gov.cn/zcwj/xxgk/NewT.aspx?i=20170301144102-260285-00-000。(文中所涉数据均为当时条件下统计，引用时略有删改)

极进展，能源供给保障能力显著增强，能源发展站到转型变革的新起点。

（1）清洁能源生产能力显著增强。

水电实现跨越式发展，2015 年水电装机容量达到 6939 万千瓦，比 2010 年增长 126%，年均增长 17.7%；水电发电量 2767 亿千瓦时，比 2010 年增长 143%，年均增长 19.4%。天然气生产迈上新台阶，2015 年四川盆地产量达到 267 亿立方米，比 2010 年增长 72.3%，年均增长 11.5%。页岩气勘探开发取得重大突破，“十二五”期间累计钻井 196 口，日生产能力突破 800 万立方米，累计产量近 15 亿立方米。新能源开发快速推进，发电（含垃圾发电）装机从 2010 年的 5 万千瓦增加到 2015 年的 132 万千瓦。

（2）能源结构进一步优化。

2015 年，清洁能源消费占一次能源消费总量比重达到 43.1%，比 2010 年提高 11.1 个百分点，其中非化石能源消费占一次能源消费比重达到 31.7%，比 2010 年提高 9.1 个百分点。天然气消费比重达到 11.4%，比 2010 年提高 1.9 个百分点。煤炭消费占一次能源消费比重下降到 37.9%，比 2010 年降低 18.3 个百分点。非化石能源装机占电力总装机的 80.9%，其中水电装机占 79.5%，分别比 2010 年提高了 10 个百分点和 8.6 个百分点。季调节及以上水电（含外送电站）装机达到 2359 万千瓦，占全省水电装机总量的 34%。全社会发电量中非化石能源发电量占 86.1%，其中水电发电量占 85.7%，分别比 2010 年提高了 19.3 个百分点和 18.9 个百分点。大容量、高参数火电机组比重不断提高，2015 年火电单机容量 60 万千瓦机组达到 660 万千瓦，占火电总装机的 40.6%，比 2010 年提高了 12 个百分点，累计关停小火电 138 万千瓦。

（3）能源输送网络不断完善。

全省电网与外区电网形成“四交四直”的联网格局，额定外送容量达到 2850 万千瓦，比 2010 年增加 1540 万千瓦。“川电外送”“川藏联网”工程顺利实施，电网内外互济能力不断加强。天然气管网北接中卫—贵阳天然气联络线，南连中缅天然气管道，东接川气东送和忠武管道，形成了以“三纵三横”输气干线为主体，以各气源开发区为依托的环形输送管网以及高压输送、低压配送管网体系，年输配能力达到350亿立方米。

（4）能源普遍服务水平大幅提高。

紧紧围绕全面解决无电人口用电问题三年行动计划目标，实施无电地区电力建设工程、无电村通电民生工程，累计解决35.8万户148.7万个无电人口用电问题，全面实现无电地区通电目标。加大城市配网建设和农村电网改造升级力度，提升电网供电可靠率和居民用户受端电压合格率。加快天然气输配管网和储气设施建设，确保居民生活等重点用气需求。攀枝花宝鼎、芙蓉、广旺、华蓥山和达竹等五大矿区棚户区改造加快推进。

（5）节能降耗成效显著。

全面推进工业、建筑、交通等重点领域节能，加快调整和优化产业结构、淘汰落后产能，提高综合能效。“十二五”单位地区生产总值（GDP）能耗累计下降25.2%，单位地区生产总值二氧化碳排放量累计下降43.8%，超额完成国家下达的目标。大气污染防治行动计划重点输电通道全面开工，成品油质量升级行动计划深入实施，煤炭清洁高效利用水平稳步提升，散煤清洁化治理步伐加快，煤电机组超低排放升级改造工程全面启动。

（6）略。

（二）主要问题和挑战

“十二五”期间，四川省能源快速发展，但能源形势发生深刻变化，面临诸多问题和挑战。

能源供给由整体短缺转向相对过剩。传统能源产能过剩，煤炭供求严重失衡导致煤炭产销大幅下降，煤电装机平均利用小时数持续下降，煤炭、火电企业经营普遍困难；天然气供过于求的矛盾初显，产能利用率下滑。水电大量集中投产，风电、光伏规模快速扩大，电力供应由长期“丰余枯缺”转为“丰裕枯余”，全社会用电量年均增长率从“十一五”的10.4%下降至“十二五”的5.4%，2015年首次出现负增长。随着在建水电站陆续并网投产，弃水电量将逐年增大，水电消纳矛盾日益突出。

可再生能源发展面临多重瓶颈。省内局部网架薄弱，电网通道建设不能满足可再生能源外送需求。随着水电开发向偏远民族地区延伸，移民安置、生态保护压力增大，水电开发成本不断提高，受端市场消纳困难。新能源资源分布远离负荷中心，风电分散接入、分布式光伏发电等清洁能源就地消纳利用难度大。

电力开发结构性矛盾亟须解决。有调节能力的龙头水库电站建设相对滞后，仅占水电装机规模的34%。小煤矿数量多，落后产能比重大，20万千瓦级及以下煤电装机还有230万千瓦，淘汰任务艰巨。电能替代进展缓慢。部分城乡配网基础薄弱，电网承载能力较低，系统接线与布局亟须优化，线路和配变“卡脖子”现象仍然存在。

能源系统整体效率不高。能源粗放式利用未得到根本转变，能源加工转换、储运和终端利用综合效率较低，电力、热力、燃气等不同供能系统集成互补、梯级利用程度不高，需求侧节能和用户响应机制尚未建立。电力统筹调度整体效率不高，电力运行峰谷差较大，电网所需备用容量较高，水电送出线路距离长、线损高、利用小时数低。天然气储气调峰设施不足，用气高峰、低谷时段不均衡，调峰压力较大。

能源发展体制机制亟待完善。有效竞争的能源市场体系不健全，市场化的能源投融资机制尚未形成。资源地能源价格偏高，能源财政、税收、价格、环保等政策缺乏有机衔接，煤电、气电价格联动机制不完善。水电在全国范围内全额保障消纳机制尚未建立。油气矿业权流转和退出机制不完善，不同程度存在“占而不勘”“占而不采”等问题。

（三）面临的形势

国际能源格局发生重大调整。“十三五”时期，世界经济在深度调整中曲折复杂、增长乏力，围绕能源市场和创新变革的国际竞争仍然激烈。一是能源供应宽松化，美国页岩油气革命成功，液化天然气技术进一步成熟，非化石能源快速发展，推动全球能源供应持续增加。世界主要发达经济体和新兴经济体经济潜在增长率下降，能源需求增速明显放缓。二是能源结构低碳化，《巴黎协定》的实施加快世界能源低碳化进程，天然气和非化石能源将成为世界能源发展的主要方向。三是能源系统智能化，新能源汽车产业化进程加快，智能电网和“互联网+”智慧能源加快发展，分布式供能系统大量应用，越来越多的用能主体参与能源市场交易，“人人消费能源、人人生产能源”的供能用能新形态正在形成。四是国际竞争复杂化，全球能源供求关系持续宽松，能源国际竞争焦点从传统的资源掌控权、战略通道控制权向定价权、货币结算权、转型变革主导权扩展。

我国能源发展呈现新趋势。我国经济发展进入新常态，经济增长从高速转向中高速，能源发展处于重要的战略转型期，正在经历一场深刻的生产消费革命。一是能源消费增速明显回落，未来五年我国经济增长将从高速转向中高速，在经济增速趋缓、结构转型升级加快等因素的共同作用下，能源消费将稳中有降，预计将从“十五”以来的年均增长9%下降到3%左右，能源供过于求的矛盾将更加突出，能源供应持续宽松的态势还将持续。二是能源结构双重更替加快，在落实绿色低碳发展理念、加快供给侧结构性改革的要求下，煤炭消费比重将进一步降低，非化石能源和天然气消费比重将显著提高，油气替代煤炭、非化石能源替代化石能源的双重更替进程将加快推进。三是能源发展动力转换提速，能源发展将从主要依靠要素驱动的发展模式向更多依靠创新驱动转变。能源领域的核心关键装备制造、储能和新材料、“互联网+”智慧能源、新能源汽车、电能替代等一大批能源创新成果将加快提升能源发展的质量和效益，新城镇、新农村成为用能主要增长点，绿色低碳和高效智能将成为全社会对能源供给品质的新要求。四是能源系统形态深刻变化，新增用能将更多依靠“因地制宜、就地取材”的分布式供能系统，风能、太阳能、生物质能和地热能在新城镇、新农村能源供应体系中的作用将更加突出。五是能源国际合作迈向更高水平，能源合作战略着眼点和着力点将从以能源资源开发为主扩展到基础设施互联互通、技术装备和服务"走出去"，从以油气合作为主扩展到煤炭、电力和可再生能源等更广泛领域，能源国际产能合作空间不断拓展。

（四）需求预测

（1）2020年能源消费总量预测。

根据《四川省国民经济与社会发展第十三个五年规划纲要》确定的"十三五"地区生产总值增长率7%以上、单位地区生产总值能耗下降16%以上等目标，预计2020年一次能源消费总量2.29亿吨标准煤，年均增长约2.9%。水电、天然气、新能源等清洁能源消费比重预计达到54%，比2015年提高10.9个百分点。

（2）主要能源品种消费预测。

——电力。2020年全社会用电量2500亿千瓦时，最大负荷4720万千瓦。用电量年均增速4.4%，比"十二五"低1个百分点。

——天然气。根据人均用气量增长、天然气普及率测算，2020年天然气消费量为280亿立方米，约占一次能源消费总量的16.2%，比2015年提高4.8个百分点。

——成品油。根据人口增长、石油利用效率、交通运输模式、汽车保有量及行车里程等，预计"十三五"成品油消费年均增长5.2%，2020年成品油消费3900万吨，占一次能源消费总量的25%，比2015年提高3.1个百分点。

——煤炭。预计"十三五"煤炭消费量年均下降3.7%，2020年原煤消费量7700万吨，占一次能源消费总量的23.9%，比2015年下降14个百分点。

二、总体要求

（一）指导思想

全面贯彻党的十八大和十八届三中、四中、五中、六中全会及省委十届八次、九次全会精神，牢固树立创新、协调、绿色、开放、共享的发展理念，切实遵循能源发展“四个革命、一个合作”战略思想，顺应能源发展大势，主动适应、把握和引领经济发展新常态，以推动能源生产和消费革命为主线，以科技创新和体制机制革命为动力，着力推进能源供给侧结构性改革，着力加强能源需求侧管理，着力培育能源生产和消费新模式新业态，着力提升能源普遍服务水平，加快构建清洁低碳、安全高效的现代能源体系，努力把四川建设成为国家优质清洁能源基地和国家清洁能源示范省。

（二）基本原则

（1）清洁低碳，绿色发展。

把发展清洁低碳能源作为调整能源结构的主攻方向，坚持发展非化石能源与清洁高效利用化石能源并举，增强清洁能源供应保障能力。大幅降低煤炭消费比重，提高天然气和非化石能源消费比重，降低二氧化碳排放强度和污染物排放水平，促进生态文明建设。

（2）效率为本，创新发展。

把创新作为引领能源发展的第一动力，加快技术创新、体制机制创新、商业模式创新，培育和推广电动汽车、智能微网、“互联网+”智慧能源等新型用能方式，大力发展能源新产业和新业态，增强发展活力，充分发挥市场配置资源的决定性作用，促进能源持续健康发展。

（3）着眼全局，协调发展。

以智能高效为目标，加强能源系统统筹协调和集成优化，推动各类能源协同发展，提升系统效率。大力推进能源生产与能源消费相衔接，电源点建设与电网发展相匹配，电力、油气、煤炭等多种用能方式因地制宜、协调发展。

（4）合作共赢，开放发展。

统筹省内、省外资源和市场，加强能源输送网络和通道建设，积极参与全国一次能源平衡。深入实施“一带一路”等区域合作战略，加强能源产能和技术的国际国内合作，实现开放格局中清洁能源产业的更大发展。

（5）惠民利民，共享发展。

按照全面建成小康社会目标，加强能源基础设施和公共服务保障能力建设，显著提高能源普遍服务能力和水平。坚持能源发展和脱贫攻坚相结合，推进能源扶贫工程建设。

（三）发展目标

（1）能源效率提升。

2020 年一次能源消费总量为 2.29 亿吨标准煤。单位地区生产总值能耗累计下降 16%，降低火电供电煤耗和电网综合网损率，能源利用更加高效。

（2）能源结构优化。

能源生产消费更加清洁低碳，2020 年非化石能源消费比重达到 37.8%，比 2015 年提高 6.2 个百分点；天然气消费比重达到 16.2%，比 2015 年提高 4.8 个百分点；煤炭消费比重达到 23.9%，比 2015 年下降 14 个百分点。非化石能源发电装机比重提高到 83.5%，水电装机达到 8301 万千瓦，新能源装机达到 912 万千瓦，其中风电装机为 600 万千瓦，太阳能发电装机为 250 万千瓦，生物质发电（含垃圾发电）装机为 62 万千瓦。常规火电（含天然气、煤层气发电）装机不超过 1800 万千瓦。

（3）能源保障有力。

能源供应和服务能力不断增强，能源民生用能质量和水平不断提高。电网稳定安全，2020 年电力总装机达到 1.1 亿千瓦左右。进一步提高全省用气普及率。

（4）能源科技创新取得新突破。

能源科技创新体系基本建立，科技创新能力显著增强，能源关键技术装备研发取得突破性进展。科技创新示范工程取得显著成效，装备制造国产化水平进一步提高，能源技术合作取得新突破，加快形成立足四川、辐射全国的能源技术装备研发中心。

（5）能源重点领域改革深入推进。

适应和引领能源发展新常态的体制机制基本完善，能源价格市场化改革、能源市场体系建设等取得显著成效。

三、大力发展清洁能源

（一）稳步推进水电开发

坚持以水电为主的能源开发方针，着力调整优化水电开发结构。重点推进金沙江、雅砻江、大渡河“三江”水电基地建设，优先建设龙头水库电站；严格控制中型水电项目核准，除具有季及以上调节能力的中型（单站装机容量5万千瓦及以上，30万千瓦以下）水库电站和以航运为主的航电项目外，其余中型水电项目暂停核准；全面停止小型水电项目开发，除具有航运等综合利用为主、兼顾发电的项目外，其余小型（单站装机容量5万千瓦以下）水电项目全面停止核准建设。“十三五”期间新开工水电3056.4万千瓦，投产水电1362万千瓦，到2020年年底水电装机达到8301万千瓦，在建规模约4010万千瓦。

（1）推进金沙江、雅砻江、大渡河水电基地建设。

着力争取国家对“三江”水电基地项目的支持，全面优化水电设计、施工、管理，切实有效降低水电开发成本，同时推进配套送出线路规划建设。“十三五”期间新开工2658.8万千瓦，其中，金沙江基地“十三五”期间开工建设1408.5万千瓦，到2020年年底建成1349万千瓦；雅砻江基地“十三五”期间开工建设734.5万千瓦，到2020年年底建成1470万千瓦；大渡河基地“十三五”期间开工建设515.8万千瓦，到2020年年底建成1737万千瓦。

（2）着力优化水电结构。

鼓励发展具有季以上调节能力的水库电站，增强水电丰枯调节能力。“十三五”期间，新开工具有季以上调节能力水电站110.7万千瓦，到2020年全省具有季以上调节能力水电站占水电装机比重提高到38%。

建设岷江中下游航电通道，建成投产犍为航电工程，新开工老木孔、东风岩、龙溪口航电工程。“十三五”开工建设规模为115万千瓦，2020年年底建成57.2万千瓦。

（3）积极推进流域综合管理。

探索建立政府引导、各利益相关方共同参与的流域综合管理协调机制，探索建立流域统筹调度机制，充分发挥流域梯级综合效益。建立流域安全监测系统、水情测报系统和生态环保信息系统，构建流域水电信息共享平台。积极推进大渡河流域水电综合管理试点。

（二）统筹推进常规天然气和页岩气勘探开发

加快推动川中、川西和川东北常规天然气勘探开发，川南页岩气资源调查和勘探开发。到2020年，新增常规天然气探明储量6500亿立方米，天然气产量达到450亿立方米（其中页岩气为100亿立方米）。

（三）科学有序发展新能源

（1）风电。

优化风电开发布局，总量控制，适度开发，依据国家已批准实施的凉山州风电基地规划，进一步优化建设时序，把握好开发节奏。盆周山地等其他区域因地制宜、分散式适度开发风电。加强风电项目管理，深化、细化风能资源勘测，优化微观选址设计，提升风电设备质量和运行维护水平，提高风能利用效率，促进风电成本下降，减少对环境的影响。到2020年，全省风电建成并网规模达到600万千瓦，其中凉山州风电基地建成并网453万千瓦。

（2）太阳能发电。

以“三州一市”（甘孜州、阿坝州、凉山州、攀枝花市）为主，结合新能源项目送出条件，科学有序开发利用太阳能资源，优先发展分布式光伏发电，重点支持技术先进、综合利用的光伏发电项目和光伏扶贫项目。到2020年，太阳能发电建成并网规模达到250万千瓦。

（3）风光水多能互补开发。

充分发挥风、光、水清洁能源资源优势，利用出力互补特性，依托流域梯级水电的调节能力和送出通道，积极推进雅砻江等流域风光水多能互补开发示范，探索新能源开发与水电开发协调发展、打捆外送的有效路径。

（4）生物质能利用。

积极推广生物质燃气、生物质液体及成型燃料运用，推动生物质能发电行业发展。推进已核准的秸秆发电和垃圾发电项目建设。到2020年，生物质发电规模约62万千瓦，其中秸秆发电12万千瓦，垃圾发电50万千瓦。

四、促进化石能源高效清洁生产利用

（一）推动煤炭清洁生产利用

（1）安全绿色开采煤炭。

坚持优化布局，引导煤炭企业淘汰落后产能，实施减量开发。重点开发古叙、筠连等大型矿区，推动矿区提档升级；提升宝鼎、达竹矿区焦煤等特殊稀缺煤种生产水平，保持适度开发规模；引导龙门山、雅荣等矿区逐步退出煤炭生产领域。建立煤矿清洁生产标准，逐步关闭灾害重、环境污染重、开采成本高的落后煤矿；推广应用煤炭清洁安全生产技术与装备，加强煤矿信息化技术装备研发，因地制宜采用煤与瓦斯共采等绿色开采技术，推进采煤沉陷区综合治理。到2020年，全省生产原煤4500万吨；淘汰关闭煤矿30%以上，采煤沉陷区治理率达到40%，土地复垦率达到60%。

（2）清洁高效利用煤炭。

建立商品煤质量标准体系及配套政策，大力推进煤炭洗选和提质加工，完善煤炭洗选设施，提高原煤入选比重和煤炭质量。加快现代煤炭物流和商品煤交易体系建设，推动煤炭储配设施建设和煤炭精细化加工配送，提高煤炭利用效率。鼓励建设煤炭分级分质梯级利用示范项目，提高煤炭利用附加值。强化煤矿废弃物资源化开发，提高煤矸石、矿井水等资源综合利用率。到2020年，煤炭废弃物资源化率达到50%以上。

（3）积极开发煤层气。

坚持煤层气（煤矿瓦斯）井下与地面抽采利用并举，推进煤层气工程中心等技术平台建设和技术创新，加强煤层气开发经济技术评价和关键技术研发，开展低浓度瓦斯抽采利用，重点实施芙蓉、华蓥山等矿区井下瓦斯抽采利用规模化建设。到2020年，瓦斯发电装机容量达到15万千瓦。大力推进古叙、筠连等矿区地面煤层气勘探开发，探索形成适合川南煤层气开发的技术路线，健全资源协调开发机制，促进煤层气产业化发展。到2020年，新增煤层气探明地质储量150亿立方米，建设煤层气产能3亿立方米。

（二）推动煤电高效清洁改造

按照国家有序发展煤电要求，控制煤电发展规模，到2020年，常规火电装机容量不超过1800万千瓦（含天然气、煤层气发电）。提高燃煤发电机组准入标准，新建燃煤发电机组煤耗控制在每千瓦时300克标准煤以下。在热负荷集中的工业园区，根据热负荷需求，适当发展热电联产项目。积极推进燃煤发电机组超低排放和节能改造，进一步提升煤电高效清洁发展水平。到2020年年底，完成现役30万千瓦及以上燃煤发电机组超低排放和节能改造工作。鼓励30万千瓦以下的燃煤发电机组实施超低排放改造。淘汰落后燃煤发电机组115.3万千瓦。

（三）推动油品质量升级

加快炼油装置升级改造，保障清洁油品供应，按国家统一部署，全面供应符合国家第五阶段标准的车用汽、柴油。加强成品油市场的监督管理，科学引导市场主体的投资经营行为，进一步规范成品油市场秩序，依法处理质量违法行为。

五、加强能源输送通道和网络建设

（一）加快电力输送通道和骨干网络建设

构建安全可靠、智能经济的输配电网，保障电力资源的合理调度。结合“三江”水电基地外送和省内用电需求，抓紧建设省际电力外送新通道，促进四川清洁能源参与全国一次能源平衡。进一步巩固和完善省内电源富集地区和负荷中心电网500千伏、220千伏骨干网架，加大水电资源在省内消纳力度，保障新能源有序接入。完善110千伏及以下城乡输配电网络，增强用电保障能力。

为更好满足“十三五”及以后四川新增大型梯级水电电源送出需要，新建四川资阳—重庆铜梁500千伏输变电工程。新建以盐源为起点的四川水电外送第四回特高压直流输电工程，增加直流外送输电容量1000万千瓦。配合水电和新能源汇集送出，新建马尔康、盐源、会东、布拖等4座500千伏变电站以及配套500千伏线路。

为满足省内用电需求，新建江油、宣汉、南部、泸州东等8座500千伏降压变电站以及配套500千伏线路。

（二）完善油气输配管网设施

加快省内天然气输送管网建设。重点建设高石梯—磨溪地区天然气外输管道、长宁地区页岩气外输管道、铁山坡净化气集输管道、自贡—隆昌—荣昌—永川—江津集输气管道、川西—川东北联络线西段（元坝—德阳）输气管道、攀枝花—凉山天然气管道等工程。在加快省内天然气主干管网建设的同时，延伸和完善天然气支线网络建设，提高天然气输送能力。扩大天然气供应范围，通过天然气管网延伸、天然气液化储存及长途运输等方式及建设压缩天然气（CNG）母子站、液化天然气（LNG）或液化-压缩天然气（L-CNG）加气站等措施，解决省内尚未使用天然气地区的天然气利用问题。到2020年，新增输气管道2143千米，输气管道总长度达到1.9万千米。建成内江—简阳等成品油管道，增强成品油输送能力。

（三）大力推动电动汽车充换电设施网络建设

逐步形成以住宅小区、办公场所自（专）用充电设施为主体，以公共停车位、道路停车位、独立充电站等公用充电设施为补充的充电服务网络，在城际及对外通道上形成以高速公路服务区和加油（气）站为主要轴线的公用充电设施服务走廊。在住宅小区建设以慢充为主的自（专）用、公用充电设施。在办公场所、公交及出租车专用场站建设快慢结合的专用充电设施，在商业、公共服务设施、公共停车场、高速公路服务区、加油（气）站以及具备停车条件的道路旁建设以快充为主、慢充为辅的公用充电设施，鼓励已有建筑改建充电设施。到2020年，力争建成充电桩27万个，集中式充换电站604座，其中公交车充换电站140座，出租车充换电站91座，专用车充电站89座，城市公用充电站88座，城际高速公路服务区充电站196个。

六、积极推进能源消费清洁高效

（一）积极推动电能替代和天然气替代

大力实施和推广以电代煤、以电代油工程，重点在城市交通、工商业等领域实施以电代油、以电代煤。工业领域积极推进燃煤锅炉“煤改电”，开展电蓄冷蓄热，逐步扩大工业电能替代范围，稳步提高电能消费占终端能源消费比重。改善城镇与农村用能方式，在城镇、乡村等散煤消耗区域鼓励“煤改电”，积极推进民用和工业“煤改气”工程。以长途客货运车、城市公交车、出租车及环卫工程车等车辆为重点，推广使用以液化天然气（LNG）、压缩天然气（CNG）为燃料的清洁能源汽车。

（二）有序发展分布式能源

因地制宜在工业园区、大型楼宇等推进天然气分布式能源发展，在可再生资源富集、大电网未覆盖的偏远地区建设分布式可再生能源项目。在农业和养殖业发达地区建设冷、热、电三联供分布式生物质发电示范项目。鼓励具有地热资源和稳定负荷需求的地区建设分布式地热能供暖（制冷）项目。

（三）加强节能管理

严格能效管理，实施能源消费总量和强度“双控”制度，加快推动用能权交易试点，对重点用能单位和耗能项目加强监督管理。全面开展能效对标达标活动，强化主要产品（工序）和重点用能设备能效标准限额管理。加强电机、锅炉等重点用能设备节能改造。实施工业绿色发展专项行动，建设循环经济产业园区和低碳工业试点示范园区。积极推行合同能源管理，推动重点用能单位能源管理体系建设。

七、加强能源科技创新

（一）加强能源科技创新能力建设

强化能源企业科技创新主体地位，整合技术、资本、人才、市场等多种要素，依托省内现有的能源科研力量，鼓励能源企业、高校及研究机构加强合作，创新能源科技政策设计，加快形成完整的能源科技创新体系，统筹推进基础性、综合性、战略性能源科技研发，新增一批国家级能源科技创新中心。重点加快页岩气勘探开发关键技术国产化攻关，形成适用四川地质条件的页岩气水平井钻完井技术和压裂技术；鼓励工业园区应用天然气冷热电三联供、热泵、工业余热余压利用等综合能源利用技术；在具备条件的城镇地区实施以智能电网为基础，与天然气管网、电动交通网络等互联互通，冷、热、电、储气、氢能等多种能源形态协同转化的能源技术创新；加快水风光互补协调运行技术、充换电技术、集中式和分布式储能电池技术的集成创新，推动大数据在能源产业全流程各环节的应用，充分发掘数据资源支撑能源创新的潜力，建立安全可信的能源大数据技术体系与应用示范。推进能源区块链技术研发，探索电力市场、能源互联网交易市场和碳交易市场关键技术。建立一批技术创新联盟，以市场为导向加快技术产业化应用，开展一批示范工程建设，提高可再生能源利用效率，培育壮大具有全国竞争力的科技创新型能源企业，建立一批能源科技领军人才团队。

（二）加强能源装备研发制造

发挥四川能源科技装备研发优势，坚持增强自主创新能力，以非常规油气勘探开发、第三代第四代核电技术、新型高效低成本光伏发电、燃气轮机、高效电机、超超临界燃煤高效发电机组、节能/超低排放型超临界循环流化床锅炉、大型压缩/液化天然气成套设备、低速高海拔风电机组、特高压输变电、柔性输变电、大规模储能电池、智能电网、能源互联网等装备研发制造领域为重点，突破关键技术、材料和零部件瓶颈，加快培育重点装备自主成套生产能力，在能源工程和示范项目中鼓励使用自主研制的重点装备，完善能源装备研发制造激励机制，大力推进清洁能源装备产业发展，培育形成具有较强创新能力和市场竞争力的能源装备产业体系。

（三）完善能源科技创新服务体系

建立完善节能环保标准和规范体系。加强建筑、工业、能源等重点领域标准规范体系建设，促进节能环保技术和装备产品的推广运用。推动第三方认证机构开展节能环保装备产品认证，提升产品质量和标准化水平。鼓励发展以工程建设、技术咨询、运行服务、检测认定、知识产权保护、风险投资、教育培训为主的清洁能源产业服务体系。依托水电、天然气和页岩气、新能源汽车、核电、节能环保设备等重大项目，促进设计实验、工程服务、设备维护、监测认定、安全审查及标准制定等高端技术服务业发展。推进合同能源管理，发展专业化节能服务公司，逐步形成政府引导、市场调节的合同能源管理模式。

八、努力保障和改善民生

（一）完善居民用能基础设施

加强配电网统筹规划，优化电源与电网布局，促进新能源、分布式能源、电动汽车充换电设施等多元化负荷与配电网协调有序发展。实施城市配电网供电可靠性提升行动和配电网网架优化行动，优化城乡网络，扩大电网覆盖范围，提高供电可靠性和智能化水平，消除城乡用电瓶颈。加快推进农村电网升级改造，全面解决县域电网与主网联系薄弱问题，基本实现县城和重要供电区域 110 千伏变电站直供电。到 2020 年，力争农村电网供电可靠率提高到 99.8%，综合电压合格率提高到 99.5%，综合线损率降低到10%以下，建成满足全面建成小康社会供电需求的农村输配电系统。

加快天然气输配气管网建设，扩大管网覆盖范围，延伸城市输气管道至重点乡（镇）、村，进一步提高用气普及率，推进城乡天然气利用，逐步实现气化全川目标。加快完善城市燃气管网，加强城镇供气储气调峰及应急设施建设，提高储气规模和应急调峰能力。到2020年，百万人口城市储气调峰设施拥有率达到50%以上，优先保障民生用气，确保城镇燃气用气需求。科学规划布局加油加气设施，在高速公路服务区、物流（工业）园区、城镇主干道等合理布局加气站，鼓励加油加气站合建，构建天然气汽车加气网络体系。

（二）精准实施能源扶贫工程

以阿坝、凉山、甘孜三州光照条件较好、具备建设和接网条件、外部环境较好的31个光伏扶贫重点县为重点，以建档立卡无劳动能力贫困户（包括残疾人）为扶贫对象，因地制宜实施光伏发电扶贫工程，建设一批光伏扶贫电站，实现扶贫对象稳定增收和可持续发展。

（三）大力发展农村清洁能源

采取有力措施推进农村地区太阳能、农林废弃物、养殖场废弃物等可再生资源开发利用，促进农村清洁用能。因地制宜发展沼气和生物质天然气工程，鼓励分布式光伏发电和农业设施相结合。鼓励农村能源供应方式多元化。

九、深化能源体制机制改革

（一）推进电力体制改革

积极推动开展电力体制改革综合试点，协调推进售电侧改革、电价改革、交易市场建设及交易机构组建、发用电计划改革。开展输配电价测算，扎实做好输配电价成本监审。积极推进输配电价改革，分类推进交叉补贴改革，逐步减少工商业内部交叉补贴，妥善处理居民、农业用户交叉补贴。加快推进电力市场建设，有序放开竞争性环节电价，不断扩大参与交易的市场主体范围和电量规模。有序向社会资本放开配售电业务，有序放开公益性和调节性以外的发用电计划，切实保障电力电量平衡。组建股份制电力交易机构，依法依规提供规范、可靠、高效、优质的电力交易服务，形成公平公正、有效竞争的市场格局。积极培育售电侧市场主体，向符合条件的市场主体放开增量配电投资业务。加强和规范燃煤自备电厂监督管理。

（二）推动油气体制改革

坚持政企分开、政资分开、网运分开、主辅分离的原则，按照国家统一部署，稳步有序放开油气勘探开发、进出口及下游环节竞争性业务；加快推进油气管道网运分开；全面放开竞争性环节政府定价；加强油气行业配套改革。探索有序放开勘探开发市场准入限制，完善并严格执行油气区块退出机制、矿权交易机制和矿权投资管理体制；配合推进油气管网独立，完善油气基础设施公平接入机制，探索油气基础设施投融资和运营模式新机制；择机推动放开天然气气源和部分销售价格，加强管道运输成本和价格监管，加快天然气网上交易平台建设。放开石油天然气下游环节竞争性业务，完善油气加工环节准入和淘汰机制，有序放开成品油批发主体限制，促进天然气配售环节公平竞争。

（三）完善能源价格机制

按照“管住中间，放开两头”的总体思路和“准许成本加合理收益”原则，推进电力、天然气等能源价格改革，合理制定电网、天然气管网输配价格，促进市场主体多元化竞争。有序放开竞争性环节电价，建立主要由市场决定的电价机制。进一步完善需求侧不同行业的差别电价政策，鼓励消纳富余水电。加快建立结构清晰、比价合理、简单明了的电价分类结构体系。建立完善反映天然气供求和稀缺程度、与可替代能源价格挂钩的天然气价格动态调整机制。逐步放开除网络型自然垄断环节的管网输配价格、居民生活用气价格以外的天然气价格。研究制定城镇燃气经营企业配气价格管理办法，强化成本和利润控制。加强省内天然气短距离管道运输价格管理，制定省内天然气管道运输价格定价成本监审办法。

（四）健全能源运行机制

加强能源市场宏观调控，强化政府对能源市场的监测预警、总量平衡和运行调节。建立能源市场应急响应机制，保障能源供应安全和市场稳定。深入挖掘能源系统效率提升空间，加强电网运行调度，从技术上实现加大富余水电消纳力度和支持可再生能源接入，保障电力系统安全稳定运行。引导设计、生产、贸易、运输及消费等各个用能环节控制能源消费总规模，通过推广节能模式提高能源利用效率，调整优化能源供应和消费的运行方式。开展用能权有偿使用和交易制度试点，积极稳妥推进初始用能权确权、有偿使用和交易工作。

十、大力推动能源合作

（一）加强国际合作

深入贯彻国家“一带一路”倡议和长江经济带发展战略，加快中缅天然气管道楚雄—攀枝花支线建设。积极推进与国际大公司、大企业合作，引进国际资本，学习先进的开发管理理念和消化吸收国外先进的作业技术参与四川页岩气、太阳能等资源开发利用。利用国外油田服务公司的先进经验和设备，加快页岩气勘探开发。大力支持能源开发企业、能源装备制造企业参与国际竞争。在中美“气候智慧型/低碳城市”框架下，在清洁低碳领域积极推进四川省参与的中美“2+2”合作。

（二）深化区域合作

充分利用省内省外两种资源、两个市场，扩大和深化区域能源资源勘探开发、能源技术、能源运输等方面合作。继续深化与重庆、浙江、江苏、上海等能源需求中心的战略合作，积极推动落实“西电东送”“川气东送”战略，促进四川清洁能源省外消纳。进一步加强与宁夏、甘肃、陕西、山西、内蒙古、新疆等省（区）的合作，确保在役火电机组的优质煤源。

（三）加强与高校、企业合作

加强与在低碳能源领域有较强科研实力的国内外知名院校的战略合作，加快能源产业强省建设，加大对能源产业链发展的政策扶持和要素支撑力度，鼓励高校与企业合作在四川试点推广能源新模式、新业态。加强低碳能源创新创业人才培养，推进能源领域成熟科研技术成果在四川先行转化，完善产学研结合激励机制。务实推进各类型能源企业与地方政府签署的能源战略合作协议落实，在可再生能源、天然气、页岩气开发利用等投资开发领域，进一步深化政府和社会资本合作。

十一、加强能源行业管理

（一）推进系统能力建设

适时推进水电、天然气、新能源等领域地方性法规修订和政策出台。加强能源行业技术、装备、能效等标准体系建设，建立健全可再生能源和分布式能源发电并网标准。推进能源行业统计、监测、预测预警能力建设，建立信息共享平台，构建有利于宏观调控和行业管理的能源行业统计体系。加强能源领域信用体系建设。

（二）加强能源市场监管

建立覆盖全社会的能源监管体制，加强政府对市场准入、交易行为、垄断环节、价格成本等重点环节的监管。根据能源行业上中下游特点，明确各部门监管职责，完善监管标准、监管规则和监管程序，形成规范有序、公开透明的监管体系。加强重点专项监管和问题监管，促进能源市场健康持续发展。重点加强电力市场准入、电网公平开放和调度交易、供电、电力垄断环节价格与成本、油气管网设施公平开放、天然气稳定供应、新能源和可再生能源消纳等监管，推进电力市场建设，健全电力用户与发电企业直接交易等电力市场化交易机制。完善煤炭市场交易体系，加强煤炭质量监管，规范市场交易行为。

（三）加强能源项目质量安全管理

加强能源工程项目建设质量管理，落实安全生产监督管理职责，突出抓好安全生产风险管控，加强能源项目前期、建设和运行全过程的安全管理。抓好油气管道保护工作，深入开展安全隐患排查和专项整治。充分发挥安全技术保障作用，制定完善安全生产标准规范。严格安全生产事故责任追究，防范和遏制能源行业重特大安全事故。

十二、保障措施

（一）加强组织领导

省能源主管部门全面负责本规划实施的统筹协调，省直相关部门各司其职，及时帮助协调解决本规划实施中出现的问题，确保规划顺利实施。围绕规划提出的重要指标、重大项目、重大改革和政策等，按照部门职能职责推进相关工作。

（二）做好规划衔接

强化能源发展规划的引领约束作用，落实国家“十三五”能源发展规划和四川省国民经济和社会发展“十三五”规划《纲要》的要求，做好本规划与科技创新、产业发展、水利、环境保护、土地利用、城镇化等领域专项规划的衔接。制定和实施煤炭、电力、石油天然气、新能源和可再生能源等各专业规划，明确各行业的发展目标、重点任务和政策措施。各地能源主管部门要在本规划的指导下，立足实际，编制和实施本地的能源发展规划，加强规划衔接，做到总体要求一致、空间布局协调、安排科学有序。

（三）强化政策支撑

建立资源有偿使用和补偿机制。建立和完善水电可持续发展政策，探索建立水电消纳保障机制，积极争取国家支持，探索清洁能源在更大范围内的消纳机制。探索建立大中型水电库区移民后续发展基金，依法依规开展移民工作，确保工程建设和移民工作协同有序推进。放宽市场准入，以页岩气矿业权合法流转制度为核心推进页岩气开发机制创新。鼓励民间资本进入法律法规未明确禁入的能源领域，鼓励境外资本依照法律法规和外商投资产业政策参与能源领域投资，推进电网、油气管网等基础设施投资多元化。进一步简政放权，深化行政审批制度改革和投融资制度改革，积极推行能源投资管理权力清单、责任清单和负面清单制度，推动能源领域投资多元化。

（四）建立完善规划实施机制

省能源主管部门依据能源规划制订年度计划，按照权责一致原则，落实约束性指标目标责任，确保全面完成。加强规划对能源发展的引导和约束，强化能源规划对能源产业布局和重大项目的管理。加强规划实施情况的跟踪分析，适时组织开展规划评估，必要时对本规划进行调整完善，由省能源主管部门提出调整方案，报省政府和国家能源局批准。

专项规划:《电力发展“十三五”规划(2016—2020年)》(发布稿)[①]

前　言

“十三五”时期是我国全面建成小康社会的决胜期、全面深化改革的攻坚期。电力是关系国计民生的基础产业，电力供应和安全事关国家安全战略，事关经济社会发展全局，面临重要的发展机遇和挑战。面对新形势，党中央、国务院明确提出了“推动消费、供给、技术、体制革命，全方位加强国际合作”能源发展战略思想，以及“节约、清洁、安全”的能源发展方针，为电力工业持续健康发展提供了根本遵循。

为深入贯彻落实党的十八大和十八届三中、四中、五中、六中全会精神，根据《中华人民共和国国民经济和社会发展第十三个五年规划纲要》《能源发展“十三五”规划》制定本规划。

本规划内容涵盖水电、核电、煤电、气电、风电、太阳能发电等各类电源和输配电网，重点阐述“十三五”时期我国电力发展的指导思想和基本原则，明确主要目标和重点任务，是“十三五”电力发展的行动纲领和编制相关专项规划的指导文件、布局重大电力项目的依据，规划期为2016—2020年。规划实施过程中，适时进行滚动调整。

---

① 中华人民共和国国家发展和改革委员会．电力发展“十三五”规划（2016—2020年）：发布稿［EB/OL］.（2017－06－05）［2017－11－12］. http://sousuo. ndrc. gov. cn/s? siteCode = bm04000007.（文中所涉数据均为当时条件下统计，引用时略有删改）

一、发展基础

（一）取得的成绩

电力工业发展规模迈上新台阶。“十二五”期间，我国电力建设步伐不断加快，多项指标居世界首位。截至2015年年底，全社会用电量达到5.69万亿千瓦时，全国发电装机达15.3亿千瓦，其中水电3.2亿千瓦（含抽水蓄能0.23亿千瓦），风电1.31亿千瓦，太阳能发电0.42亿千瓦，核电0.27亿千瓦，火电9.93亿千瓦（含煤电9亿千瓦，气电0.66亿千瓦），生物质能发电0.13亿千瓦；“西电东送”规模达1.4亿千瓦；220千伏及以上线路合计60.9万千米，变电容量达33.7亿千伏安。

截至2015年年底，我国人均装机约1.11千瓦，人均用电量约4142千瓦时，均超世界平均水平；电力在终端能源消费中占比达25.8%。

华北、华中、华东、东北、西北、南方六个区域各级电网网架不断完善，配电网供电能力、供电质量和装备水平显著提升，智能化建设取得突破，农村用电条件得到明显改善，全面解决了无电人口用电问题。

结构调整取得新成就。“十二五”时期，我国非化石电源发展明显加快。全国水电规模稳步增加，新增投产超过1亿千瓦，占全国发电装机比重达到20.9%；风电规模高速增长，占比由2010年的3.1%提高至8.6%，跃升为我国第三大电源；光伏发电实现了跨越式发展，累计新增约4200万千瓦；核电在运装机规模居世界第四，在建3054万千瓦，居世界第一。

火电机组结构持续优化，超临界、超超临界机组比例明显提高，单机30万千瓦及以上机组比重上升到78.6%；单机60万千瓦及以上机组比重明显提升，达到41%。

非化石能源装机占比从2010年的27%提高到2015年的35%；非化石能源在一次能源消费中的比重从2010年的9.4%提高到2015年的12%，超额完成“十二五”规划目标。

节能减排达到新水平。持续推进燃煤机组淘汰落后产能和节能改造升级，累计关停小火电机组超过2800万千瓦，实施节能改造约4亿千瓦，实施超低排放改造约1.6亿千瓦。全国火电机组平均供电煤耗降至315克标煤/千瓦时（其中煤电平均供电煤耗约318克标煤/千瓦时），达到世界先进水平，煤电机组二氧化碳排放强度下降到约890克/千瓦时；供电煤耗五年累计降低18克标煤/千瓦时，年节约标煤7000万吨以上，减排二氧化碳约2亿吨。

实施严格的燃煤机组大气污染物排放标准，完善脱硫脱硝、除尘、超低排放等环保电价政策，推动现役机组全面实现脱硫，脱硝比例达到92%。2015年电力行业二氧化硫、氮氧化物等主要大气污染物排放总量较2010年分别减少425万吨、501万吨，二氧化硫、氮氧化物减排量超额完成了“十二五”规划目标。

装备技术创新取得新突破。燃煤发电技术不断创新，达到世界领先水平。百万千瓦级超超临界机组、超低排放燃煤发电技术广泛应用；60万千瓦级、百万千瓦级超超临界二次再热机组和世界首台60万千瓦级超临界CFB（循环流化床）机组投入商业运行；25万千瓦IGCC（整体煤气化联合循环发电系统）、10万吨二氧化碳捕集装置示范项目建成，世界首台百万千瓦级间接空冷机组开工建设。

水电工程建设技术和装备制造水平显著提高。攻克了世界领先的300米级特高拱坝、深埋长引水隧洞群等技术，相继建成了世界最高混凝土双曲拱坝（锦屏一级水电站），深埋式长隧洞（锦屏二级水电站）及世界第三、亚洲第一高的土心墙堆石坝（糯扎渡水电站）。

风电、太阳能等新能源发电技术与国际先进水平的差距显著缩小。我国已经形成了大容量风电机组整机设计体系和较完整的风电装备制造技术体系；规模化光伏开发利用技术取得重要进展，晶体硅太阳能电池产业技术具备较强的国际竞争力，批量化单晶硅电池效率达到19.5%，多晶硅电池效率达到18.5%。

核电技术步入世界先进行列。完成三代 AP1000（先进压水反应堆）技术引进消化吸收，形成自主品牌的 CAP1400（140 万千瓦的先进非能动核电技术）和华龙一号三代压水堆技术，开工建设具有第四代特征的高温气冷堆示范工程，建成实验快堆并成功并网发电。

电网技术装备和安全运行水平处于世界前列。国际领先的特高压输电技术开始应用，±1100 千伏直流输电工程开工建设。大电网调度运行能力不断提升，供电安全可靠水平有效提高。新能源发电并网、电网灾害预防与治理等关键技术及成套装备取得突破，多端柔性直流输电示范工程建成投运。

电力国际合作拓展新局面。对外核电、火电、水电、新能源发电及输变电合作不断加强，投资形式日趋多样。带动了我国标准、技术、装备、金融走出去。与 8 个周边国家和地区开展电力贸易，投资巴西、葡萄牙等国电网。

体制改革开启新篇章。《中共中央　国务院关于进一步深化电力体制改革的若干意见》（中发〔2015〕9 号）及相关配套文件相继出台，试点工作逐步开展，价格机制逐步完善，输配电价改革试点加快推进，市场主体逐步培育，电力市场建设取得新进展。

简政放权深入推进。取消和下放电力审批事项 17 项，全面清理规范性文件，建立合法性审查制度，颁布或修改一大批电力法律、法规、产业政策和行业标准。

组建中国电建、中国能建两家特大型能源建设集团，主辅分离取得阶段性进展。基本取消了县级供电企业“代管体制”，基本实现城乡用电同网同价。

（二）机遇与挑战

电力工业发展取得成绩的同时，也暴露出很多问题。“十二五”期间，电力供应由总体平衡、局部偏紧的状态逐步转向相对宽松、局部过剩。非化石电源快速发展的同时，部分地区弃风、弃光、弃水问题突出，“三北”地区风电消纳困难，云南、四川两省弃水严重。局部地区电网调峰能力严重不足，尤其北方冬季采暖期调峰困难，进一步加剧了非化石能源消纳矛盾。电力设备利用效率不高，火电利用小时数持续下降，输电系统利用率偏低，综合线损率有待进一步降低。区域电网结构有待优化，输电网稳定运行压力大，安全风险增加。城镇配电网供电可靠性有待提高，农村电网供电能力不足。电力市场在配置资源中发挥决定性作用的体制机制尚未建立，电力结构优化及转型升级的调控政策亟待进一步加强。

“十三五”是我国全面建成小康社会的决胜期，深化改革的攻坚期，也是电力工业加快转型发展的重要机遇期。在世界能源格局深刻调整、我国电力供需总体宽松、环境资源约束不断加强的新时期，电力工业发展面临一系列新形势、新挑战。

供应宽松常态化。“十三五”期间，随着经济发展进入新常态，增长速度换挡，结构调整加快，发展动力转换，节能意识增强，全社会用电增速明显放缓。“十二五”期间开工建设的发电设备逐步投入运行，局部地区电力供过于求，设备利用小时数偏低，电力系统整体利用效率下降。我国电力供应将进入持续宽松的新阶段。

电源结构清洁化。大气污染防治力度加强，气候变化形势日益严峻，生态与环保刚性约束进一步趋紧。我国已向国际社会承诺2020年非化石能源消费比重达到15%左右，加快清洁能源的开发利用和化石能源的清洁化利用已经成为必然趋势。加快能源结构调整的步伐，向清洁低碳、安全高效转型升级迫在眉睫。

电力系统智能化。推进电力工业供给侧改革，客观上要求改善供应方式，提高供给效率，增强系统运行灵活性和智能化水平。风电、光伏发电大规模并网消纳，核电安全运行对电力系统灵活性和调节能力提出了新的要求。为全面增强电源与用户双向互动，提升电网互济能力，实现集中和分布式供应并举，传统能源和新能源发电协同，增强调峰能力建设，提升负荷侧响应水平，建设高效智能电力系统成为必然选择。

电力发展国际化。随着“一带一路”建设的逐步推进，全方位、多领域的电力对外开放格局更加明晰，电力产业国际化将成为一种趋势。电力企业国际化面临积累国际竞争经验，提高产品和服务多样化水平，电力行业标准与国际标准衔接，履行企业环境责任，完善金融保险配套服务等诸多挑战。电力国际化进程对我国与周边国家的电力互联互通和电力装备制造水平提出了新要求。

体制机制市场化。新一轮电力体制改革将改变电网企业的功能定位和盈利模式，促进电网投资、建设和运营向着更加理性化的方向发展。市场主体逐渐成熟，发电和售电侧引入市场竞争，形成主体多元、竞争有序的交易格局。新兴业态和商业模式创新不断涌现，市场在资源配置中的决定性作用开始发挥，市场化正在成为引领电力工业发展的新方向。

二、指导思想、原则和目标

（一）指导思想

深入贯彻党的十八大和十八届三中、四中、五中、六中全会精神，落实“四个革命、一个合作”发展战略，牢固树立和贯彻落实创新、协调、绿色、开放、共享发展理念，按照《中华人民共和国国民经济和社会发展第十三个五年规划纲要》《能源发展“十三五”规划》相关部署，加强统筹协调，加强科技创新，加强国际合作；着力调整电力结构，着力优化电源布局，着力升级配电网，着力增强系统调节能力，着力提高电力系统效率，着力推进体制改革和机制创新；加快调整优化，转型升级，构建清洁低碳、安全高效的现代电力工业体系，惠及广大电力用户，为全面建成小康社会提供坚实支撑和保障。

（二）基本原则

统筹兼顾，协调发展。统筹各类电源建设，逐步提高非化石能源消费比重。降低全社会综合用电成本。统筹电源基地开发、外送通道建设和消纳市场，促进网源荷储一体协同发展。

清洁低碳，绿色发展。坚持生态环境保护优先，坚持发展非煤能源发电与煤电清洁高效有序利用并举，坚持节能减排。提高电能占终端能源消费比重，提高发电用煤占煤炭消费总量比重，提高天然气利用比例。

优化布局，安全发展。坚持经济合理，调整电源布局，优化电网结构。坚守安全底线，科学推进远距离、大容量电力外送，构建规模合理、分层分区、安全可靠的电力系统，提高电力抗灾和应急保障能力。

智能高效，创新发展。加强发输配用交互响应能力建设，构建“互联网+”智能电网。加强系统集成优化，改进调度运行方式，提高电力系统效率。大力推进科技装备创新，探索管理运营新模式，促进转型升级。

深化改革，开放发展。坚持市场化改革方向，健全市场体系，培育市场主体，推进电价改革，提高运营效率，构建有效竞争、公平公正公开的电力市场。坚持开放包容、政府推动、市场主导，充分利用国内国外两个市场、两种资源，实现互利共赢。

保障民生，共享发展。围绕城镇化、农业现代化和美丽乡村建设，以解决电网薄弱问题为重点，提高城乡供电质量，提升人均用电和电力普遍服务水平。在革命老区、民族地区、边疆地区、集中连片贫困地区实施电力精准扶贫。

（三）发展目标

（1）供应能力。

为保障全面建成小康社会的电力电量需求，预期2020年全社会用电量为6.8万亿~7.2万亿千瓦时，年均增长3.6%~4.8%，全国发电装机容量达20亿千瓦，年均增长5.5%。人均装机突破1.4千瓦，人均用电量达5000千瓦时左右，接近中等发达国家水平。城乡电气化水平明显提高，电能消费占终端能源消费比重达到27%。

为了避免出现电力短缺影响经济社会发展的情况和考虑到电力发展适度超前的原则，在预期2020年全社会用电需求的基础上，按照2000亿千瓦时预留电力储备，以满足经济社会可能出现加速发展的需要。

（2）电源结构。

按照非化石能源消费比重达到15%的要求，到2020年，非化石能源发电装机达到7.7亿千瓦左右，比2015年增加2.5亿千瓦左右，占比约39%，提高4个百分点，发电量占比提高到31%；气电装机增加5000万千瓦，达到1.1亿千瓦以上，占比超过5%；煤电装机力争控制在11亿千瓦以内，占比降至约55%。

（3）电网发展。

合理布局能源富集地区外送，建设特高压输电和常规输电技术的“西电东送”输电通道，新增规模1.3亿千瓦，达到2.7亿千瓦左右；电网主网架进一步优化，省间联络线进一步加强，形成规模合理的同步电网。严格控制电网建设成本。全国新增500千伏及以上交流线路9.2万千米，变电容量达9.2亿千伏安。

基本建成城乡统筹、安全可靠、经济高效、技术先进、环境友好、与小康社会相适应的现代配电网。中心城市（区）智能化建设和应用水平大幅提高，供电可靠率达到99.99%，综合电压合格率达到99.97%；城镇地区供电能力及供电安全水平显著提升，供电可靠率达到99.90%，综合电压合格率达到98.79%；乡村地区全面解决电网薄弱问题，基本消除“低电压”，供电可靠率达到99.72%，综合电压合格率达到97.00%，户均配变容量不低于2千伏安。为电采暖、港口岸电、充电基础设施等电能替代提供有力支撑。

（4）综合调节能力。

抽水蓄能电站装机新增约1700万千瓦，达到4000万千瓦左右，单循环调峰气电新增规模500万千瓦。热电联产机组和常规煤电灵活性改造规模分别达到1.33亿千瓦和8600万千瓦左右。落实全额保障性收购制度，将弃风、弃光率控制在合理水平。

（5）节能减排。

力争淘汰火电落后产能2000万千瓦以上。新建燃煤发电机组平均供电煤耗低于300克标煤/千瓦时，现役燃煤发电机组经改造平均供电煤耗低于310克标煤/千瓦时。火电机组二氧化硫和氮氧化物年排放总量均力争下降50%以上。30万千瓦级以上具备条件的燃煤机组全部实现超低排放，煤电机组二氧化碳排放强度下降到865克/千瓦时左右。火电厂废水排放达标率实现100%。电网综合线损率控制在6.5%以内。

（6）民生用电保障。

2020年，电能替代新增用电量约4500亿千瓦时。

力争实现北方大中型以上城市热电联产集中供热率达到60%以上，逐步淘汰管网覆盖范围内的燃煤供热小锅炉。

完成全国小城镇和中心村农网改造升级、贫困村通动力电，实现平原地区机井用电全覆盖，东部地区基本实现城乡供电服务均等化，中西部地区城乡供电服务差距大幅缩小，贫困及偏远少数民族地区农村电网基本满足生产生活需要。

三、重点任务

（一）积极发展水电，统筹开发与外送

在坚持生态优先和移民妥善安置的前提下，积极开发水电。以重要流域龙头水电站建设为重点，科学开发西南水电资源。坚持干流开发优先、支流保护优先的原则，积极有序推进大型水电基地建设，严格控制中小流域、中小水电开发。坚持开发与市场消纳相结合，统筹水电的开发与外送，完善市场化消纳机制，基本解决四川、云南水电消纳问题。强化政策措施，新建项目应提前落实市场空间，防止新弃水现象发生。

继续做好金沙江下游、大渡河、雅砻江等水电基地建设；积极推进金

沙江上游等水电基地开发，推动藏东南“西电东送”接续能源基地建设；继续推进雅砻江两河口、大渡河双江口等龙头水电站建设，加快金沙江中游龙头水电站研究论证，积极推动龙盘水电站建设；基本建成长江上游、黄河上游、乌江、南盘江红水河、雅砻江、大渡河六大水电基地。

重点依托西南水电基地开发，建成金沙江中游送电广西、滇西北至广东、四川水电外送、乌东德电站送电两广输电通道，开工建设白鹤滩电站外送工程，积极开展金沙江上游等消纳方案研究。

“十三五”期间，全国常规水电新增投产约4000万千瓦，开工6000万千瓦以上，其中小水电规模为500万千瓦左右。到2020年，常规水电装机达到3.4亿千瓦。

（二）大力发展新能源，优化调整开发布局

按照集中开发与分散开发并举、就近消纳为主的原则优化风电布局，统筹开发与市场消纳，有序开发风光电。加快中东部及南方等消纳能力较强地区的风电开发力度，积极稳妥推进海上风电开发。按照分散开发、就近消纳为主的原则布局光伏电站，全面推进分布式光伏和“光伏+”综合利用工程，积极支持光热发电。

调整“三北”风电消纳困难及弃水严重地区的风电建设节奏，提高风电就近消纳能力，解决弃风限电问题。加大消纳能力较强或负荷中心区风电开发力度，力争中东部及南方区域风电占全国新增规模的一半。在江苏、广东、福建等地因地制宜推进海上风电项目建设。

全面推进分布式光伏发电建设，重点发展屋顶分布式光伏发电系统，实施光伏建筑一体化工程。在中东部地区结合采煤沉陷区治理以及农业、林业、渔业综合利用等适度建设光伏电站项目。推进光热发电试点示范工程。

“十三五”期间，风电新增投产0.79亿千瓦以上，太阳能发电新增投产0.68亿千瓦以上。2020年，全国风电装机达到2.1亿千瓦以上，其中

海上风电发电 500 万千瓦左右；太阳能发电装机达到 1.1 亿千瓦以上，其中分布式光伏发电 6000 万千瓦以上、光热发电 500 万千瓦。

依托电力外送通道，有序推进“三北”地区可再生能源跨省区消纳 4000 万千瓦，存量优先。

（三）鼓励多元化能源利用，因地制宜试点示范

在满足环保要求的条件下，合理建设城市生活垃圾焚烧发电和垃圾填埋气发电项目。积极清洁利用生物质能源，推动沼气发电、生物质发电和分布式生物质气化发电。到 2020 年，生物质发电装机 1500 万千瓦左右。

开展燃煤与生物质耦合发电、燃煤与光热耦合发电示范与应用。在东北等粮食主产区布局一批燃煤与农林废弃残余物耦合发电示范项目，在京津冀、长三角、珠三角布局一批燃煤与污泥耦合发电示范项目，在华北、西北布局一批燃煤与光热耦合发电示范项目。

推进“万千瓦级”高温地热发电项目建设。因地制宜发展中小型分布式中低温地热发电项目。开展深层高温干热岩发电系统关键技术研究和项目示范。

开展海洋能等综合技术集成应用示范。在有条件的沿海地区建设海洋能与风电、太阳能等可再生能源互补的海岛微电网示范项目。积极开展示范性潮汐电站建设。

开展风光储输多元化技术综合应用示范。结合风电、光伏等新能源开发，融合储能、微网应用，推动可再生能源电力与储能、智能输电、多元化应用新技术示范，推动多能互补、协同优化的新能源电力综合开发。“十三五”期间，继续推动张家口等可再生能源示范区相关建设。

（四）安全发展核电，推进沿海核电建设

坚持安全发展核电的原则，加大自主核电示范工程建设力度，着力加强核心竞争力，加快推进沿海核电项目建设。

建成三门、海阳 AP1000 自主化依托项目，建设福建福清、广西防城港“华龙一号”示范工程。开工建设 CAP1400 示范工程等一批新的沿海核电工程。深入开展内陆核电研究论证和前期准备工作。认真做好核电厂址资源保护工作。

“十三五”期间，全国核电投产约 3000 万千瓦、开工 3000 万千瓦以上，2020 年装机达到 5800 万千瓦。

（五）有序发展天然气发电，大力推进分布式气电建设

充分发挥现有天然气电站调峰能力，推进天然气调峰电站建设，在有条件的华北、华东、南方、西北等地区建设一批天然气调峰电站，新增规模达到 500 万千瓦以上。适度建设高参数燃气蒸汽循环热电联产项目，支持利用煤层气、煤制气、高炉煤气等发电。推广应用分布式气电，重点发展热电冷多联供。“十三五”期间，全国气电新增投产 5000 万千瓦，2020 年达到 1.1 亿千瓦以上，其中热电冷多联供 1500 万千瓦。

（六）加快煤电转型升级，促进清洁有序发展

积极主动适应能源结构调整和电力市场发展，加快煤电结构优化和转型升级，鼓励煤电联营，促进煤电高效、清洁、可持续发展。

严格控制煤电规划建设。坚持市场引导与政府调控并举的原则，通过建立风险预警机制和实施“取消一批、缓核一批、缓建一批”，同时充分发挥电力系统联网效益，采取跨省区电力互济、电量短时互补等措施，多措并举减少新增煤电规模。“十三五”期间，取消和推迟煤电建设项目 1.5 亿千瓦以上。到 2020 年，全国煤电装机规模力争控制在 11 亿千瓦以内。

合理控制煤电基地建设。配合远距离输电通道规划建设，根据受端供需状况合理安排煤电基地开发规模和建设时序，减小受端省份接受外来电力的压力。

因地制宜规划建设热电联产和低热值煤发电项目。在充分利用已有热

源且最大限度地发挥其供热能力的基础上，按照“以热定电”的原则规划建设热电联产项目。优先发展背压式热电联产机组，电力富余地区严控抽凝式热电机组。适当发展低热值煤综合利用发电项目。建设一定规模以煤矸石为主的综合利用发电项目。

积极促进煤电转型升级。加快新技术研发和推广应用，提高煤电发电效率及节能环保水平。全面实施燃煤电厂超低排放和节能改造“提速扩围”工程，加大能耗高、污染重煤电机组改造和淘汰力度。“十三五”期间，全国实施煤电超低排放改造约4.2亿千瓦，实施节能改造约3.4亿千瓦，力争淘汰落后煤电机组约2000万千瓦。到2020年，全国现役煤电机组平均供电煤耗降至310克标煤/千瓦时；具备条件的30万千瓦级以上机组全部实现超低排放。

（七）加强调峰能力建设，提升系统灵活性

高度重视电力系统调节能力建设，从负荷侧、电源侧、电网侧多措并举，充分挖掘现有系统调峰能力，加大调峰电源规划建设力度，着力增强系统灵活性、适应性，破解新能源消纳难题。

加快抽水蓄能电站建设。统筹规划、合理布局，在有条件的地区，抓紧建设一批抽水蓄能电站。加强抽水蓄能电站调度运行管理，切实发挥抽水蓄能电站提供备用、增强系统灵活性的作用。“十三五”期间，抽水蓄能电站开工6000万千瓦左右，新增投产1700万千瓦，2020年装机达到4000万千瓦左右。

全面推动煤电机组灵活性改造。实施煤电机组调峰能力提升工程，充分借鉴国际火电灵活性相关经验，加快推动北方地区热电机组储热改造和纯凝机组灵活性改造试点示范及推广应用。“十三五”期间，“三北”地区热电机组灵活性改造约1.33亿千瓦，纯凝机组改造约8200万千瓦；其他地区纯凝机组改造约450万千瓦。改造完成后，增加调峰能力4600万千瓦，其中“三北”地区增加4500万千瓦。

优化电力调度运行。在确保电力系统安全稳定的前提下，以节能环保低碳为目标，制定科学可行的电力系统调度原则和具体措施，确定各类机组的发电优先序位、用户侧的有序用电序位以及机组的调峰、轮停序位，根据中长期、日前交易电量及负荷预测确定合理开机组合。推行节能低碳电力调度，加强对新能源发电的功率预测和考核，充分发挥电网联络线调剂作用，努力消纳可再生能源，减少能源、资源消耗和污染物排放。

大力提高电力需求侧响应能力。建立健全基于价格激励的负荷侧响应措施，进一步优化推广发电侧和用户侧峰谷电价机制，探索实行可中断负荷电价。完善推广电力需求侧管理，整合系统运行、市场交易和用户用电数据，提高负荷侧大数据分析能力，增强负荷侧响应能力。引导用户错峰用电，减小系统峰谷差。积极推进大容量和分布式储能技术的示范应用与推广。

（八）筹划外送通道，增强资源配置能力

“十三五”期间电力外送统筹送受端需求、受端电源结构及调峰能力，合理确定受电比重和受电结构。跨区送电具有可持续性，满足送端地区长远需要，应参与受端电力市场竞争。输煤输电并举，避免潮流交叉迂回，促进可再生能源消纳，确保电网安全。

在实施水电配套外送输电通道的基础上，重点实施大气污染防治行动12条输电通道及酒泉至湖南、准东至安徽、金中至广西输电通道。建成东北（扎鲁特）送电华北（山东）特高压直流输电通道，解决东北电力冗余问题。适时推进陕北（神府、延安）电力外送通道建设。结合受端市场情况，积极推进新疆、呼盟、蒙西（包头、阿拉善、乌兰察布）、陇（东）彬（长）、青海等地区电力外送通道论证。

“十三五”期间，新增“西电东送”输电能力1.3亿千瓦，2020年达到2.7亿千瓦。

（九）优化电网结构，提高系统安全水平

坚持分层分区、结构清晰、安全可控、经济高效原则，按照《电力系统安全稳定导则》的要求，充分论证全国同步电网格局，进一步调整完善区域电网主网架，提升各电压等级电网的协调性，探索大电网之间的柔性互联，加强区域内省间电网互济能力，提高电网运行效率，确保电力系统安全稳定运行和电力可靠供应。

东北地区："十三五"期间，西电东送、北电南送的格局随着外送通道建设改变。重点加快扎鲁特至山东青州特高压直流输电工程建设，2018年形成1000万千瓦电力外送能力；适时启动赤峰（元宝山）至冀北输电通道建设；加强东北主网至高岭背靠背500千伏电网，确保300万千瓦的输电能力；加强蒙东与辽宁、吉林省间断面建设。2020年东北地区初步形成1700万千瓦外送能力，力争实现电力供需基本平衡。

依托扎鲁特外送通道及其配套工程，进一步优化三省一区内部电网结构，主要是蒙东电网围绕扎鲁特换流站建设，逐步形成覆盖呼伦贝尔、兴安、通辽和赤峰500千伏网架；黑龙江电网重点加强省内东西部网络联系，建设向扎鲁特电力汇集输电工程；吉林电网重点完善中部网架，配套建设水电站、抽水蓄能电站送出工程；辽宁电网结合负荷增长需要加强内部网架。

华北地区："十三五"期间，西电东送格局基本不变，京津冀鲁接受外来电力超过8000万千瓦。依托在建大气污染防治行动计划交流特高压输电工程，规划建设蒙西至晋中，胜利至锡林郭勒盟，潍坊经临沂、枣庄至石家庄交流特高压输电工程，初步形成两横两纵的1000千伏交流特高压网架。建设张北至北京柔性直流工程，增加张北地区风光电外送能力。研究实施蒙西电网与华北主网异步联网及北京西至石家庄交流特高压联络线工程。

结合交流特高压输变电及其配套工程，进一步优化华北地区各省

（区、市）电网结构。主要是按照京津冀协同发展战略部署，京津冀地区加强500千伏电网建设和配电网升级改造，实现首都接受外来电能力2200万千瓦以上，满足“电能替代”工程用电需求，确保首都供电安全；山东电网结合特高压交流和直流落点，优化500千伏网架，提高受电能力；山西电网重点满足规划内电源接入和送出，优化与京津冀电网互联结构；蒙西电网结合外送和本地负荷发展，加强锡林郭勒盟与蒙西之间的联络，形成完整、坚强的蒙西电网。

西北地区：“十三五”期间，重点加大电力外送和可再生能源消纳能力。加快准东、宁东、酒泉和陕北特高压直流外送通道建设；根据市场需求，积极推进新疆第三回、陇彬、青海外送通道研究论证。

继续完善750千伏主网架，增加电力互济能力。主要是陕西电网建设陕北至关中第二通道，形成陕北“目”字形网架，提高陕北向关中送电能力，为陕北特高压直流外送创造条件；甘肃电网启动河西地区主网加强方案，提高向兰白地区输电能力；青海电网结合新能源建设，适当补强原有网架；宁夏电网形成750千伏双环网，优化调整330/220千伏电网，满足上海庙直流接入；新疆电网进一步向南疆延伸，形成750千伏多环网结构，适时启动南疆与格尔木联网工程。

华东地区：“十三五”期间，长三角地区新增外来电力3800万千瓦。建成淮南经南京至上海1000千伏特高压交流输电工程，初步形成受端交流特高压网架；建设苏州特高压站至新余、江苏东洲至崇明500千伏输变电工程，实现上海与苏州电网互联；研究实施适用技术，保证多回大容量直流安全稳定受入；开工建设闽粤联网工程。

结合交直流特高压输变电及其配套工程，进一步优化华东地区各省（市）电网结构。主要是上海电网结合外来电及城市发展，利用已有走廊及站址，做好电网改扩建，同时有效控制短路电流；江苏电网、浙江电网、安徽电网着重完善500千伏网架，提高负荷密集地区电网安全稳定运行水平并合理控制短路电流；福建电网加强山区500千伏网架，同时论证推进福建北部向南部新增输电通道。

华中地区："十三五"期间，实现电力外送到电力受入转变，湖南、湖北、江西新增接受外电达到1600万千瓦。实施渝鄂直流背靠背工程，实现与川渝藏电网异步联网，提高四川水电外送能力及系统安全稳定水平；推进省间电网加强工程，满足外来电增加需要；针对华北、华中联网安全运行薄弱环节，研究采取必要的安全措施；积极研究论证三峡电力留存及外送方案优化调整。

湖北电网围绕陕北（神府、延安）直流、渝鄂背靠背工程，做好相关配套工程论证及建设，进一步优化500千伏网架，控制关键节点短路电流水平；河南电网做好500千伏网架优化，适时加强豫南电网；湖南电网研究论证酒湖直流电力消纳，做好配套工程建设，论证黔东电厂改接贵州可行性；江西电网重点优化并加强赣东、赣南电网。

"十三五"期间，川渝藏形成相对独立的同步电网，建成川渝第三条500千伏输电通道，提高川渝间电网互济能力。四川电网结合第四回特高压直流外送工程加强水电汇集通道建设，同时完善西部水电基地至负荷中心500千伏输电通道。结合金沙江上游开发，积极推进金上水电外送工程论证和前期工作。研究论证川西电网目标网架，确保涉藏水电开发和消纳。重庆电网进一步加强受端电网建设，满足外来电力增加需要。西藏电网结合电气化铁路规划建设，重点建设藏中电网与昌都联网、拉萨至灵芝铁路供电工程，同时在立足优先保障自身电力供应的前提下，综合技术、经济、国防等多方面因素，推进建设阿里电网与藏区主网互联工程，实现主网覆盖西藏各地区。

南方地区："十三五"期间，稳步推进"西电东送"，形成"八交十一直"输电通道，送电规模达到4850万千瓦；进一步加强和优化主网结构，实现云南电网与主网异步联网，建成海南联网Ⅱ回工程，适时启动广东电网直流背靠背工程，形成以送、受端电网为主体，规模适中、结构清晰、定位明确的2~3个同步电网，提高电网安全稳定水平；提高向香港、澳门地区供电能力。

广东电网重点解决多直流连锁故障及短路电流超标问题，推动电网实现东西分区运行；广西电网重点结合云电送桂，逐步实现由通道型电网向受端电网转变；云南电网重点加强滇西北、滇西南、滇东北送电通道建设，同时结合乌东德电站接入进一步优化滇中电网结构，增强云南电网运行的灵活性；贵州电网重点加强黔西南、黔西送电通道建设，优化贵阳负荷中心电网结构并进一步增强黔东电网与主网的联络；海南电网重点结合昌江核电及联网Ⅱ回的建设，进一步优化现有220千伏电网结构，提高电网抗灾能力。

（十）升级改造配电网，推进智能电网建设

满足用电需求，提高供电质量，着力解决配电网薄弱问题，促进智能互联，提高新能源消纳能力，推动装备提升与科技创新，加快构建现代配电网。有序放开增量配电网业务，鼓励社会资本有序投资、运营增量配电网，促进配电网建设平稳健康发展。

加强城镇配电网建设。强化配电网统一规划，健全标准体系。全面推行模块化设计、规范化选型、标准化建设。中心城市（区）围绕发展定位和高可靠用电需求，高起点、高标准建设配电网，供电质量达到国际先进水平，北京、上海、广州、深圳等超大型城市建成世界一流配电网；城镇地区结合国家新型城镇化进程及发展需要，适度超前建设配电网，满足快速增长的用电需求，全面支撑“京津冀”“长江中游”“中原”“成渝”等城市群以及“丝绸之路经济带”等重点区域发展需要。积极服务新能源、分布式电源、电动汽车充电基础设施等多元化负荷接入需求。做好与城乡发展、土地利用的有效衔接，将管廊专项规划确定入廊的电力管线建设规模、时序纳入配电网规划。

实施新一轮农网改造升级工程。加快新型小乡镇、中心村电网和农业生产供电设施改造升级。结合“农光互补”“光伏扶贫”等分布式能源发

展模式，建设可再生能源就地消纳的农村配网示范工程。开展西藏、新疆和四川、云南、甘肃、青海四省藏区农村电网建设攻坚。加快西部及贫困地区农村电网改造升级，特别是国家扶贫开发工作重点县、集中连片特困地区以及革命老区的农村电网改造升级，实现贫困地区通动力电。推进东中部地区城乡供电服务均等化进程，逐步提高农村电网信息化、自动化、智能化水平，进一步优化电力供给结构。

推进“互联网+”智能电网建设。全面提升电力系统的智能化水平，提高电网接纳和优化配置多种能源的能力，满足多元用户供需互动。实现能源生产和消费的综合调配，充分发挥智能电网在现代能源体系中的作用。

提升电源侧智能化水平，加强传统能源和新能源发电的厂站级智能化建设，促进多种能源优化互补。全面建设智能变电站，推广应用在线监测、状态诊断、智能巡检系统，建立电网对山火、冰灾、台风等各类自然灾害的安全预警体系。推进配电自动化建设，根据供电区域类型差异化配置，整体覆盖率达90%，实现配电网可观可控。提升输配电网络的柔性控制能力，示范应用配电侧储能系统及柔性直流输电工程。

构建“互联网+”电力运营模式，推广双向互动智能计量技术应用。加快电能服务管理平台建设，实现用电信息采集系统全覆盖。全面推广智能调度控制系统，应用大数据、云计算、物联网、移动互联网技术，提升信息平台承载能力和业务应用水平。调动电力企业、装备制造企业、用户等市场主体的积极性，开展智能电网支撑智慧城市创新示范区，合力推动智能电网发展。

（十一）实施电能替代，优化能源消费结构

立足于能源清洁化发展和大气污染防治，以电能替代散烧煤、燃油为抓手，不断提高电能消费占终端能源消费比重、可再生能源消费占电力消费比重及电煤消费占煤炭消费比重。综合考虑地区潜力空间、节能环保效

益、财政支持能力、电力体制改革和电力市场交易等因素，因地制宜，分步实施，逐步扩大电能替代范围，着力形成节能环保、便捷高效、技术可行、广泛应用的新型电力消费市场。重点在居民采暖、生产制造、交通运输、电力供应与消费四个领域，推广或试点电采暖、地能热泵、工业电锅炉（窑炉）、农业电排灌、船舶岸电、机场桥载设备、电蓄能调峰等。开展差别化试点探索，积极创新，实施一批试点示范项目。

2020 年，实现能源终端消费环节电能替代散烧煤、燃油消费总量约 1.3 亿吨标煤，提高电能消费占终端能源消费比重。

（十二）加快充电设施建设，促进电动汽车发展

按照“因地制宜、快慢互济、经济合理”的原则，以用户居住地停车位、单位停车场、公交及出租车场站等配建的专用充电设施为主体，以公共建筑物停车场、社会公共停车场、临时停车位等配建的公共充电设施为辅助，以独立占地的城市快充站、换电站和高速公路服务区配建的城际快充站为补充，推动电动汽车充电基础设施体系加快建设。加大停车场与充电基础设施一体化建设支持力度。探索电动汽车充放电与电力系统互动，改善系统调峰能力。

到 2020 年，新增集中式充换电站超过 1.2 万座，分散式充电桩超过 480 万个，基本建成适度超前、车桩相随、智能高效的充电基础设施体系，满足全国超过 500 万辆电动汽车的充电需求。

（十三）推进集中供热，逐步替代燃煤小锅炉

围绕大气污染防治和提高能源利用效率，健康有序发展以集中供热为前提的热电联产，不断提高我国北方城市集中供热普及率，解决我国北方地区冬季供暖期大气污染严重、区域热电供需矛盾突出、热源结构不合理等问题，保障城市居民和工业园区用热需求。

综合考虑地区电力、热力需求和当地气候、资源、环境条件，统筹协

调城市或工业园区的总体规划、供热规划、环境治理规划和电力规划等，按照“统一规划、以热定电、立足存量、结构优化、提高能效、环保优先”的基本原则，在优先利用已有热源且最大限度地发挥其供热能力的基础上，通过配套支持政策重点鼓励发展能效高、污染少的背压式热电联产机组。同时，发展热电联产集中供热与环境保护协调联动，与关停小锅炉和减少用煤量挂钩，提高热电联产供热范围内小锅炉的环保排放标准，加快小锅炉关停。在风能、太阳能、生物质能等可再生能源资源富集区，因地制宜发展风电供暖、太阳能光热电联供、生物质热电联产等新能源供热应用。

到2020年，实现北方大中型以上城市热电联产集中供热率达到60%以上，形成规划科学、布局合理、利用高效、供热安全的热电联产产业健康发展格局。

（十四）积极发展分布式发电，鼓励能源就近高效利用

加快分布式电源建设。放开用户侧分布式电源建设，推广“自发自用、余量上网、电网调节”的运营模式，鼓励企业、机构、社区和家庭根据自身条件，投资建设屋顶式太阳能、风能等各类分布式电源。鼓励在有条件的产业聚集区、工业园区、商业中心、机场、交通枢纽及数据存储中心和医院等推广建设分布式能源项目，因地制宜发展中小型分布式中低温地热发电、沼气发电和生物质气化发电等项目。支持工业企业加快建设余热、余压、余气、瓦斯发电项目。

（十五）开展电力精准扶贫，切实保障民生用电

围绕新型工业化、城镇化、农业现代化和美丽乡村建设，以满足用电需求、提高供电质量、促进智能化为目标，着力解决乡村及偏远地区供电薄弱问题，加大电力精准扶贫力度，加快建设现代配电服务体系，推进村庄公共照明设施建设，支持经济发展，服务社会民生。

加强老少边穷地区电力供应保障。全面解决农村电网户均供电容量低、安全隐患多、“卡脖子”“低电压”等问题，加大国家级贫困县、集中连片特殊困难地区以及偏远少数民族地区、革命老区配电网建设与改造力度。

加大电力扶贫力度。坚持因地制宜、整体推进、政府主导、社会支持的原则，充分结合当地资源特点，鼓励电力企业履行社会责任，在贫困地区建设电力项目。支持贫困地区水电开发，适当发展绿色小水电，贫困地区的电力项目优先纳入电力规划。鼓励水电项目留存部分电力电量保障当地用电需要。建立长期可靠的项目运营管理机制和扶贫收益分配管理制度。确保电力扶贫项目与贫困人口精准对应，切实实现“精准扶贫、有效扶贫”。

（十六）加大攻关力度，强化自主创新

应用推广一批相对成熟、有市场需求的新技术，尽快实现产业化。试验示范一批有一定积累，但尚未实现规模化生产的适用技术，进一步验证技术路线和经济性。集中攻关一批前景广阔但核心技术受限的关键技术。鼓励企业增加研发投入，积极参与自主创新。

清洁高效发电技术。全面掌握拥有自主知识产权的超超临界机组设计、制造技术；以高温材料为重点，加快攻关700℃超超临界发电技术；研究开展中间参数等级示范，实现发电效率突破50%。推进自主产权的60万千瓦级超超临界CFB发电技术示范。加快整体煤气化联合循环系统自主化设计制造攻关，在深入评估论证基础上推进大容量IGCC国产化示范应用，推进煤基梯级利用发电技术应用。加快燃煤与生物质耦合发电关键技术研发与应用。实践世界最先进的燃煤发电除尘、脱硫、脱硝和节能、节水、节地等技术；研究碳捕捉与封存（CCS）和资源化利用技术，适时开展应用示范。发展智能发电技术，开展发电过程智能化检测、控制技术研究与智能仪表控制系统装备研发，攻关高效燃煤发电机组、大型风力发电

机组、重型燃气机组、核电机组等领域先进运行控制技术与示范应用。

先进电网技术与储能技术。开展大容量机电储能、熔盐蓄热储能、高效化学电池储能等多种储能示范应用，大幅降低单位千瓦建设成本，力争接近抽水蓄能电站水平，加快推广应用。继续推进特高压输电、大容量断路器、直流断路器、大容量柔性输电等先进电网技术的研发与应用。推进微电网关键技术研究及示范建设。推进高温超导等前沿技术领域的研究。开展电网防灾减灾技术研究。

电力行业网络与信息安全。建立健全信息技术产品选型安全审查机制，加强供应链安全管理。推进核心芯片、操作系统、数据库、应用软件等基础软硬件产品的安全可控能力建设。强化密码技术在电力行业网络安全工作中的支撑作用。加强联动协作与信息共享，持续提升电力行业网络安全综合检测预警及感知能力。

“互联网＋”智慧能源。将发电、输配电、负荷、储能融入智能电网体系中，加快研发和应用智能电网、各类能源互联网关键技术装备，实现智能化能源生产消费基础设施、多能协同综合能源网络建设、能源与信息通信基础设施深度融合，建立绿色能源灵活交易机制，形成新型城镇多种能源综合协同、绿色低碳、智慧互动的供能模式。

电力领域其他重点自主创新。积极发展新型煤基发电技术，突破常规煤电效率瓶颈，推进燃料电池发电技术研发应用，研发固体氧化物、熔融碳酸盐燃料电池堆和发电系统集成技术。突破热端部件设计制造技术，掌握高性能复合材料大规模制备技术，建成微型、小型和中型燃气轮机整机试验平台、重型燃气轮机整机发电试验电站。探索机电型电热冷三联供示范系统运用。提高大型先进压水堆核电技术自主化程度，推动高温气冷堆技术优化升级，开展小型智能堆、商用快堆、熔盐堆等先进核能技术研发。加强百万千瓦级水轮发电机组、大容量高水头抽水蓄能机组等重大技术攻关。加快高效太阳能发电技术、大容量风电技术等可再生能源发电技术研发和应用。

（十七）落实“一带一路”倡议，加强电力国际合作

坚持开放包容、分类施策、合作共赢原则，充分利用国际国内两个市场、两种资源，积极推进电力装备、技术、标准和工程服务国际合作，根据需要推动跨境电网互联互通，鼓励电力企业参与境外电力项目建设经营。探讨构建全球能源互联网，推动以清洁和绿色方式满足全球电力需求。

积极开展对外业务。拓展电力装备出口，积极推进高效清洁火电、水电、核电、输变电等大型成套设备出口。积极推动对外电力服务，开展电力升级改造合作，带动电力设计、标准等技术服务国际合作。在控制财务风险的基础上，稳妥推进对外电力投资。

（十八）深化电力体制改革，完善电力市场体系

组建相对独立和规范运行的电力交易机构，建立公平有序的电力市场规则，初步形成功能完善的电力市场。深入推进简政放权。

有序推进电力体制改革。核定输配电价。2017 年年底前，完成分电压等级核定电网企业准许总收入和输配电价，逐步减少电价交叉补贴。加快建立规则明晰、水平合理、监管有力、科学透明的独立输配电价体系。建立健全电力市场体系。建立标准统一的电力市场交易技术支持系统，积极培育合格市场主体，完善交易机制，丰富交易品种。2016 年启动东北地区辅助服务市场试点，成熟后全面推广。2018 年年底前，启动现货交易试点；2020 年全面启动现货市场，研究风险对冲机制。组建相对独立和规范运行的电力交易机构。建立完善的治理结构、完备的市场规则和健全的制度体系；充分发挥各类市场主体和第三方机构在促进交易机构规范运行中的作用。积极推进交易机构股份制改造和相对独立规范运行，2016 年年底前完成电力交易机构组建工作。有序放开发用电计划。建立优先购电和优先发电制度，落实优先购电和优先发电的保障措施；切实保障电力电量平衡。逐年减少发电计划，2020 年前基本取消优先发电权以外的非调节性发

电计划。全面推进配售电侧改革。支持售电主体创新商业模式和服务内容，2018 年年底前完成售电侧市场竞争主体培育工作，基本形成充分竞争的售电侧市场主体；鼓励社会资本开展增量配电业务；明确增量配电网放开的具体办法；建立市场主体准入退出机制；完善市场主体信用体系；在试点基础上全面推开配售电改革。

深入推进简政放权。总结电力项目核准权限下放后的承接情况、存在问题和实施效果，结合电力体制改革精神，进一步探索创新市场化的电力项目开发和投资管理机制。加强简政放权后续监管，组织开展电力项目简政放权专项监管，重点对核准权限下放后的项目优选、项目核准、项目依法依规建设以及并网运行等工作进行监管，督促国家产业政策和技术标准落实，维护电力项目规划建设秩序。

四、规划实施

（一）加强组织领导

在国家发展改革委的统筹指导下，国家能源局作为全国电力规划的责任部门，建立健全以国家能源局组织协调、相关职能部门积极配合、各省级政府和重点电力企业细化落实的电力规划实施工作机制，加强对电力重大战略问题的研究和审议，推动规划实施。省级能源主管部门是省级电力规划的责任部门，各省级能源主管部门要切实履行职责，组织协调实施。

（二）细化任务落实

各省（区、市）要将本规划确定的约束性指标、主要任务和重大工程列入本地区能源发展规划和电力发展专项规划，分解落实目标任务，明确进度安排协调和目标考核机制，精心组织实施。各重点电力企业要充分发挥市场主体作用，积极有序推进规划项目前期论证，保障规划顺利实施。

（三）做好评估调整

规划实施年度中每年对规划执行情况进行回顾、梳理、评估，结合实施情况对规划项目进行微调。坚持规划中期评估制度，严格评估程序，委托第三方机构开展评估工作，对规划滚动实施提出建议，及时总结经验、分析问题、制订对策。规划确需调整的，由国家能源局按程序修订后公布。

（四）加强督促检查

国家能源局及其派出监管机构要完善电力规划实施情况监管组织体系，创新监管措施和手段，有效开展监管工作。各派出机构要会同省级能源主管部门，密切跟踪工作进展，掌握目标任务完成情况，定期组织开展监督检查和考核评价，编制并发布规划实施情况监管报告，提出滚动调整建议。建立重大情况报告制度，探索建立规划审计制度，及时发现并纠正实施中存在的问题。国家能源局派出机构与地方能源管理部门要进一步加强沟通协调，实现信息共享。

（五）健全法律法规和标准体系

修订颁布《中华人民共和国电力法》，完善《电网调度管理条例》《电力供应与使用条例》《电力设施保护条例》等及其配套管理办法，出台《核电管理条例》，建立规范政府行为和市场行为的电力法制体系。

加强行业管理，强化电力规划管理办法的贯彻实施，研究制定电网无歧视公平接入、跨区送受电、微电网、热电联产、燃气发电、煤电联营、电网备用容量管理、节能低碳调度、高效智能电力系统建设、技术监督等政策。按照市场化改革要求，继续出台电力体制改革配套文件及指导意见。抓紧修订一批电力行业国家标准、定额和规程。落实国家大面积停电事件应急预案，提高电力系统抗灾和应急响应恢复能力。

探索建立电力领域法律法规和标准及时更新机制，充分发挥法制对电力改革和发展的引导、推动、规范和保障作用。

（六）建立协调机制

建立规划统筹协调机制，衔接国家规划与地方规划，协商重大电力项目布局、规模和时序，协调电网与电源项目。建立规划年度对接制度，开展地方电力规划咨询评估，依法开展规划环境影响评价。探索改进电源项目前期管理。加大财政资金支持，建设电力项目信息管理系统，提高项目储备、规划、核准、建设、运营、退役全过程信息化管理能力。加强信息公开，增强信息透明度。

完善运行调控机制，开展风电、光伏投资监测预警，建立弃风（光）率预警考核机制。2017 年起，全面开展适应大规模清洁能源发电开发利用的电力节能低碳调度。建立跨省（区）送电中长期协议制度。整合各渠道电力信息数据，加强电力预测分析和预警，规范电力信息报告和发布制度。依托国家电力规划中心等中介机构，加快监测体系建设，为政府决策提供信息支持。建立健全电力行业信用支撑体系，实行黑名单制度。

（七）健全产业政策

研究制定覆盖规划建设、投资运营、信贷金融、装备制造的电力全产业链预警机制。研究燃煤与光热、生物质耦合，风光抽蓄耦合等可再生能源利用方式补助方法。结合电力体制改革进程，有序放开上网电价和公益性以外的用电价格。在放开上网电价之前，研究完善燃煤、天然气、水力、核电等上网电价机制，增强弹性，更好反映市场供求关系。完善输配电成本监审和核算制度。探索风（光）电专用电力外送通道运营模式。

支持抽水蓄能电站投资主体多元化。建立龙头电站梯级水库补偿机制，促进水电流域梯级电站联合优化运行。完善新能源发电电价补贴机制，探索市场化交易模式，推动技术进步和成本下降。支持煤电机组灵活性改造。鼓励实施电能替代。建立调峰、调频、调压等辅助服务市场，完善电力调峰成本补偿和价格机制。建立可再生能源全额保障性收购的电力运行监测评估制度。研究促进可再生能源就近消纳和储能发展的价格政策。

采取多种方式，继续安排资金支持城镇配电网、农村电网建设改造和电动汽车充电设施建设。鼓励社会资本参与跨省区输电工程、配电网工程、分布式电源并网工程、储能装置和电动汽车充电基础设施投资和建设。鼓励电力企业参与碳排放权交易。完善电力行业落后产能退出政策。

搭建电力产业新业态融资平台。鼓励风险投资、产业基金以多种形式参与电力产业创新。积极引导社会资本投资。鼓励通过发行专项债券、股权交易、众筹、PPP 等方式，加快示范项目建设。加强电力市场化改革领域人才培养。

企业规划：《市属国有企业“十三五”改革与发展规划纲要》[①]

“十三五”时期深入贯彻落实习近平总书记系列重要讲话特别是视察江苏时重要讲话精神，建设经济强、百姓富、环境美、社会文明程度高新无锡的重要时期；也是无锡市推进全面改革，加快转型升级的关键时期；是高水平全面建成小康社会的决胜阶段和积极探索开启基本实现现代化建设新征程的重要阶段；更是国有企业依靠改革创新、再创新辉煌的战略机遇期。同时，也面临着严峻挑战，供给侧改革正处于攻坚阶段。

“十三五”期间市属国资国企将深入贯彻落实《中共中央 国务院关于深化国有企业改革的指导意见》（中发〔2015〕22 号）精神，紧紧围绕国家、省和市深化国有企业改革的总体部署，紧紧围绕市第十三次党代会的目标、任务和要求，扎实推进市属国资国企改革，努力做强做优做大市属国有经济。

一、指导思想

认真贯彻落实党的十八大和十八届三中、四中、五中、六中全会精神，深入学习贯彻习近平总书记系列重要讲话精神，坚持和完善基本经济制度，坚持社会主义市场经济改革方向，适应市场化、现代化、国际化新形势，以解放和发展社会生产为标准，以提高国有资本效率、增强国有企

① 无锡市人民政府国有资产监督管理委员会．市属国有企业“十三五”改革与发展规划纲要[EB/OL]．(2017 - 02 - 16)[2017 - 11 - 26]．http://gzw.wuxi.gov.cn/doc/2017/04/24/1310399.shtml.（文中所涉数据均为当时条件下统计，引用时略有改动）

业活力为中心，完善产权清晰、权责明确、政企分开、管理科学的现代企业制度，完善国有资产监管体制，防止国有资产流失，全面推进依法治企，加强和改革党对国有企业的领导，做强做优做大国有企业，不断增强国有经济活力、控制力、影响力、抗风险能力，主动适应和引领经济发展新常态，为促进经济社会持续健康发展、为加快建设“强富美高”新无锡市做出积极贡献。

二、目标任务

到2020年年末，基本形成更加符合我国基本经济制度和社会主义市场经济发展要求的国有资产管理体制、现代企业制度、市场经营机制，国有资本布局结构更趋合理，造就一批德才兼备、善于经营、充满活力的优秀企业家，培育一大批具有创新能力和市场竞争力的国有骨干企业，国有经济活力、控制力、影响力、抗风险能力明显增强。

——市属国有企业规模实力和经济效益进一步提升。到2020年年末，市属国有企业资产总额达到5500亿元，净资产总额达到1850亿元，归属于母公司的所有者权益达到1680亿元；市属国有企业完成营业收入达到650亿元，力争700亿元；实现利润总额达到65亿元，力争80亿元；市属国有企业完成现价工业产值220亿元，力争270亿元。

——市属国有资产证券化率进一步提高。积极推进具备条件的企业整体上市或主营业务上市。“十三五”期间，新增国有上市公司确保3家，挂牌5家，市属国有企业经营性资产证券化率达到25%，力争30%。

——市属国有资本布局进一步优化。企业国有资本在基础设施、基础产业、城市公用事业、现代农业、战略性新兴产业、现代服务业和先进制造业的集聚度达到95%。加快培育在全国同行业具有一定影响的优势企业，争当行业“排头兵”。国有企业在提升自主创新能力、保护资源环境、加快转型升级、履行社会责任中的引领和表率作用充分发挥。

——国有企业经营管理机制进一步完善。企业的现代法人治理结构更加完善，发展混合所有制经济取得积极进展，企业优胜劣汰、内部管理人员能上能下、员工能进能出、收入能增能减的市场化机制更加完善。

——市属国有资产监管体制机制进一步完善。国有资产监管制度更加成熟，相关法律法规更加健全，监管手段和方式不断优化，监管的科学性、针对性、有效性进一步提高，经营性国有资产实现集中统一监管，国有资产保值增值责任全面落实。

三、重点工作任务和措施

（一）科学界定国有企业类别

按照国有资本的战略定位和发展目标，结合不同国有企业在经济社会发展中的作用、现状和需要，根据主营业务和核心业务范围，将国有企业界定为商业类和公益类。根据国有企业的不同类别，实行分类改革、分类发展、分类监管、分类定责、分类考核。

商业类国有企业以增强国有经济活力、放大国有资本功能、实现国有资产保值增值为主要目标，按照市场化要求实行商业化运作，依法独立自主开展生产经营活动，实现优胜劣汰、有序进退。商业类国有企业按照其主业所处的行业和承担的功能，分为商业一类和商业二类，其中：主业处于充分竞争类的行业和领域的，界定为商业一类；主业处于关系国家安全、国民经济命脉的重要行业和关键领域、主要承担重大专项任务的界定为商业二类。

公益类国有企业以保障民生、服务社会、提供公共产品和服务为主要目标，必要的产品或服务价格可以由政府调控；要积极引入市场机制，不断提高公共服务效率和能力。

（二）分类推进国有企业改革

商业类国有企业要按照市场决定资源配置的要求，加大公司制股份制改革力度，加快完善现代企业制度，成为充满生机活力的市场主体。商业一类企业，原则上都要实行公司制股份制改革，积极引入其他资本实现股权多元化，国有资本可以绝对控股、相对控股或参股，加大改制上市力度，着力推进整体上市。商业二类企业，要以保障国家安全和国民经济运行为目标，重点发展前瞻性战略性产业，实现经济效益、社会效益与安全效益的有机统一。要保持国有资本控股地位，支持非国有资本参股。处于自然垄断行业的商业类国有企业，要以“政企分开、政资分开、特许经营、政府监管”为原则积极推进改革，根据不同行业特点实行网运分开，放开竞争性业务，促进公共资源配置市场化。对需要实行国有全资的企业，要积极引入其他国有资本实行股权多元化。

公益类国有企业可以采取国有独资形式，具备条件的也可以推行投资主体多元化，还可以通过购买服务、特许经营、委托代理等方式，鼓励非国有企业参与经营。

（三）分类促进发展

商业类国有企业要优化资源配置，加大重组整合力度和研发投入，加快科技和管理创新步伐，持续推动转型升级，培育一批具有创新能力和国际竞争力的国有骨干企业。商业一类企业，要支持和鼓励发展有竞争优势的产业，优化国有资本投向，推动国有产权流转，及时处置低效、无效及不良资产，提高市场竞争能力。商业二类企业，要合理确定主业范围，根据不同行业特点，加大国有资本投入，在服务国家宏观调控、保障国家安全和国民经济运行、完成特殊任务等方面发挥更大作用。

公益类国有企业要根据承担的任务和社会发展要求，加大国有资本投入，提高公共服务的质量和效率。严格限定主业范围，加强主业管理，重点在提供公共产品和服务方面做出更大贡献。

（四）分类实施监管

商业类国有企业要坚持以管资本为主加强国有资产监管，重点管好国有资本布局，提高国有资本回报，规范国有资本运作，维护国有资本安全。建立健全监督体制机制，依法依规实施信息公开，严格责任追究，在改革发展中防止国有资产流失。商业一类国有企业，重点加强对集团公司层面的监管，落实和维护董事会依法行使重大决策、选人用人、薪酬分配等权利，保障经理层经营自主权，积极推行职业经理人制度。商业二类国有企业，重点加强对国有资本布局的监管，引导企业突出主业，更好地服务国家重大战略和宏观调控政策。

公益类国有企业，要把提供公共产品、公共服务的质量和效率作为重要监管内容，加大信息公开力度，接受社会监督。

（五）分类定责考核

商业类国有企业，要根据企业功能定位、发展目标和责任使命，兼顾行业特点和企业经营性质，明确不同企业的经济效益和社会效益指标要求，制定差异化考核标准，建立年度考核和任期考核相结合、结果考核与过程评价相统一、考核结果与奖惩措施相挂钩的考核制度。商业一类国有企业，重点考核经营业绩指标、国有资产保值增值指标和市场竞争能力。商业二类国有企业，要合理确定经营业绩和国有资产保值增值指标的考核权重，加强对服务国家战略、保障国家安全和国民经济运行、发展前瞻性战略性产业以及完成特殊任务情况的考核。

公益类国有企业，重点考核成本控制、产品质量、服务水平、营运效率和保障能力，根据企业不同特点有区别地考核经营业绩和国有资产保值增值情况，考核中要引入社会评价。

国有企业的经营业绩考核、领导人员管理、工资收入分配制度的改革，要根据国有企业功能界定与分类，提出有针对性、差异化的政策措施。

（六）健全公司法人治理结构

积极引入各类投资者实现国有独资、国有法人独资、国有全资企业的股权多元化。大力推动国有企业改制上市，创造条件实现集团公司整体上市。重点任务如下：

一是依法依规明确公司股东会职责，建立国有股东代表制度，修改完善公司章程，明确公司重大事项决定程序，规范股东会、股东代表、董事会、董事、监事会、监事和高级管理人员行权履职程序和制度。

二是加强董事会建设，充分发挥董事会的决策作用。积极推进外部董事占多数的董事会建设，加强董事会内部的制衡约束，依法规范董事会决策程序和董事长履职行为，规范董事会运作，落实和维护董事会依法行使重大决策、选人用人、薪酬分配等权力。建立董事对董事会决议承担责任制度和董事会一人一票的决策制度，完善董事会向股东会报告工作和董事行权履职报告制度。加强外部董事会队伍建设，拓宽外部董事来源渠道。

三是加强监事会建设，充分发挥监事的监督作用。加强国有独资公司、国有法人独资公司的外派监事会和股权多元化国有控股（控制）公司的内设监事会建设，逐步提高专职监事比例，增强监事会的独立性和权威性。建立监事会对董事、高级管理人员履职行为监督制度，完善监事会向股东会报告工作和监事行权履职报告制度，落实监事会检查公司财务、纠正董事及高级管理人员损害公司利益行为等职权，落实监事会罢免建议权。

四是加强经营层队伍建设，充分发挥经营层的经营管理作用。积极推进经营层岗位职业化制度，对经营层岗位实行职业化、契约化管理，明确责任、权利、义务，严格任期管理和目标考核。建立经理层向董事会报告工作和经理层行权履职报告制度。

五是建立完善企业法律顾问制度。建立企业重要管理制度、重大决策事项、重要经济合同实现法律审核全覆盖的制度。

（七）建立国有企业领导人员分类分层管理制度

坚持党管干部原则与董事会依法产生、董事会依法选择经营管理者、经营管理者依法行使用人权相结合，不断创新有效实现形式。上级党组织和市国资委按照管理权限加强对国有企业领导人员的管理，广开推荐渠道，依规考察提名，严格履行选用程序。根据不同企业类别和层级，实行选任制、委任制、聘任制等不同选人用人方式。推进职业经理人制度，实行内部培养和外部引进相结合，畅通现有经营者与职业经理人身份转换通道，董事会按市场化方式选聘和管理职业经理人，合理增加市场化选聘比例，加快建立退出机制。

（八）深化企业用人用工和内部分配制度改革

建立健全企业各类管理人员公开招聘、竞争上岗等制度，对特殊管理人员的可以通过委托人才中介机构推荐等方式，拓宽选人用人渠道。建立分级分类的企业员工市场化公开招聘制度，规范企业各类用工管理，建立健全以合同管理为核心、以岗位管理为基础的市场化用工制度，真正形成企业各类管理人员能上能下、员工能进能出的合理流动机制。

实行与社会主义市场经济相适应的企业薪酬分配制度。完善既有激励又有约束、既讲效率又讲公平、既符合企业一般规律又体现国有企业特点的分配机制。建立健全与劳动力市场基本适应、与企业经济效益和劳动生产率挂钩的工资决定和正常增长机制。推进全员绩效考核，以业绩为导向，科学评价不同岗位员工的贡献，合理拉开收入分配差距，切实做到收入能增能减和奖惩分明，充分调动广大职工积极性。开展国有企业定编定员定岗管理，建立以岗位薪酬、岗位绩效和企业绩效相结合的员工薪酬分配制度，合理调控企业工资总额水平。建立国有企业领导人员与选任方式相匹配、与企业功能性质相适应、与经营业绩相持钩的差异化薪酬分配办法。积极探索以期股期权、分红权为激励方式的中长期激励约束机制，充分调动国有企业核心员工、业务骨干的积极性。

（九）推进重组整合，推动国有资本合理流动和优化配置

根据国有企业功能界定与分类，稳妥推进功能相近、业务相同的市属国有企业重组整合，促进企业做强做优做大主业，提升企业市场化经营能力和核心竞争力。坚持以市场为导向、以企业为主体，按照进有所为、退而有序、有所为有所不为的原则，推进市属国有企业、市属国有企业子企业的重组和整合，推动低效劣势企业的退出，推动国有资本向重点基础设施集中，向前瞻性战略性产业集中，向优势企业、优秀企业家集中。充分发挥国有资本投资运营公司的作用，清理退出一批、重组整合一批、创新发展一批国有企业。推动国有企业加快管理创新、商业模式创新，合理限定法人层级，有效压缩企业管理层级。

（十）积极发展混合所有制经济，稳妥推进混合所有制员工持股

一是积极稳妥推进商业一类国有企业混合所有制改革，按照市场化要求，以增强国有经济活力、放大国有资本功能、实现国有资产保值增值为主要目标，以提高经济效益和创新商业模式为导向，充分运用整体上市等方式，积极引入其他国有资本或各类非国有资本实现股权多元化。坚持以资本为纽带完善混合所有制企业治理结构和管理方式。二是探索商业二类国有企业混合所有制改革，对保持国有资本控股地位的企业，支持非国有资本参股。三是引导公益类国有企业规范开展混合所有制改革，推进具备条件的企业实现投资主体多元化，通过购买服务、特许经营、委托代理等方式，鼓励非国有企业参与经营。四是按照依法合规、公开透明、增量引入、利益绑定，以岗定股、动态调整、先试点后推开的原则，稳妥推进国有资本控股的混合所有制员工持股试点。

（十一）推进国有资产监管机构职能转变

以管资本为主，加快国有资产监管机构的职能转变，准确把握依法履行出资人职责的定位，科学界定国有资产出资人监管的边界，建立监管权力清单和责任清单，实现以管企业为主向管资本为主的转变。重点管理国有资本布局、规范资本运作、提高资本回报、维护资本安全，坚持不越位、不错位，将依法由企业自主经营决策的事项归位于企业，将延伸到子企业的管理事项归位于一级企业。加强国有资产基础管理，按照统一制度规范、统一工作体系的原则，建立和完善国有资本保值增值确认、国有资产统计、国有产权管理、国有资产交易等基础管理制度。

（十二）强化监督防止国有资产流失

强化企业内部监督、出资人监督。健全国有资本审计监督体系和制度，加快国有企业行为规范法律法规制度建设。完善国有资产和国有企业信息公开制度，设立统一的信息公开网络平台。建立健全国有企业重大决策失误和失职、渎职责任追究倒查机制。

仁达方略——受尊重的大型管理咨询公司

仁达方略是国内领先的大型管理研究与咨询机构，集团管理权威。公司致力于为企业、政府及非营利组织提供从发展战略、组织变革、运营改善到文化管理、品牌提升的专业服务。

业务类型涉及管理咨询、管理研究、管理培训、管理大数据四大领域，服务客户涵盖国内20多个重点行业、近千家大型集团企业，其中世界500强企业39家，中国500强企业339家，服务过的客户均为行业翘楚。

持续的研发投入和丰硕的实证性研发成果奠定了仁达方略在业内的技术领先地位和强大的竞争优势。作为国内顶尖智业机构，仁达方略构建了完善的具有独立知识产权的专业化、差异化产品和服务，坚持把最前沿的理论思想和丰富的案例经验运用于咨询实践，倾力为客户提供创造性观点及富有建设性和操作性的全面解决方案，帮助客户切实提升企业价值。

仁达方略管理著述全面而丰富，无论是数量还是质量均引领咨询行业。公司立足咨询实践，注重总结提炼，为中国企业家和管理者提供有创见、可操作的管理理论、思想和方法，至今已结集出版涉及战略、组织、集团管控、企业文化、集团品牌、人力资源等经管类专著100余部，被众多大型集团企业团购并采纳为内部管理培训教材，且被包括清华经管学院等在内的多所院校选为教辅书。

与客户建立并恪守战略伙伴关系是仁达方略一贯的服务方式。仁达方略通过全程跟踪的贴近式服务，帮助遍及国内重点行业的旗舰型企业和快速成长的优秀企业，如国家电网、中国五矿、中国电子、蒙牛乳业、大众汽车、山东能源、北京控股、中信地产、美的集团等，政府部门及非营利机构，如交通部海事局、中国疾病预防控制中心等，大幅提升企业的管理品质，实现与众多战略伙伴并肩成长。

让最优秀的企业成为我们的客户，让我们的客户成为最优秀的企业！